KOCHEN
leicht gemacht

Grundlagen und Techniken, Küchenausstattung
und Zutaten, zahlreiche Rezepte

Pamela Gwyther

Bath · New York · Singapore · Hong Kong · Cologne · Delhi
Melbourne · Amsterdam · Johannesburg · Shenzhen

Entwurf und Realisation: The Bridgewater Book Company Ltd.
Fotografie: Mark Wood, Ian Parsons
Ökotrophologinnen: Pamela Gwyther, Sara Hesketh
Die Herausgeber danken den Steamer Trading Cookshops in Alfriston und Lewes, East Sussex, für die Bereitstellung der Küchenutensilien.

Parragon Books Ltd
Chartist House
15–17 Trim Street
Bath BA1 1HA, UK

Übersetzung: Sonja Kerkhoffs, Print & Screen Productions, Köln
Redaktion: Sebnem Yavuz, Köln
Satz und Projektmanagement: Regine Ermert, Köln
Koordination: trans texas Publishing Services GmbH, Köln

ISBN 978-1-4723-2188-6

Printed in China

HINWEISE

Sind Zutaten in Löffelmengen angegeben, ist immer ein gestrichener Löffel gemeint. Ein Teelöffel entspricht 5 ml, ein Esslöffel 15 ml.

Sofern im Rezept die Schale von Zitrusfrüchten benötigt wird, verwenden Sie unbedingt unbehandelte Früchte. Wenn nichts anderes angegeben ist, wird Vollmilch (3,5 % Fett) verwendet.

Pfeffer sollte stets frisch gemahlener Pfeffer sein.

Die angegebenen Zeiten können von den tatsächlichen leicht abweichen, da je nach verwendeter Zubereitungsmethode und vorhandenem Herdtyp Schwankungen auftreten.

Bei Eiern und einzelnen Gemüsesorten, z. B. Kartoffeln, verwenden Sie mittelgroße Exemplare. Kinder, ältere Menschen, Schwangere, Kranke und Rekonvaleszenten sollten auf Gerichte mit rohen oder nur leicht gegarten Eiern verzichten.

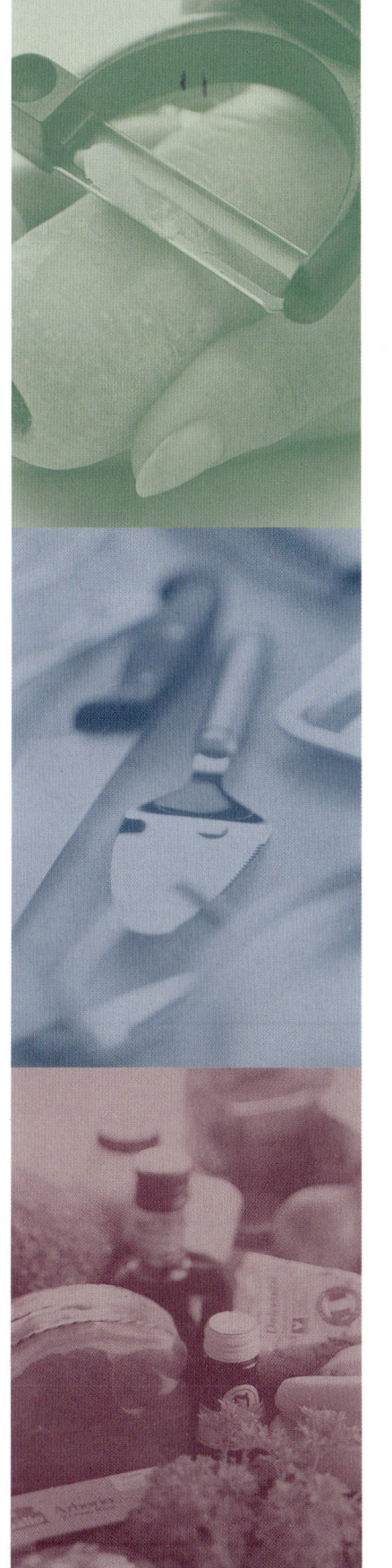

INHALT

Moderne Ernährung

Wir sind, was wir essen. Doch die Art unserer Ernährung hat sich in den letzten Jahren gewandelt: Das wachsende ökologische Bewusstsein hat unseren Blick für Qualität und Wert gesunder Nahrungsmittel geschärft, und Auslandsreisen haben unseren Geschmack erweitert. Viele Supermärkte bieten eine immer größere Auswahl an internationalen Esswaren an. Ein immer hektischer werdender Lebenswandel nimmt uns aber auch die Zeit zum Einkaufen und Zubereiten von Speisen. Zeitgemäße Ernährung muss daher zwei Grundbedingungen erfüllen: Sie muss einfach zuzubereiten und gesund sein.

EINFACHHEIT

Verbesserte Produktionstechniken und optimierte Transportwege ermöglichen uns heute den Erwerb von Frischware in Spitzenqualität. Die meisten Nahrungsmittel können wir daher so einfach und naturbelassen wie möglich genießen, oft sogar roh oder nur leicht gekocht. Auf diese Weise holen wir mit geringem Aufwand geschmacklich und gesundheitlich das Beste aus ihnen heraus.

Wer Lebensmittel sorgfältig auswählt, kann auf eine Zeit raubende Zubereitung verzichten. Langwierige Garmethoden sind nur noch zu besonderen Anlässen gefragt, denn der moderne, viel beschäftigte Mensch bevorzugt schnellere Techniken wie Pfannenrühren und Kurzbraten. Viele Gemüsesorten müssen zudem nur aufgeschnitten werden, bevor sie roh in einem Salat oder nur kurz gedünstet gegessen werden können. Schälen ist oft nicht notwendig; Karotten und anderes Wurzelgemüse etwa müssen lediglich abgebürstet werden. Fleisch und Fisch wiederum werden in jeder Portionsgröße bereits küchenfertig vorbereitet angeboten.

Schon lange ist die Qualität unserer Lebensmittel so gut, dass eventuelle Mängel nicht mehr mit schweren Saucen kaschiert werden müssen. Sie werden heute so pur wie möglich serviert, damit ihr natürlicher Geschmack vollauf zur Geltung kommt. Zur Verfeinerung genügen oft eine Hand voll frischer Kräuter und aromatische Gewürze aus der ganzen Welt.

Wer seinen Vorratsschrank mit wichtigen, lagerfähigen Grundzutaten wie Reis, Nudeln, Linsen, Öl, Gewürzen, Brühwürfeln sowie ein paar Dosen Tomaten und Bohnen gefüllt hält, wird erstaunt sein, wie schnell und einfach ein köstliches Essen zuzubereiten ist.

Reduzieren Sie Ihren Fleischkonsum, um das Risiko von Herzerkrankungen zu verringern. Beschränken Sie Ihren Verzehr auf mageres und schonend gegartes, etwa gegrilltes, Fleisch, und greifen Sie öfter einmal zu Geflügel und Wild. Essen Sie mindestens dreimal pro Woche Fisch. Er ist eine optimale Eiweißquelle, und die fettigeren Sorten versorgen uns zudem mit essenziellen Fettsäuren.

Verzehren Sie mindestens fünf Portionen Gemüse, Salat oder Obst pro Tag. Eine Portion entspricht etwa dem Umfang einer durchschnittlich großen Frucht, etwa einer Orange oder einem Apfel, oder zwei kleineren Früchten wie Pflaumen, eine Tasse Weintrauben, einer Scheibe Melone oder Ananas oder etwa 150 ml Saft. Den Saft sollten Sie jedoch auf ein Glas pro Tag beschränken. Eine Portion Gemüse besteht aus einer kleinen Schüssel Salatblätter, Tomaten, Gurke und Sellerie oder aus zwei Esslöffeln Gemüse wie Erbsen, Bohnen, Spinat, Blumenkohl oder Sprossen.

Fette sollten Sie so wenig wie möglich zu sich nehmen. Reduzieren Sie besonders die Aufnahme gesättigter tierischer Fette, wie sie in Fleisch und Milchprodukten enthalten sind. Streichen Sie nicht zu dick Butter auf Ihr Brot, und geben Sie nicht zu viel davon an Ihr Gemüse. Beim Kochen lässt sich Butter teils durch Öl ersetzen. Verfeinern Sie Ihr Kartoffelpüree einmal mit Olivenöl, und genießen Sie das wunderbare Aroma. Bei Milchprodukten wie Käse, Joghurt oder Quark sollten Sie Ihren Verzehr reduzieren oder auf fettreduzierte Produkte zurückgreifen.

Versteckte Fette sind die größte Gefahr, die in Fertigprodukten auf uns lauert, daher sollten Sie solche Produkte meiden. Beachten Sie die Zutatenangaben auf den Etiketten, und weichen Sie, wenn möglich, auf fettärmere Alternativen aus. Kinder unter fünf Jahren sollten von einer streng fettreduzierten Diät jedoch ausgespart werden, da sie auf leicht zu gewinnende Energie angewiesen sind.

Essen Sie verstärkt Vollkornprodukte. Ersetzen Sie Weißmehlbrote durch solche aus Vollkornmehlen, kochen Sie mit Naturreis und Vollkornnudeln, und frühstücken Sie bewusst ballaststoffreich mit Getreideflocken oder einem selbst gemachten Müsli.

Trinken Sie mindestens 1,5 Liter Wasser pro Tag. Sie werden sich schnell fitter und gesünder fühlen. Den Konsum von Kaffee und schwarzem Tee sollten Sie reduzieren, da Koffein bzw. Teein Ihren Körper ständig auf Hochtouren laufen lässt. Alkohol kann – in Maßen genossen – das Risiko schwerer Herzerkrankungen verringern. Als Frau sollten Sie aber täglich nicht mehr als 1–2, als Mann nicht mehr als 2–3 Portionen davon zu sich nehmen. Eine Portion entspricht dabei etwa einem Glas Wein (0,2 Liter), Bier (0,3 Liter) oder einer Spirituose (0,2 cl).

Salzen Sie vorsichtig, denn zu viel Salz fördert gefährlichen Bluthochdruck, und garen Sie darum Ihr Gemüse stets in ungesalzenem Wasser.

Eine gesunde Ernährung wird Ihnen nicht alle Krankheiten ersparen, aber sie wird einen positiven Einfluss auf den Umgang Ihres Körpers mit diesen Krankheiten haben und Ihnen somit ein insgesamt gesünderes Leben ermöglichen.

LINKS Nichts unterstützt die Gesundheit und Vitalität unseres Körpers mehr als frische, nahrhafte und einfach zubereitete Speisen.

UNTEN Wer Herzerkrankungen vorbeugen will, sollte seinen Fleischkonsum zu Gunsten eines gesteigerten Verzehrs von Fisch, Geflügel und Gemüse reduzieren.

Teil 1
Grundlagen

ERNÄHRUNGSGRUNDLAGEN

*W*er gesund sein und bleiben möchte, muss seinem Körper all jene Nährstoffe zufügen, die ihm helfen zu wachsen, sich zu erhalten und zu regenerieren. Bewegung, Temperaturregulation, Wachstum, Immunabwehr, Regeneration und Fortpflanzung sind Aufgaben, die er nur dann effizient leisten kann, wenn er eine hochwertige, ausgewogene Ernährung erhält. Unsere Nährstoffe können in fünf Hauptgruppen unterteilt werden: Kohlenhydrate, Eiweiße, Fette, Vitamine und Mineralien. All unsere Lebensmittel sind komplexe Gemische aus Kohlenhydraten, Proteinen und Fetten, geringen Mengen an Vitaminen und Mineralstoffen sowie Wasser, das etwa zwei Drittel unseres Gesamtkörpergewichts ausmacht.

KOHLENHYDRATE

Kohlenhydrate finden sich in zucker- und stärkehaltigen Lebensmitteln. Einfache Kohlenhydrate, wie der Haushaltszucker, stellen dem Körper unmittelbare Energie zur Verfügung, erhöhen jedoch auch das Risiko von Erkrankungen wie Diabetes, Arteriosklerose, Fettleibigkeit und Karies.

Komplexe Kohlenhydrate sind hauptsächlich in Getreideprodukten, Obst und Gemüse enthalten. Aufgrund ihrer polymolekularen Struktur kann der Körper sie nur langsam verwerten, was zu einer weniger unmittelbaren, aber gleichmäßigeren Energiezufuhr führt.

Ballaststoffe, die ebenfalls in diesen Lebensmitteln enthalten sind, sind kein wirklicher Nährstoff, weil unser Körper sie nicht verdauen kann. Für eine gesunde Ernährung sind sie dennoch entscheidend, weil sie die Darmtätigkeit anregen und damit den Verdauungsprozess fördern.

EIWEISSE

Eiweiße sind entscheidend für das Wachstum und die Regeneration des Körpers; eventuelle Überschüsse tragen zudem zur Energiegewinnung bei. Eiweiße bestehen aus Aminosäuren, die der Körper zum Großteil selbst herstellen kann. Die

anderen, so genannte essenzielle Aminosäuren, muss er über die Nahrung aufnehmen. In ausgewogener Menge finden sich essenzielle Aminosäuren in tierischen Produkten wie Fleisch, Fisch, Geflügel, Milch, Käse und Eiern, denen eine hohe biologische Wertigkeit zugesprochen wird. Pflanzliche Produkte führen dem Körper nur einen Teil der essenziellen Aminosäuren zu. Sie müssen daher richtig kombiniert werden, um ihn optimal zu versorgen.

FETTE

Fette liefern unserem Körper die konzentrierteste Form der Energie. Man unterscheidet zwischen sichtbaren Fetten, die uns in Form von Butter, Margarine, Öl und tierischem Fettgewebe begegnen, und unsichtbaren Fetten, wie sie in Käse, Keksen, Kuchen, Knabbergebäck und Nüssen vorkommen. Als gesundheitlich problematisch gelten die gesättigten Fettsäuren, die hauptsächlich in tierischen Produkten wie Butter, Käse, Fleisch, Eiern und Milch zu finden sind. Ein- und mehrfach ungesättigte Fettsäuren hingegen sollen zur Senkung des Cholesterinspiegels beitragen. Sie finden sich besonders in Maiskeim-, Oliven-, Soja-, Sonnenblumen- und Nussöl, nicht jedoch in Kokosöl.

VITAMINE

Vitamine tragen zur Regulation wichtiger Körperprozesse bei. Bis auf Vitamin D müssen wir alle Vitamine über die Nahrung aufnehmen, da unser Körper nicht in der Lage ist, sie selbst zu produzieren.

Unterschieden wird zwischen wasser- und fettlöslichen Vitaminen. Zu den wasserlöslichen zählen die Vitamine B1, B2, B6, B12 und C; die Vitamine A, D, E und K sind fettlöslich. Wer sich unausgewogen ernährt, kann rasch mit den Konsequenzen eines Vitaminmangels konfrontiert werden – Vitamin-C-Mangel etwa führt zu Skorbut. Vitaminpräparate

sollen heute solchen Gefahren vorbeugen, sie sind jedoch teuer und bei einer ausgewogenen Ernährung nicht vonnöten.

MINERALSTOFFE

Mineralien sind anorganische Stoffe, die der Körper in geringen Mengen benötigt. Hauptsächlich dienen sie zur:

- Stabilisierung von Knochen und Zähnen (Kalzium, Phosphor und Magnesium)
- Regelung des Flüssigkeitshaushalts (Natrium, Chlor, Magnesium, Kalium und Phosphor)
- Unterstützung des Energietransports (Eisen, Phosphor und Zink)

In noch geringeren Mengen benötigt unser Körper Spurenelemente wie Kupfer, Fluor, Selen, Jod, Mangan, Chrom und Kobalt.

Eine ausgewogene Ernährung, die vor allem auch Obst, Nüsse, Getreide und grünes Blattgemüse beinhaltet, sollte dem Körper all diese Stoffe in ausreichender Menge zur Verfügung stellen. Nahrungsergänzungspräparate sind in diesem Fall auch hier nicht vonnöten.

WASSER

Trinken Sie mindestens acht Gläser Wasser pro Tag. Unser Körper benötigt es zum Nährstofftransport, für die Verdauung, den Kreislauf und die Temperaturregulation. Wie gesund Ihre Ernährung auch sein mag, wenn Sie nicht genug Wasser trinken, wird Ihr Körper nicht richtig funktionieren, und Sie werden sich apathisch und abgeschlafft fühlen.

Wer sich vernünftig und gesund ernähren will, verzichtet auf zu viele gesättigte Fette und einfache Kohlenhydrate und nimmt eine angemessene Menge an Eiweißen, Vitaminen und Mineralien sowie reichlich Ballaststoffe und Wasser zu sich, um seine Körperfunktionen optimal zu unterstützen.

ZUBEREITUNGSTECHNIKEN

Lassen Sie sich von den zahlreichen Zubereitungsarten, die in der Welt der Haute Cuisine kursieren, nicht entmutigen. Mehr als die hier vorgestellten Techniken müssen Sie bestimmt nicht beherrschen.

ABSCHLAGEN

Dieser Begriff bezeichnet das Ausschlagen der Luft aus einem Hefeteig nach dem ersten Aufgehen. Der Teig wird dabei wortwörtlich mit der Faust eingeschlagen und etwa 1 Minute leicht durchgeknetet, bevor er zum zweiten Aufgehen zu einem Laib geformt wird.

ABSEIHEN

Dabei werden gekochte Lebensmittel über einem Sieb abgegossen, um sie vom Kochsud zu trennen.

AUFSCHLAGEN

Hierbei werden leichte, meist flüssige Zutaten wie Eiweiß oder Sahne kräftig verrührt, damit durch die dabei aufgenommene Luft eine locker-leichte Masse entsteht. Man geht dabei sanfter vor als beim Verquirlen. Daher empfiehlt es sich, für die besten Resultate einen Ballonbesen oder einen Handquirl zu verwenden. Ein elektrisches Rührgerät spart jedoch Zeit, und das Ergebnis kann sich ebenso sehen lassen.

BESTÄUBEN

Von Bestäuben spricht man vor allem, wenn eine Arbeitsfläche, eine Teigrolle oder ein Teig vor dem Ausrollen mit Mehl bedeckt wird, um ein späteres Festkleben zu vermeiden. Aber auch das Bestreuen von Süßem mit Zucker und Kakaopulver nennt man Bestäuben. Sehr beliebt ist heute das dekorative Bestäuben von Desserttellern mit Zucker oder Kakao.

BLINDBACKEN

Teigböden oder Teighüllen werden hierbei ohne Füllung gebacken, sodass der Teig gut durchgart und knusprig wird. Der Teig wird dafür in einer geeigneten Backform ausgelegt, mit Backpapier abgedeckt und mit getrockneten Bohnen beschwert – dies verhindert, dass er beim Backen aufgeht oder sich verformt. Nach einer kurzen Garzeit werden Bohnen und Papier entfernt und die Teighülle unabgedeckt kurz weitergebacken, damit sie knusprig wird.

DRESSIEREN

Bei dieser Methode werden Fleischstücke, wie Rouladen oder ganzes Geflügel, mit Spießen, Klammern oder Küchengarn zu einer möglichst kompakten, attraktiven Form zusammengefasst, damit sie beim Garen nicht auseinander fallen. Besonders empfehlenswert ist dies bei gefülltem Gargut.

DURCHSIEBEN, SIEBEN

Trockene Zutaten wie Mehl oder Backpulver werden durch ein Sieb gestrichen, um sie aufzulockern und eventuelle Klümpchen zu entfernen.

DURCHSTREICHEN, PASSIEREN, PÜRIEREN

Hierbei werden gekochte Zutaten mit einem Holzlöffel durch ein Sieb gestrichen, um ein glattes Püree zu erhalten.

EINKERBEN

Bei dieser Methode werden zwei Teigstücke versiegelt, wie das etwa bei Pasteten nötig ist, oft verwendet man dies aber auch nur zu dekorativen Zwecken. Zeigefinger und Daumen einer Hand drücken dabei mit dem zu versiegelnden Teigstück in der Mitte gegen den Zeigefinger der anderen Hand. Dabei bewegt man sich systematisch am Teigrand entlang, sodass eine gewellte Kante entsteht.

EINKNETEN

Diese Methode kommt bei der Zubereitung von Kuchen-, Pasteten- oder Brotteigen zur Anwendung. Das verwendete Fett wird hierbei mit den Fingerspitzen in das Mehl eingearbeitet, wobei Schüttelbewegungen der Hand für ein ausreichendes Einarbeiten von Luft in die Mischung sorgen, Dadurch geht der Teig beim Backen locker und leicht auf.

GLACIEREN, GLASIEREN, ÜBERGLÄNZEN

Eine kurz vor dem Backen aufgetragene Glasur verleiht Teigwaren eine attraktive Oberfläche. Häufig besteht die Glasur nur aus etwas Milch, einem verquirlten Ei oder einem Wasser-

Zucker-Gemisch. Herzhafte Teigwaren werden meist mit Ei bestrichen. Süßes Backwerk hingegen glasiert man oft mit Wasser und etwas Zucker, wodurch eine knusprig süße Hülle entsteht. Es kann aber auch ein Zuckerguss oder ein Schokoladenüberzug sein, der nach dem Backen aufgetragen wird.

Das Übergießen von Fleisch und Geflügel mit einem stark reduzierten Fond, der den Speisen Farbe und Glanz verleiht, nennt man ebenfalls Glasur.

HACKEN, WIEGEN

Hierbei werden Zutaten mit mehreren Schnitten zerkleinert. Eine Zwiebel etwa wird zum Hacken zunächst von der Spitze bis zur Wurzel halbiert. Dann legt man die Hälften mit der flachen Seite nach unten auf ein Brett und schneidet sie von der Wurzel zur Spitze in dünne Scheiben. Zuletzt dreht man das Brett um 45 Grad und wiederholt den Schneidevorgang,

bis viele kleine, etwa gleich große Stücke entstehen. Etwas anders verläuft das Hacken oder Wiegen von Kräutern. Hier führt die eine Hand das Messer in raschen Bewegungen auf und ab, wobei die andere Hand die Messerspitze festhält, sodass diese stets auf dem Brett aufliegt.

Grob gehackte Zutaten sind etwa 1 cm groß, fein gehackte kleiner. Sehr fein zu hackende Zutaten kann man auch in einer Küchenmaschine zerkleinern. In jedem Fall sollten die einzelnen Stücke etwa gleich groß sein. Wird nach gewürfelten Zutaten verlangt, sollte man diese nicht hacken, sondern in ebenmäßige quadratische Stücke schneiden.

KNETEN

Kneten ist der wichtigste Vorgang beim Backen, denn dadurch entfaltet sich das mehleigene Klebereiweiß, sodass ein locker und gleichmäßig aufgegangener Teig entstehen kann. Traditionell wird der Teig dazu auf einer leicht bemehlten Arbeitsfläche mit dem Handballen in einem gleichmäßigen Rhythmus vom Körper weggedrückt und wieder herangezogen, bis er glatt und elastisch ist. Eine mit einem Knethaken bestückte Küchenmaschine erfüllt denselben Zweck.

MAHLEN

Beim Mahlen werden feste Nahrungsmittel, wie Gewürze und Getreide, zu Pulver oder sehr feinen Teilchen verarbeitet. Traditionell geschieht dies in einem Mörser oder einer Mühle. Schneller geht das Zermahlen von Gewürzen in einer elektrischen Kaffeemühle. Manchmal ist das Resultat jedoch zu feinkörnig. Zudem muss das Mahlwerk nach jeder Verwendung gut gereinigt werden, damit sich die verschiedenen Aromen nicht vermischen. Zum Mahlen von Nüssen und Schokolade ist eine Küchenmaschine am besten geeignet.

MARINIEREN

Zum Marinieren werden Nahrungsmittel – in der Regel Fleisch, Geflügel, Gemüse und Wild – für einige Stunden oder mehrere Tage in eine aromatische Sauce gelegt, um sie zart zu machen und ihren Geschmack zu verstärken. Eine Marinade besteht meist aus Öl, Wein oder Essig sowie einigen Geschmacksverstärkern wie Knoblauch, Kräutern und Gewürzen. Während des Kochens wird die Marinade häufig auch zum Bestreichen des Garguts verwendet.

MISCHEN, MIXEN, VERMENGEN, VERRÜHREN

Hierbei werden mehrere Zutaten, meistens mit einem Löffel, verbunden. Dies geschieht etwa mit Stärke und Wasser, aus deren Mischung eine Paste entsteht, die zum Andicken von Suppen und Saucen verwendet wird. Mixen bezeichnet daneben auch das Zerkleinern oder Pürieren von Zutaten in einem Mixer.

PIKIEREN

Die Oberfläche des Garguts wird zum rascheren Durchgaren, zur Fettreduktion oder lediglich als ornamentale Dekoration leicht eingestochen oder eingeritzt.

PLATTIEREN

Rohe Fleischscheiben werden vor dem Grillen oder Braten mit einer Teigrolle oder einem Fleischhammer flach geklopft, damit das Gewebe locker und zart wird. Dies empfiehlt sich besonders bei zäheren, weniger hochwertigen Stücken.

RASPELN, REIBEN

Eine Reibe benutzt man zum raschen und feinen Zerkleinern von Nahrungsmitteln. Dazu zählen in der Regel Käse, Gemüse und Zitrusfruchtschalen. Besonders nützlich sind Kastenreiben, da sie durch ihre unterschiedlich gezahnten Oberflächen Reibgrade von mittelstark bis fein erlauben. Zum häufigen Reiben in großen Mengen empfiehlt sich eine Küchenmaschine.

SCHÄLEN

Durch das Schälen entfernt man bei Bedarf unansehnliche, schlecht verdauliche oder mit Spritzmitteln behandelte Schalen von Obst oder Gemüse. Dickere Schalen werden mit einem scharfen Messer entfernt, bei dünneren verwendet man einen Sparschäler.

SCHNEIDEN

Schneiden ist die grundlegende Vorbereitungsmethode für Fleisch, Obst und Gemüse. Annähernd gleich groß aufgeschnittene Zutaten sehen nicht nur ansprechend aus, sondern garen auch ebenmäßig. Man benötigt dafür ein Schneidebrett und ein scharfes, korrekt gehandhabtes Messer. Bedenken Sie, dass die Verletzungsgefahr bei stumpfen Messern erheblich größer ist als bei scharfen, und benutzen Sie immer das für den jeweiligen Zweck geeignete Schneidegerät.

STAMPFEN

Diese Methode wendet man in der Regel bei Kartoffeln und anderem Wurzelgemüse an. Nach dem Kochen wird es mit einer Gabel oder einem Kartoffelstampfer zu einem glatten Brei verarbeitet, dem dann Würzmittel wie Kräuter, Knoblauch oder Senf zugefügt werden können. Die Zugabe von Butter oder Schlagsahne sorgt für ein sehr gehaltvolles Püree.

UNTERHEBEN, UNTERZIEHEN

Diese Begriffe bezeichnen das vorsichtige Einrühren von Mehl, geschlagener Sahne, Eischnee etc. in eine Teigmischung, Sauce oder Suppe. Die Zutaten werden dabei mit einer sanften Rührbewegung in Form einer Acht mit einem Metalllöffel oder Kunststoffspatel untergemengt. Dies verhindert, dass eine bereits luftig aufgeschlagene Masse wieder zusammenfällt.

VERQUIRLEN

Beim Verquirlen werden Zutaten – meistens mit einem Schneebesen oder Handrührgerät – kräftig miteinander vermengt, bis durch die dabei aufgenommene Luft eine locker leichte Masse entsteht. Zur Anwendung kommt diese Methode vorrangig bei Eiern sowie beim Vermengen von Butter und Zucker (dies wird auch als „cremig rühren" bezeichnet). Saucen oder Cremes werden zuweilen ebenfalls verquirlt, um sie zu glätten und von Klümpchen zu befreien.

ZERSTOSSEN

Diese Methode wendet man vor allem bei Kräutern, Knoblauch und Gewürzen an. Oft benutzt man dazu einen Mörser. Die Zutaten werden darin mit einem Stößel fein zermahlen. Knoblauch kann man auch mit der flachen Seite eines Messers oder in einer Knoblauchpresse zerdrücken. Benötigt man zerstoßene Kekse für einen Kuchenboden, gibt die Kekse am besten in einen Gefrierbeutel, den man gut verschließt, und zerstößt sie dann mit einer Teigrolle.

GARMETHODEN

*V*on der Vielzahl der Garmethoden sollten Sie sich ebenfalls nicht einschüchtern lassen. Experimentieren Sie vielmehr mit den einzelnen Techniken, besonders mit den gesundheitlich wertvollen wie Grillen und Pfannenrühren. Hier finden Sie alle Informationen, die Sie dazu benötigen.

AUSBACKEN, FRITTIEREN

Bei dieser Methode werden Lebensmittel in heißem Fett schwimmend gegart. Die Wahl des Fetts ist hierbei entscheidend: Es muss hoch erhitzt werden können, ohne zu verbrennen. Ideal sind Maiskeim- und Sojaöl, die beide einen sehr hohen Rauchpunkt besitzen, also stark erhitzt werden können, ohne zu qualmen. Das beste Frittierfett ist jedoch Erdnussöl; sein Rauchpunkt zählt zu den höchsten überhaupt.

Kartoffeln, Meeresfrüchte und Hühnerfleisch werden am häufigsten frittiert. Oft werden diese Lebensmittel zuvor mit einer Schutzhülle überzogen, die üblicherweise aus einer Panade oder einem Ausbackteig besteht. Zum Frittieren selbst benötigt man prinzipiell nur einen tiefen, schweren Topf und einen Frittiereinsatz aus Drahtgeflecht. Die Verbrennungsgefahr bei dieser Methode ist wegen der hohen Temperaturen, die beim Frittieren erreicht werden, jedoch recht hoch. Sicherer und leichter zu handhaben ist eine elektrische Fritteuse mit eingebautem Thermostat.

BACKEN

Dieser Begriff subsummiert das Garen von Lebensmitteln bei Hitze ohne Fettzugabe in einer offenen Form oder in Alufolie im Backofen. Genutzt wird diese Methode für Kartoffeln, Puddings und Aufläufe ebenso wie für Kuchen, Brote und Kleingebäck.

BESTREICHEN, ÜBERGIESSEN

Fleisch, Fisch und Geflügel werden während des Garens im Backofen oft mit Kochsud und austretendem Fett übergossen, damit sie nicht austrocknen, einen kräftigen Geschmack annehmen und eine glänzende Kruste erhalten. Falls beim Garen zu viel Sud verdunstet, können bei Bedarf Brühe oder Wein zugegossen werden. Grillgemüse wird während des Garens oft mit Öl bestrichen, damit es gleichmäßig bräunt, ohne zu verbrennen. Wer mag, kann auch Spiegeleier mit heißem Öl bestreichen, damit ihre Oberfläche rascher stockt.

BLANCHIEREN, ÜBERBRÜHEN

Unter Blanchieren versteht man das kurze Eintauchen in oder das Übergießen von frischen Lebensmitteln mit kochendem Wasser sowie das anschließende Abschrecken mit kaltem Wasser. Es wird gemacht, um Frischware wie Tomaten, Paprika oder Pfirsiche leichter schälen zu können und um in Lebensmitteln, die zum Tiefkühlen vorbereitet werden, Enzyme abzutöten, die den Geschmack und die Konsistenz des Lebensmittels beeinträchtigen könnten. Durch das Blanchieren behält das Gemüse zudem seine frische Farbe.

BRAISIEREN (BRÄSIEREN)

Dies ist eine recht langwierige Garmethode für Fleisch, Geflügel und Wild, das zum Braten zu zäh ist. Das Gargut – in der Regel ein einzelnes großes Stück – wird dabei mit wenig Flüssigkeit und etwas Gemüse in einem fest verschließbaren Kochgeschirr auf dem Herd oder im Backofen gegart, nachdem es rundum in Fett angebraten wurde.

BRATEN

Dieser Begriff umschreibt zwei Garmethoden, denen gemein ist, dass sie – anders als das Kurzbraten – mit vergleichsweise viel heißem Fett in offenem Kochgeschirr durchgeführt werden.

Die erste Methode erfolgt auf dem Herd und kommt besonders bei paniertem Gargut und Gemüsepuffern zur Anwendung. Sie benötigen dazu eine tiefe Pfanne sowie ein hoch erhitzbares Fett, etwa Maiskeimöl. Je dicker das Gargut, desto mehr Fett ist erforderlich, da es ein Anbacken des Garguts verhindern soll. Zunächst wird das Fett in der Pfanne stark erhitzt, dann gibt man das Gargut zu. Das heiße Fett wird dessen Poren sofort schließen, sodass das Gargut nicht zu viel davon aufsaugt. Ist es auf einer Seite gebräunt, wird das Gargut gewendet und auf der anderen Seite fertig gebraten. Anschließend hebt man es mit einem Schaumlöffel aus der Pfanne, lässt es auf Küchenpapier abtropfen und serviert es, solange es noch heiß ist.

Die zweite Bratmethode erfolgt im Backofen und ist ideal für zarte Stücke Fleisch, Wild und Geflügel sowie für Gemüse; neuerdings wird auch Fisch oft auf diese Weise gegart. Braten Sie Ihr Gargut nicht auf diese Weise, wenn Sie unsicher sind, ob es tatsächlich zart ist. In diesem Fall empfehlen sich Methoden wie Braisieren oder Schmoren. Zum Braten im Backofen wird das Gargut mit etwas Fett, das es vor dem Austrocknen bewahren soll, in einen so genannten Bräter gegeben. Die Luft kann darin optimal zirkulieren, wodurch ein gleichmäßiges Garen gewährleistet wird. Mit dem Fett und dem austretenden Bratensaft wird das Gargut während des Bratens übergossen, anschließend kann daraus eine Sauce bereitet werden.

DÄMPFEN

Beim Dämpfen werden Nahrungsmittel im aufsteigenden Dampf über kochendem Wasser gegart, wodurch viele Nährstoffe erhalten bleiben. Außerdem spart diese Garmethode Energie, da mehrere Lebensmittel gleichzeitig in einem Kochgeschirr zubereitet werden können.

Am häufigsten wird Gemüse gedämpft. Leicht lässt es sich in einem Dämpfeinsatz über einem Topf mit kochenden Kartoffeln garen. Wer mehrere Dämpfeinsätze übereinander schichtet, kann gleich verschiedene Gemüse auf einmal zubereiten. Die festere Sorte kommt dabei in den unteren Einsatz, die weichere nach oben (wo es etwas weniger heiß ist). Dann wird der Topf abgedeckt und das Gemüse gedämpft, bis es gar ist.

Dämpfeinsätze aus Bambusgeflecht sind preisgünstig und weit verbreitet. In ihnen können Fisch, Geflügel und Gemüse zubereitet werden. Geben Sie einfach ein wenig Wasser in einen Topf oder Wok, und stapeln Sie die Einsätze darüber auf. Neben Bambuseinsätzen gibt es gelochte Metallbehälter oder Siebeinsätze mit Bügeln, die in einen Topf gehängt werden können. Darüber hinaus sind spezielle Dämpftöpfe, Dampfdrucktöpfe und elektrische Dampfgarer erhältlich.

Englische Puddings, die man aus einer Teigmasse zubereitet, werden ebenfalls oft gedämpft. Die mit Teig gefüllte Form
wird gut abgedeckt in einen Topf gestellt, nach Möglichkeit auf
einen Dreifuß. Dann wird der Topf etwa bis zur Hälfte mit
kochendem Wasser gefüllt und der Pudding darin gegart.
Zwischendurch sollte man den Wasserstand im Auge behalten,
damit der Topf nicht trockenkocht.

DÜNSTEN

Hierbei wird das Gargut mit sehr wenig Flüssigkeit (Fett,
Brühe, Wasser oder Wein) oder im eigenen Saft bei geringer
Hitze in einem geschlossenen Kochgeschirr gegart. Dünsten
ist eine recht schonende Garmethode, die den Geschmack des
Garguts erhält und seine Nährstoffe schont. Besonders geeig-
net ist sie für Geflügel, Fisch, Gemüse, Reis und Obst.

GARZIEHEN, POCHIEREN

Bei dieser sanften Garmethode werden Lebensmittel in einer
heißen Flüssigkeit knapp unterhalb des Siedepunkts gegart.
Besonders geeignet ist sie für Fischsteaks oder -filets und hier
vor allem für Räucherfisch: Der Kochsud nimmt einen Teil des
intensiven Räucheraromas auf und kann anschließend für die
Herstellung einer Sauce verwendet werden. Auch ganze
Fische, wie Lachs, können pochiert und am Stück serviert
werden (siehe Seite 119). Selbst für die Zubereitung von
ganzen Hühnern eignet sich diese Methode. Ihr Fleisch wird
dadurch saftig und zart, und aus dem aromatischen Sud lassen
sich köstliche Suppen zubereiten. Ähnliches gilt für Obst, das
durch das Pochieren wunderbar zart wird, ohne auseinander
zu fallen. Dessen Sud kann als Sauce gereicht werden.

GRILLEN

Grillen ist eine Zeit sparende und einfache Garmethode, mit
der Speisen zudem sehr gesund zubereitet werden können.
Die Lebensmittel werden hierbei durch Strahlungswärme
gegart, die dafür sorgt, dass sie von außen gut bräunen und
knusprig werden, während sie im Inneren saftig bleiben. Ideal
zum Grillen sind qualitativ hochwertige Steaks, Koteletts,
Hühnerteile, Burger, Würstchen, ganze Fische sowie Fischsteaks und -koteletts. Ebenso gut lassen sich verschiedene
Gemüsesorten wie Pilze, Paprika, Tomaten und Zwiebeln
grillen. Der Grill – egal ob Backofen- oder Holzkohlengrill –
muss vor der Verwendung aufgeheizt werden, und das Gargut
sollte man zum Schutz vor der starken Hitze vor dem Grillen
mit Öl bestreichen.

Wer weder einen Backofen- noch einen Holzkohlengrill
besitzt, muss auf das Grillen nicht ganz verzichten. Mit einer
so genannten Grillpfanne, eine, wie der Name schon sagt,
Pfanne mit geriffeltem Boden, kann man zumindest ähnliche
Ergebnisse erzielen. Der speziell geformte Boden versieht die
darin zubereiteten Lebensmittel mit einem ansprechenden
Muster, das dem Abdruck eines Grillrosts ähnelt, und auch in

einer Grillpfanne Gegartes benötig nur sehr wenig Fett. Ein kurzes Bestreichen mit Öl vor dem Hineingeben in die heiße Pfanne genügt.

KÖCHELN

Diese Garmethode ähnelt dem Kochen, wird aber bei einer geringeren Temperatur durchgeführt, die sich problemlos visuell bemessen lässt: Kochende Flüssigkeiten brodeln stark, und es bilden sich große Blasen an der Oberfläche, köchelnde Flüssigkeiten hingegen bilden sehr kleine Blasen, die die Oberfläche nur ganz leicht in Wallung versetzen.

KOCHEN

Hierbei werden Lebensmittel in einer siedenden Flüssigkeit (Wasser, Brühe oder Milch) gegart. Angewandt wird diese Methode vor allem bei Gemüse, Reis, Nudeln und Eiern. Zuweilen werden auch Fisch oder Fleisch in eine kochende Flüssigkeit gegeben. Anschließend wird die Temperatur jedoch sofort reduziert, damit Fisch oder Fleisch, die im kochenden Wasser rasch an Geschmack, Umfang und Konsistenz verlieren würden, sanft garziehen können.

KURZBRATEN

Diese derzeit sehr populäre Methode garantiert ein rasches, einfaches und gesundes Garen von Lebensmitteln. Fetthaltige Produkte wie Speck oder Würste kommen dabei ganz ohne

Fett aus. Ansonsten werden Scheiben oder kleine Stücke Fleisch, Fisch und Geflügel bei starker Hitze in einer offenen Pfanne mit sehr wenig Fett gegart – eine Mischung aus Öl und Butter ist hier ideal; die Butter dient dabei als Aromaträger, das Öl sorgt für eine hohe Hitzeresistenz. Das Gargut wird in eine bereits mit oder ohne Fett erhitzte Pfanne gegeben und von einer Seite kräftig angebraten. So können sich die Poren rasch schließen, und das Gargut bleibt saftig. Anschließend wird das Gargut gewendet und von der zweiten Seite fertig gebraten. Aus dem ausgetretenen Bratensaft kann danach mit etwas Wein oder Brühe eine Sauce bereitet werden. Das Gargut wird unterdessen warm gehalten und anschließend sofort serviert.

PFANNENRÜHREN

Das Pfannenrühren ist eine schnelle und schonende Garmethode, mit der kleine oder in kleinere Stücke geschnittene Lebensmittel zubereitet werden können. Nicht zuletzt wegen des anwachsenden Interesses an der asiatischen Küche ist dies in den letzten Jahren immer beliebter geworden. Pfannenrühren meint nichts anderes als das gemeinsame Sautieren mehrerer Lebensmittel in einem Wok oder einer großen Pfanne. Wichtig ist hierbei das sorgfältige Vorbereiten des Garguts. Achten Sie darauf, dass alle Zutaten etwa gleich groß aufgeschnitten werden, damit sie später gleichmäßig garen. Ist diese Arbeit erledigt, wird Ihr Gericht im Handumdrehen

fertig sein. Nun muss nur noch ein wenig Öl in den Wok oder die Pfanne gegeben und stark erhitzt werden. Dann kann das Gargut folgen. Dies sollte eventuell portionsweise geschehen, denn die Zutaten müssen braten, nicht dünsten. Am besten ist es, immer nur 1–2 Portionen pro Durchgang zu garen, sonst wird das Gericht nicht heiß und knusprig genug.

Zum Pfannenrühren eignen sich dünne Streifen von Hähnchenbrustfilets, Rind- und Schweinefleisch sowie Garnelen, Jakobsmuscheln, Streifen von Lachs, Scholle und Seeteufel und eine große Vielzahl an Gemüse, besonders solches, das in der asiatischen Küche beliebt ist, wie Pak Choi, Chinakohl, Pilze, Paprika und Frühlingszwiebeln. Gegen Ende der Garzeit werden oft auch Nudeln zugegeben. Entsprechend der asiatischen Herkunft des Pfannenrührens werden als Würzmittel vor allem Ingwer, Sojasauce und Sesamöl verwendet.

RÖSTEN

Beim Rösten werden Zutaten wie Brot, Gemüse, Getreide und Nüsse ohne Fett durch starkes Erhitzen in einer Pfanne oder im Backofen angebräunt, um ihre Aromastoffe zu intensivieren.

SAUTIEREN, GARSCHWENKEN

Das Sautieren ähnelt dem Kurzbraten, nur wird hierbei das Gargut in der Pfanne regelmäßig gerührt oder geschwenkt. Das wohl vertrauteste Beispiel für diese Garmethode ist das Anbraten von gehackten Zwiebeln. Nachdem sie mit etwas Fett in ein heißes Kochgeschirr gegeben wurden, müssen sie ständig gerührt werden, damit sie nicht anbrennen. Das aus der asiatischen Küche bekannte Pfannenrühren ist eine ähnliche Methode.

SCHMOREN

Bei dieser Garmethode werden Lebensmittel, meist in mundgerechte Stücke aufgeschnittene zähere Teile von Fleisch, Wild oder Geflügel, in einem fest verschlossenen feuerfesten Geschirr, einem so genannten Schmortopf, mit reichlich Flüssigkeit gegart, nachdem sie zuvor in heißem Fett angebraten wurden. Die Methode ähnelt dem Braisieren, jedoch wird hier mehr Flüssigkeit verwendet, sodass das Gargut während der Zubereitung nicht mehr übergossen werden muss, sondern direkt darin gart. Vor dem Servieren wird der Sud üblicherweise angedickt, damit er als Sauce zum Geschmorten gereicht werden kann.

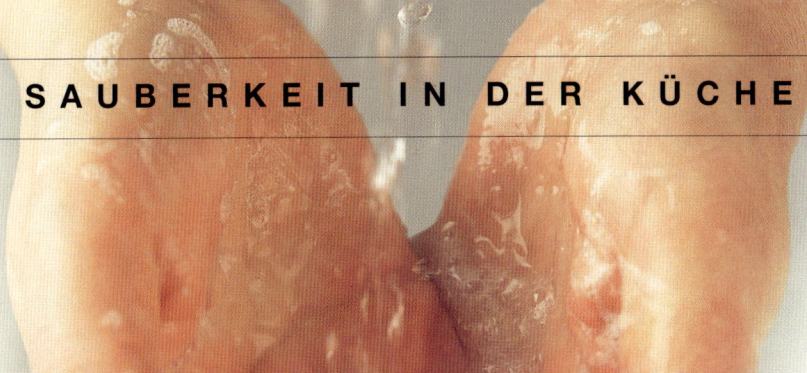

SAUBERKEIT IN DER KÜCHE

Wer Nahrungsmittel zubereitet, muss bestimmte hygienische Grund-regeln beachten. Die meisten Lebensmittelvergiftungen, die leider immer wieder auftreten, werden durch unsachgemäßen Umgang mit Nahrungs-mitteln verursacht. Besondere Umsicht ist bei der Zubereitung von Speisen für Kleinkinder, Schwangere, Kranke, Rekonvaleszenten und ältere Menschen ge-boten. Die folgende Übersicht fasst die wichtigsten Punkte zusammen.

Einkaufen

Erwerben Sie nur die frischesten und hochwertigsten Lebens-mittel, und zwar bei einem Händler Ihres Vertrauens, bei dem Sie sicher sein können, einwandfreie Produkte zu kaufen.

Lagern

Kaufen Sie Frischware so kurz wie möglich vor der Zubereitung, und achten Sie auf optimale Lagerbedingungen. Die übli-che Betriebstemperatur für Kühlschränke liegt bei ca. 5 °C. Kontrollieren Sie dies am besten mit einem Thermometer, und passen Sie das Thermostat bei Bedarf entsprechend an.

Decken Sie alle offenen Nahrungsmittel im Kühlschrank mit Frischhaltefolie ab, damit sie sich nicht gegenseitig beein-trächtigen. Blut von rohem Fleisch darf nicht mit anderen Lebensmitteln in Berührung kommen. Kontrollieren Sie vor dem Kochen stets das Mindesthaltbarkeitsdatum. Tauen Sie Tiefkühlware vor der Zubereitung nach Möglichkeit über Nacht im Kühlschrank auf und nicht bei Zimmertemperatur.

Zubereiten

Waschen Sie Ihre Lebensmittel bei Bedarf. Abgetrocknet wird mit Küchenpapier – das ist hygienischer als Tücher. Waschen Sie während der Zubereitung Ihre Hände regelmäßig mit Seife, und benutzen Sie zum Abtrocknen ein separates Handtuch. Achten Sie auf saubere Arbeitsflächen, und verwenden Sie verschiedene Schneidebretter für rohe und gekochte Lebensmittel, die Sie zwischen jeder Verwendung abspülen. Auch Messer und andere Küchenhelfer sind zwischen jedem Gebrauch mit etwas Spül-mittel unter heißem Wasser zu säubern. Wechseln Sie benutzte Küchentücher regelmäßig aus. Mülleimer sollten abgedeckt sein, regelmäßig geleert sowie hin und wieder desinfiziert werden.

Garen

Garen Sie Lebensmittel immer gut durch, und servieren Sie die fertigen Speisen so heiß und schnell wie möglich. Soll Gegartes für später aufbewahrt werden, lassen Sie es erkalten, bevor Sie es abdecken und dann rasch in den Kühlschrank stellen. Wenn Speisen längere Zeit bei Zimmertemperatur gelagert werden, bilden sich die meisten Bakterien.

Wärmen Sie Reste nur einmal auf. Werden sie dann nicht völlig verzehrt, werfen Sie sie weg. Das Risiko einer Lebens-mittelvergiftung ist im Falle eines zweiten Aufwärmens zu hoch. Reste einer Marinade sollten auf keinen Fall wieder verwendet werden.

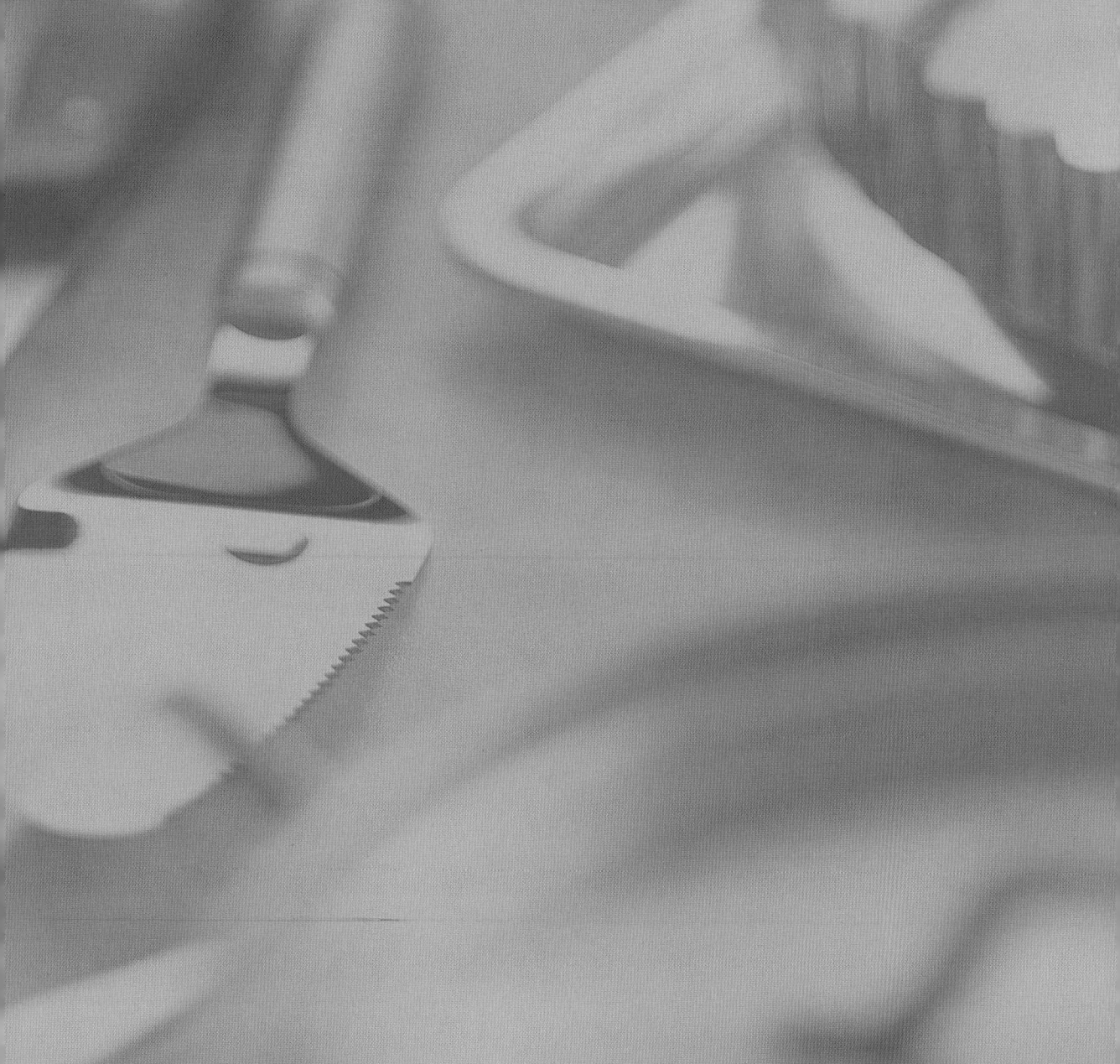

Teil 2
Grundausstattung

KÜCHENHELFER

*B*evor Sie mit dem Kochen beginnen, müssen Sie überlegen, welche Hilfs-
mittel Sie für die Zubereitung benötigen. Jeder Koch hat hier seine
persönlichen Vorlieben, doch es gibt einige Dinge, die man immer braucht.

MESSER

Messer sind die wichtigsten Werkzeuge
in der Küche. Allein mit einem guten
Messer können Sie schon die meisten
Grundzutaten vorbereiten. Messer gibt
es in zahlreichen Formen, Größen und
Materialien. Ein wirklich hochwertiges
Produkt ist nicht billig, doch es zahlt
sich aus, denn ein gutes Messer hält ein
ganzes Leben. Zunächst werden Sie
ohnehin nicht alle hier vorgestellten
Messer benötigen: Ein Koch-, ein Brot-
und ein Gemüsemesser reichen für den
Anfang. Bei Bedarf können Sie später
weitere Messer hinzukaufen.

Pflege und Aufbewahrung
Hochwertige Messer werden aus rost-
freiem Edelstahl hergestellt. Lagern Sie
sie an einem sicheren Ort außerhalb der
Reichweite von Kindern, und schützen
Sie vor allem ihre scharfen Kanten. Ein
Messerblock ist hier ideal, zumal er die
Schneidewerkzeuge immer griffbereit
hält. Ähnlich viel Schutz bietet eine
Messertasche, die jedoch umständlicher
zu handhaben ist.

   Scharfe Messer sind sicherer als
stumpfe, weil sie sich leichter führen
lassen. Schärfen Sie daher Ihre Messer
regelmäßig, entweder mit einem Wetzstahl oder einem Messerschärfer zum
Durchziehen der Klinge. Wer sich das
selbst nicht zutraut, kann sie im Fachhandel schärfen lassen.

Gemüsemesser   Universalmesser mit Wellenschliff   Käsemesser   Grapefruitmesser

Kanneliermesser, Ziselierer

Gemüsemesser

Dies meist nur 5–10 cm lange Messer dient dem Schälen, Putzen und Schneiden von Gemüse und Obst. Sollen diese Zutaten attraktiv geformt und verziert werden, benutzt man ein ähnliches, in der Klinge leicht gebogenes Tourniermesser. Man kann mit einem Gemüsemesser auch Fleisch ausbeinen oder Fisch filetieren. Führen Sie es dazu sehr nah an Knochen, Gräten oder Haut entlang, ohne dass dabei Fasern reißen.

Universalmesser

Mit diesem Allround-Messer lässt sich prinzipiell alles schneiden. Mit Wellenschliff eignet es sich besonders für Tomaten und Obst.

Käsemesser

Dies ist eigentlich ein Vorlegemesser, das man zu Käseplatten reicht. Mit seiner langen, gewellten Klinge lässt sich Käse optimal schneiden. Die zweizackige Spitze dient zum Aufspießen der Stücke.

Grapefruitmesser

Mit seiner zweischneidigen Wellenschliffklinge schneidet dieses flexible Messer Zitrusfrüchte wunderbar auf. Zum Schälen anderer Obstsorten benutzt man besser einen Sparschäler (siehe Seite 24).

Kanneliermesser, Ziselierer

Dieses Messer verwendet man zum Verzieren von Obst und Gemüse. Sie können damit kleine Schalenstücke für eine Garnierung ausstechen oder dekorative Rillen in Früchte und Gemüse ritzen.

Kochmesser

Kochmesser sind die wichtigsten von allen. Es gibt sie in verschiedenen Größen. Chefköche benutzen häufig extrem große Exemplare, für den Hausgebrauch reichen Messer mit einer 20–30 cm langen Klinge jedoch völlig aus. Personen mit kleineren Händen kommen mit kürzeren Messern oft besser zurecht. Wählen Sie eins, das Ihnen gut in der Hand liegt. Der Griff sollte so viel Platz bieten, dass Ihre Knöchel beim Hacken nicht auf die Arbeitsfläche schlagen – immerhin sind Schneiden und Hacken die wichtigsten Tätigkeiten, für die dieses Messer verwendet wird. Achten Sie darauf, dass Ihr Kochmesser immer scharf ist, und bewahren Sie es dementsprechend sicher auf.

Beim Hacken wird die Spitze des Messers mit dem Ballen einer Hand auf der Arbeitsfläche festgehalten. Die andere Hand führt den Messergriff auf und ab und übt dabei genügend Druck aus, um die jeweilige Zutat zu durchtrennen. Dabei arbeitet man sich bogenförmig zunächst von links nach rechts, dann wieder von rechts nach links durch die Zutat hindurch. Mit etwas Übung werden Sie diese Technik bald meistern. Schneiden, hacken, schnetzeln – die Vielseitigkeit eines Kochmessers ist erstaunlich. Selbst beim Zerdrücken von Knoblauch kann es hilfreich sein. Legen Sie dazu einfach eine Zehe unter das breite Ende der Klinge und drücken Sie diese mit reichlich Druck hinab.

Brotmesser

Dies ist ein langes Messer mit Wellenschliff, das sich hervorragend zum Durchschneiden von Kruste und weichem Innenteil eines Brotes eignet. Die Kunst, ein Brot von Hand in gerade, gleichmäßige Scheiben aufzuschneiden, ist durch die fortschreitende Technisierung leider in Vergessenheit geraten. Doch wer einmal etwas dicker aufgeschnittene Scheiben benötigt, wird ein Brotmesser nicht missen wollen, und auch beim Zerteilen von Kuchen und Torten leistet es gute Dienste. Wählen Sie ein gut ausbalanciertes Exemplar mit einer starken, leicht flexiblen Klinge.

Ausbeinmesser, Tranchiermesser

Dieses Messer wird für gewöhnlich zusammen mit einer Fleischgabel angeboten. Es ist relativ lang, etwa 30–35 cm, und besitzt eine spitze Klinge, die das Trennen von Fleisch und Knochen erleichtert. Die Gabel hilft dabei, das Fleisch festzuhalten und zu wenden. Diese Kunst des Tranchierens ist mittlerweile stark in Vergessenheit geraten, wohl nicht zuletzt wegen des immer seltener werdenden Sonntagsbratens. Über Generationen hinweg wurde dieser vor den Augen aller Familienmitglieder zerteilt, sodass die Kinder durch Beobachtung lernen konnten. Heute muss diese Kunst oft neu erworben werden. Ein scharfes Messer, dass das Fleisch durchtrennt, ohne es zu zerreißen, und eine gute Gabel sind dafür unerlässlich.

Palettmesser, Palette

Am häufigsten wird dieser Küchenhelfer mit seiner langen, flexiblen Klinge verwendet, um Speisen aus Formen oder von Tellern zu heben oder um sie zu wenden. Kleinere Exemplare (10 cm) dienen daneben auch zum Verstreichen von Butter, Cremes und Zuckerguss.

Kochmesser

Brotmesser

Ausbeinmesser

Palettmesser

WEITERE SCHNEIDEWERKZEUGE

Gute Schneidewerkzeuge sind sehr hilfreich. Wer aber schon
über ein gutes Messerset verfügt, kann auch auf sie verzichten.

Gemüsehobel

Käsehobel

Zestenschneider

Entkerner

Sparschäler

Küchenscheren

Scheren sind die wohl vielseitigsten Küchenhelfer überhaupt. Mit
ihnen können Sie Speckschwarten
ablösen, Kräuter direkt in Ihre
Speisen schneiden, Teigstücke
zurechtstutzen und teils sogar
Fleisch von Fett befreien. Achten
Sie beim Kauf auf lange
Schneiden und bequeme Griffe.

Sparschäler

Mit diesen praktischen Helfern
wird das Schälen von Obst und
Gemüse nicht nur einfacher,
sondern auch effizienter. Es gibt
sie in zwei Ausführungen:

klassisch, mit zwei feststehenden
Klingen, und modern, mit einem
stabil verankerten, beweglichen
Schneideblatt. Letzterer wird oft
auch Pendelschäler genannt und
ist ideal für lange Gemüsesorten
wie Spargel und Karotten, bei
kürzerem Gemüse, wie Kartoffeln,
hingegen läuft man rasch Gefahr,
sich damit zu verletzen.

Zestenschneider

Die obere Kante besteht aus einer
Reihe kleiner Löcher, mit denen
sich die Schale von Zitrusfrüchten
leicht ablösen lässt. Führen Sie
den Schneider dazu einfach mit

etwas Druck an der Frucht entlang. Eine Reibe produziert nicht
so regelmäßige Streifen wie jene,
die Sie dabei erhalten werden.
Diese sind besonders zum Garnieren ideal, zumal der Zestenschneider die schwammige weiße
Unterschale der Zitrusfrüchte
unberührt lässt.

Entkerner, Kernausstecher

Dieses Gerät lohnt sich vor allem
für Personen, die viel Kernobst verarbeiten. Mit seiner zylinderförmi-
gen Klinge sticht man die Früchte
von oben ein und entfernt so das
Kerngehäuse mit einem Ruck.

Wiegemesser

Mit diesem praktischen Schneide-
werkzeug, das sich immer größerer Beliebtheit erfreut, lassen
sich Kräuter und Gemüse rasch
zerkleinern. Es besteht aus einer,
manchmal auch zwei leicht ge-
bogenen Klingen, an deren Ende
je ein Griff emporragt. An diesen
wiegt man das Messer kräftig hin
und her und führt es dabei durch
die zu zerkleinernden Zutaten.
Da Wiegemesser sehr scharf sind,
müssen sie stets achtsam ge-
handhabt, gelagert und nach
jedem Gebrauch gut getrocknet
werden.

Küchenschere

Ausstechformen

Entsteiner

Wiegemesser

Eierschneider

Mit diesem kleinen Gerät lassen sich hart gekochte Eier problemlos in gleichmäßig breite Scheiben schneiden. Es besteht aus einer Reihe dünner, in einem Rahmen aufgespannter Drähte, die mühelos durch ein darunter liegendes Ei gleiten. Die fertigen Scheiben sind ideal als Garnierung oder Brotbelag.

Käsehobel

Dieser Hobel hilft Ihnen, Käse – vor allem mittelweichen Schnittkäse wie Emmentaler oder Gruyère – in dünne Scheiben aufzuschneiden, was besonders bei belegten Broten oder für Salatgarnituren nützlich ist.

Ausstechformen

Ausstecher sind in zahlreichen Größen und in den verschiedensten Formen erhältlich, meist mit glattem, aber auch mit gewelltem Rand. Neben dem Ausstechen von Plätzchenteig dienen sie zum Formen von Tortelettböden und helfen beim Verzieren von Pasteten. Spülen Sie die Formen, und trocknen Sie diese nach jedem Gebrauch gründlich ab, damit sie nicht rosten.

Gemüsehobel

Ein Gemüsehobel ist ein flaches Gerät mit einem teils glatten, teils gewellten, verstellbaren Messer, mit dem man Gemüse in sehr dünne, gleich große Scheiben oder Streifen schneiden kann. Die Anschaffung lohnt sich besonders für Köche, die viel Gemüse zubereiten. Gemüsehobel sind sowohl aus Holz, wie auch aus Kunststoff oder aus Metall erhältlich. Einige werden mit umfangreicher Ausstattung wie auswechselbaren Messern, Restehalter und Auffangschale angeboten, andere wiederum bestehen nur aus einem einzigen Teil. Die Preise für ein solches Gerät variieren dementsprechend stark. Entscheiden Sie selbst, welches Angebot für Sie das Beste ist.

Entsteiner

Dieses schlichte Spezialgerät kann äußerst nützlich sein. Kirschen und Oliven lassen sich damit problemlos entsteinen. Legen Sie einfach eine Frucht in die schalenartige Vertiefung, und drücken Sie den Entsteiner wie eine Zange zusammen: Der Stift bohrt sich nun in das Obst und drückt den Stein heraus.

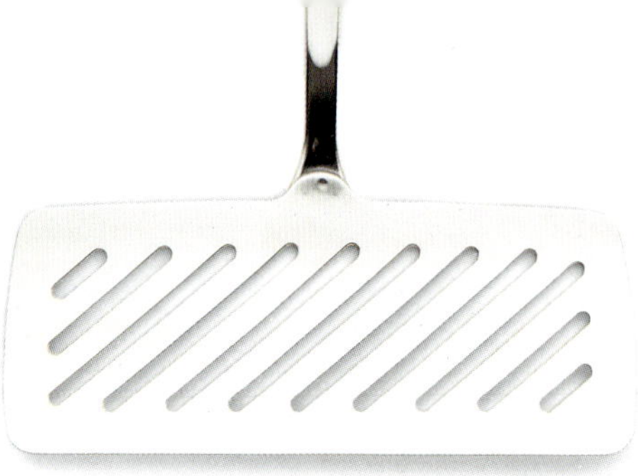

Fisch- und Spargelheber

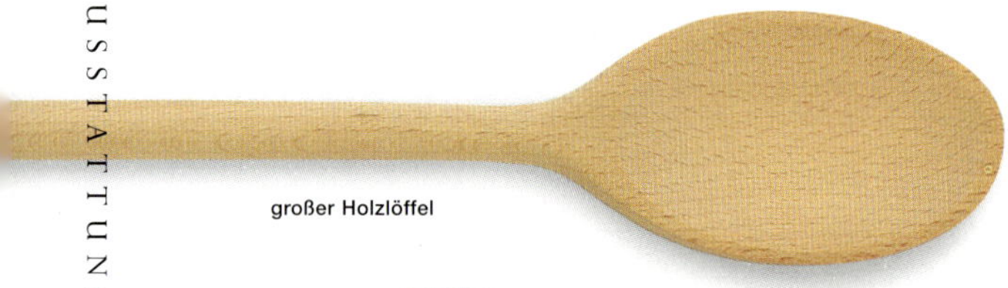

großer Holzlöffel

kleiner Holzlöffel

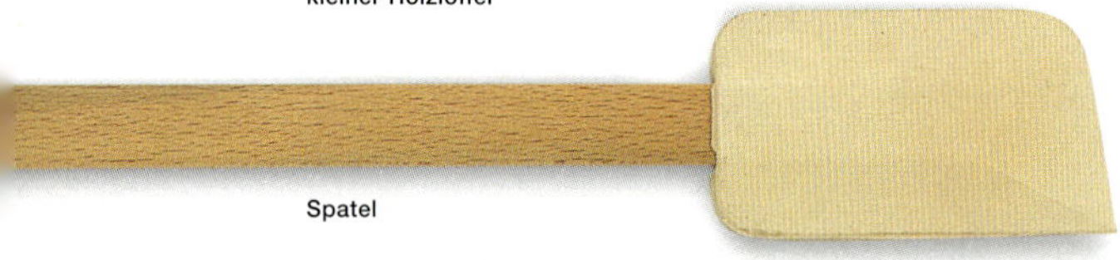

Spatel

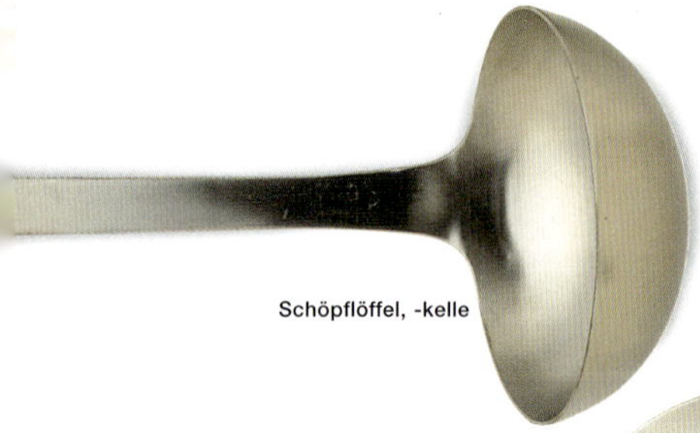

Schöpflöffel, -kelle

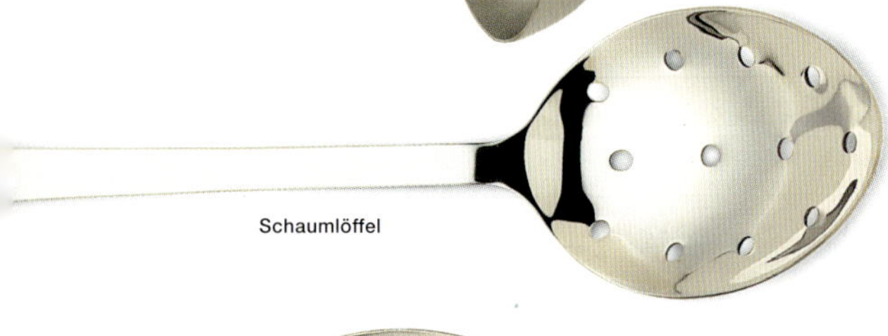

Schaumlöffel

Gießlöffel

LÖFFEL UND SPATEL

Eine kleine Auswahl an Löffeln und Spateln sollte in jeder Küche vorhanden sein.

Holzlöffel

Diese klassischen Küchenhelfer sind immer noch die nützlichsten. Legen Sie sich am besten gleich mehrere davon zu: einen kleinen mit kurzem Griff zum Umrühren von Saucen – Löffel mit einer spitzen Kante sind hier besonders geeignet, da Sie damit auch an die Ränder des Topfes gelangen –, einen großen, flachen Löffel zum Rühren von Teigmassen und einen Löffel mit langem Griff zur Herstellung von Marmeladen.

Holzspatel

Diese flachen, an einer Seite spitz zulaufenden Küchenhelfer eignen sich zum Wenden von Gargut sowie zum Sautieren von zerkleinerten Zutaten wie Zwiebeln. Besonders zu empfehlen sind sie als Rührgeräte in beschichteten Töpfen und Pfannen, da sie deren Oberfläche nicht verkratzen.

Kunststoff- und Gummispatel

Diese Spatel verwendet man vor allem bei der Teigzubereitung zum Mischen und Unterheben von Zutaten. Zudem kann man mit ihnen Reste von zähflüssigen Zutaten aus Krügen oder Töpfen kratzen. Seien Sie jedoch vorsichtig bei der Verwendung in heißem Geschirr oder heißen Zutaten, da sie je nach Material möglicherweise nicht ausreichend hitzebeständig sind.

Schaumlöffel

Mit diesen praktischen Helfern lässt sich Gargut wie Eier mühelos aus heißen Flüssigkeiten heben. Sie können mit ihnen aber auch Schmorgerichte servieren. Fleisch und Gemüse lassen sich mit einem Schaumlöffel ohne Sauce separat auftragen.

Schöpflöffel, -kelle

Schöpflöffel sind in verschiedenen Größen erhältlich. Hauptsächlich nutzt man sie zum Servieren von Suppen, Saucen und anderen flüssigen Speisen oder Beilagen. Aufgrund ihrer bauchigen Form eignen sie sich auch gut, um Suppen und Früchte durch ein Sieb zu passieren.

Fisch- und Spargelheber

Mit diesem Gerät hebt man gekochten Fisch oder Spargel mühelos aus dem heißen Sud. Zudem lassen sich damit größere Gebäckstücke wie Brötchen oder Teigtaschen gut vom Backblech heben. Sein leicht gebogenes, breites und flexibles Blatt gleitet problemlos unter die Zutaten.

Gießlöffel

Dieser große Metalllöffel ist zum Rühren, Abschöpfen und Überglänzen ideal. Er sollte größer sein als ein Esslöffel. Ein Exemplar mit langem Griff bietet zudem mehr Schutz beim Übergießen von Gargut im heißen Backofen.

Messlöffel

Beim Backen, wo genau abgemessene Zutatenmengen entscheidend sind, können diese Löffel sehr hilfreich sein, besonders beim Abmessen von Backtriebmitteln, gemahlener Gelatine und Gewürzen. Sie werden aus Kunststoff oder Metall gefertigt und sind in allen Formen und Größen erhältlich. Das übliche Gebinde besteht aus: ¼ Teelöffel, ½ Teelöffel, 1 Teelöffel und 1 Esslöffel.

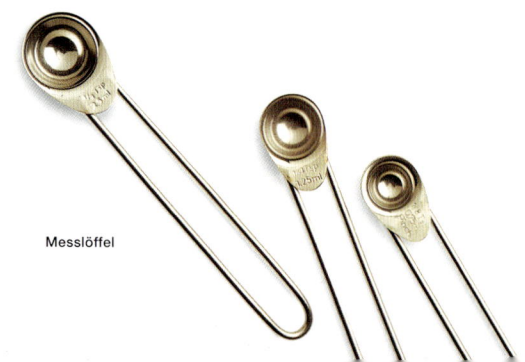

Messlöffel

REIBEN UND MÜHLEN

Nicht alle diese Geräte benötigen Sie. Machen Sie die Anschaffung von Ihren Kochvorlieben abhängig.

Mouli-Reibe
Diese handliche Gerät leistet gute Dienste beim Reiben von Käse, Nüssen und Schokolade. Besonders bei Schnittkäse, wie Gouda, ist die Mouli-Reibe ideal.

Kastenreibe
Diese klassische Universalreibe bietet Ihnen auf vier Seiten ein Hobelmesser für Gemüse sowie drei Reibflächen mit unterschiedlichen Feinheitsgraden: grob für Käse und Semmelbrösel, fein für Zitrusschalen und Hartkäse und sehr fein für Muskatnüsse. Verwenden Sie beim Reinigen am besten einen Backpinsel, um festklebende Zutaten abzulösen.

Muskatreibe
Da Muskat schnell an Geschmack verliert, sollte er idealerweise frisch gemahlen werden. Zu diesem Zweck wurden spezielle Reiben entwickelt. Einige von ihnen besitzen ein Fach zum Aufbewahren der Nüsse.

Muskatmühle
Diese Mühlen sind neueren Datums und arbeiten nach dem Prinzip der Pfeffermühlen. Sie sind zwar praktisch, aber einige Köche bevorzugen dennoch Reiben, weil ihnen das Mahlergebnis der Mühlen nicht zusagt.

Knoblauchpresse
Wenn Sie Knoblauch als feines Püree bevorzugen, ist eine Knoblauchpresse ideal. Die Zehe wird darin von Hand durch sehr feine Löcher gedrückt. Einige Pressen sind kompliziert zu reinigen, andere wiederum werden mit Reinigungshilfen angeboten. Wer keine

Knoblauchpresse hat, kann einzelne Zehen auch mit einem Kochmesser zerdrücken.

Mörser und Stößel
Diese beliebten Küchenhelfer werden schon seit Jahrhunderten verwendet. Als Mörser bezeichnet man die kleine Schale, der Stößel ist der abgerundete Stab, mit dem Gewürze und Saaten zerstoßen werden. Die Sets werden aus so verschiedenen Materialien wie Holz, Glas oder Steingut hergestellt. Die Anschaffung lohnt sich, denn frisch gemahlene oder zerstoßene Gewürze schmecken viel besser als fertig gekaufte.

Salz- und Pfeffermühle
Pfeffermühlen werden schon seit Jahren im Handel angeboten. Besonders in italienischen Restaurants findet man immer wieder Exemplare von enormen Ausmaßen. Nützlich sind sie allemal, denn geschmacklich reicht fertig gekaufter vorgemahlener Pfeffer nicht im Geringsten an frisch gemahlenen heran. Klassische Holzmühlen arbeiten mit Schraubmechanismus, sie sehen attraktiv aus und leisten gute Dienste. Mittlerweile gibt es aber auch elektrische Mühlen oder mechanische Mühlen mit zwei zusammenpressbaren Griffen. Beide sind mit nur einer Hand zu bedienen, was während des Kochens, wenn man oft schmutzige Finger hat, sehr hilfreich sein kann. Salz muss nicht frisch gemahlen werden, daher sind entsprechende Mühlen nicht unbedingt notwenig, doch sie sehen gut aus und können bei Tisch zum Nachwürzen verwendet werden.

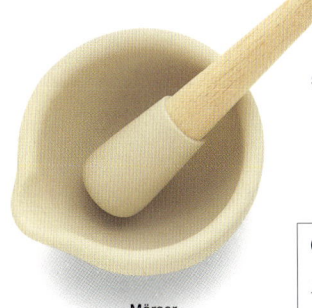

Stößel

Mörser

Knoblauchpresse

Salz- und Pfeffermühle

Muskatmühle

Öffner

Die folgenden Öffner zählen zu den gebräuchlichsten:

Kapselheber (Flaschenöffner)

Kapselheber (Flaschenöffner)
Kapselheber benötigt man zum Abheben von Kronkorken von Flaschenhälsen. Sie sollten in keiner Küche fehlen.

Korkenzieher
Es gibt sie in verschiedenen Ausführungen von schlicht und preiswert bis ausgeklügelt und teuer. Wer kräftige Arme hat, macht mit einem schlichten Modell nichts falsch. Alle anderen sollten auf leichter zu handhabende Hebel- oder Flügelkorkenzieher zurückgreifen. Weinliebhaber werden sich zudem über ein Modell mit Folienschneider freuen, mit dem die Folienkapsel am Flaschenhals leicht entfernt werden kann.

Dosenöffner
Dosenöffner sind unerlässlich. Auch hier gibt es zahlreiche Modelle, deren Nutzen man an den eigenen Wünschen messen muss. Jene, die raue, scharfkantige Ränder zurücklassen, sollten Sie in jedem Fall meiden. Halten Sie Ausschau nach einem Modell, das gut in der Hand liegt und leicht zu bedienen ist. Ein elektrischer Dosenöffner lohnt sich nur, wenn Sie regelmäßig Dosenware verarbeiten.

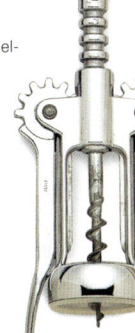

Korkenzieher mit Kapselheber

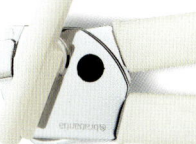

Dosenöffner

Mouli-Reibe

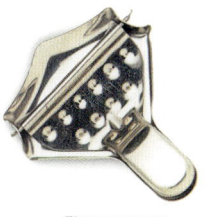

Zitronenpresse

Kastenreibe

SPEZIELLE KÜCHENGERÄTE

BACKEN

Wer die Kunst des Backens für sich entdeckt und die verlocken-
den Düfte und Geschmackserlebnisse, die damit einhergehen,
nicht mehr missen will, wird in einige Basisutensilien investie-
ren müssen. Die nützlichsten davon werden hier vorgestellt.

Teigbretter

Früher benutzte man zum Kneten
von Teigen üblicherweise ein
großes Holzbrett. Zudem gehörte
nicht selten ein Marmorbrett zur
regulären Küchenausstattung,
da sich auf dessen glatter kalter
Oberfläche jeder Teig mühelos
ausrollen lässt. Bei hochwertigen
Arbeitsflächen sind solche Bretter
nicht unbedingt notwendig, aber
wer regelmäßig backt, sollte
dennoch überlegen, ob sie nicht
trotz allem zur Arbeitserleichterung
beitragen könnten.

Teigrollen

Zum Ausrollen von Teigen ist eine
schwere Teigrolle ideal. Neben
einer glatten Oberfläche sollten
Sie beim Kauf unbedingt auf die
geeignete Länge der Teigrolle
achten; manchmal werden griff-
lose Modelle angeboten, wodurch
sich die Gesamtrollfläche etwas
vergrößert. Beim Material haben
Sie die Auswahl zwischen dem
klassischen Holz oder moderneren
Materialien wie Glas und Edelstahl.

Backpinsel

Pinsel werden in der Küche recht
oft verwendet, sei es zum Abbürsten von überschüssigem Mehl auf
ausgerollten Teigplatten, zum
Glasieren oder zum Einfetten von
Backformen. Bei Form, Größe und
Material haben Sie auch hier die
Qual der Wahl. Halten Sie am
besten immer einen breiteren und
einen schmaleren Pinsel bereit,
und achten Sie darauf, diese
nach jeder Verwendung zu säubern und zu trocknen, da ihre
Borsten ansonsten rasch brüchig
werden.

Backbohnen

Schon unsere Großmütter be-
nutzten zum Backen getrocknete
Bohnen oder Erbsen, um Teige,
die ohne Füllung vorgebacken
wurden, zu beschweren. Diese
Technik wird als Blindbacken
bezeichnet und kommt auch
heute noch oft zum Einsatz, wenn
eine Füllung nicht mitgebacken
werden muss, oder eine wirklich
knusprige Teighülle benötigt wird.

Backbleche

Ein hochwertiges Backblech ist
ein Muss in jeder Küche. Preis-
günstige Bleche sind oft sehr
dünn und verbiegen sich beim
Erhitzen, dann geht schon mal
etwas daneben. Im Handel gibt es
hochwandige Bleche und solche
mit einer abgeflachten Kante.
Letztere sind hilfreich, wenn man
schweres oder empfindliches
Gargut vom Blech gleiten lassen
möchte. Hochwandige Bleche
bieten sich bei sehr fett- oder
safthaltigem Gargut an, weil sie
die Flüssigkeit nicht ins Ofeninnere
laufen lassen. Achten Sie beim
Kauf darauf, dass die Bleche auch
die richtige Größe für Ihren Ofen
haben.

Kuchenformen

Im Handel werden vielfältige
Formen angeboten. Sinnvoll ist
vielleicht die Anschaffung von
zwei tiefen, runden Formen für
die Zubereitung von Biskuitkuchen
und Schichttorten. Kastenformen
gibt es in verschiedenen Größen,
die gängigsten liegen zwischen
20 cm und 35 cm. Im Allgemeinen
werden sie zur Herstellung von
Broten und Sandkuchen verwendet, aber manchmal nutzt

Backblech

runde Kuchenform

Springform

Obstkuchenform

Auflaufform

Muffin-Bleche

man sie auch für andere Speisen, etwa für süße oder herzhafte Terrinen. Kaufen Sie nur hochwertige Formen, die sie nach der Verwendung stets gründlich säubern und vor allem trocknen, damit sie nicht rosten. Formen mit Antihaftbeschichtung können sinnvoll sein, aber auch sie müssen vor jedem Gebrauch leicht eingefettet werden.

Muffin-, Tortelett- und Pastetenbleche

Diese aus dem anglo-amerikanischen Kulturkreis stammenden und auch bei uns mittlerweile populären Backformen bestehen aus Blechen mit 6 oder 12 Vertiefungen. Sie eignen sich hervorragend für die Zubereitung kleiner Kuchen, Muffins oder Fingerfood-Pasteten. Wer oft viele Personen mit solchen Gebäckstücken beköstigt, schafft sich am besten gleich mehrere dieser Bleche an.

Obstkuchen-, Quiche- oder Pizzaformen

Wie der Name bereits andeutet, dienen diese Formen der Herstellung süßer und herzhafter Backwaren. Verwenden Sie besser

Metallformen, solche aus Glas oder Porzellan sehen zwar hübsch aus, garen die Speisen aber nicht optimal. Für einen Zwei-Personen-Haushalt sind Formen von 20 cm Durchmesser vollauf ausreichend. Wer eine große Familie hat oder regelmäßig mehr als sechs Personen beköstigt, greift hingegen besser auf Formen von etwa 26–30 cm Durchmesser zurück.

Springformen

Diese Formen sind für runde süße oder herzhafte Kuchen ideal. Durch ihren herausnehmbaren Boden erleichtern sie sehr das Auslösen des fertigen Kuchens. Dank des Spannverschlusses lässt sich die Formwand leicht vom Kuchen lösen, sodass dieser nicht gestürzt werden muss, sondern einfach vom Formboden abgehoben werden kann.

Auflaufformen

Auflaufformen sollten ausreichend tief sein, damit das Gargut nicht überkocht. Wie Kuchenformen sind sie in den unterschiedlichsten Größen und Formen erhältlich, und auch die Materialien variieren. Einige sind aus Glas, andere aus

Keramik, einige rund, andere oval oder viereckig.

Kuchengitter (Kuchenrost)

Dieses Utensil lohnt sich für Köche, die oft Kuchen und Brot backen. Lässt man die Backwaren darauf abkühlen, können sie auch von unten ausdampfen und werden so nicht zu feucht. Stürzen Sie Brote sofort nach dem Backen von der Form in eine behandschuhte Hand und geben Sie sie mit der Stellfläche nach unten auf den Rost. Auf diese Weise verletzen Sie die Oberseite nicht.

Siebe

Siebe benötigt man vor allem für Mehl, nicht nur um eventuelle Klümpchen zu entfernen, sondern auch, um es aufzulockern. Ein Sieb von mittlerer Größe ist zum Backen ideal. Die in Edelstahl und Kunststoff erhältlichen Siebe können auch zum Passieren von Gemüse verwendet werden, müssen dann aber nach jedem Gebrauch besonders gut gereinigt werden. Mit einem kleinen Sieb lassen sich Kuchen, Desserts und andere Süßspeisen gut mit Puderzucker bestäuben.

Rüttelsieb

Dieses Sieb erleichtert das Bestäuben mit Mehl, da sich die ausgesiebte Menge damit gut kontrollieren lässt. Auch zum Saucenbinden ist es ideal, da die Dosiermöglichkeit die Klümpchenbildung reduziert.

Rührschüsseln

Rührschüsseln sind aus Edelstahl, Kupfer, Glas, Kunststoff oder Steingut erhältlich. Die Wahl bleibt Ihnen überlassen. Kunststoffschüsseln haben manchmal eine Standfläche mit Gummiring, durch die sie standfester werden, Metallschüsseln wiederum eignen sich wegen des kühlen, leicht zu säubernden Materials gut zum Verquirlen von Eischnee.

Schüsseln und Schalen

Diese Gefäße sind in zahlreichen Größen erhältlich, und Sie werden eine ganze Reihe davon für unterschiedliche Zwecke benötigen, etwa zum Verquirlen von Eiern oder zum Sahneschlagen. Kleinere Schalen eignen sich gut zum Bereitstellen oder Aufbewahren vorbereiteter Zutaten. Modelle mit Deckel sind dazu besonders ideal.

Kuchengitter

Rüttelsieb

Steingutschale

Teigrollen

Backbohnen

Rührschüssel

Backpinsel

Bayrischer Bräter

Grillpfanne

Dämpftopf,
Dampfkochtopf

KOCHGESCHIRR

Legen Sie sich von den hier vorgestellten Utensilien am besten nach und nach immer nur das zu, was Sie gerade benötigen.

Milchtopf

Greifen Sie immer auf beschichtete Töpfe zurück; unbeschichtete sind nur schwer zu säubern. In den beschichteten können Sie zudem auch Saucen und Rühreier zubereiten. Kaufen Sie einen gut ausbalancierten Topf mit tropfsicherem Ausguss und stabilem Griff. Damit Sie die Beschichtung nicht zerstören, sollten Sie nur mit Holzlöffeln und -spateln darin arbeiten.

Kochtöpfe

Kaufen Sie Kochtöpfe am besten im Dreier-Set. Ein solches enthält üblicherweise je einen kleinen, mittleren und großen Topf. Mehr werden Sie selten benötigen. Achten Sie auf Töpfe mit flachen, schweren Böden, gut schließenden Deckeln und stabilen, hitzebeständigen Griffen. Beim Material haben Sie die Wahl zwischen Edelstahl, Gusseisen oder Email. Sie werden vielleicht ein kleines Vermögen kosten, aber im Hinblick auf Qualität und Lebensdauer zahlen sie sich immer aus.

Dampfeinsätze und Dampfkochtöpfe

Dampfeinsätze sind für mittlere bis große Töpfe erhältlich. Sie sind von unten perforiert und werden in einen Topf eingehängt. Mit ihnen können mehrere Zutaten zur gleichen Zeit bei derselben Temperatur gegart werden, ohne einander zu berühren. Das eingefüllte Gargut, etwa Gemüse, wird durch den aufsteigenden Dampf aus der unteren Topfhälfte, wo zum Beispiel Reis oder Kartoffeln garen, gedämpft. Diese Garmethode spart Energie und ist auch

gesundheitlich wertvoll, da sie die meisten Nährstoffe im Gargut erhält. Neben Dampfeinsätzen sind auch ganze Dampfkochtöpfe erhältlich, die bereits mit einem eigenen Einsatz geliefert werden.

Bratpfannen

Es gibt Pfannen für die verschiedensten Zwecke. Stimmen Sie Ihre Wahl daher ganz auf Ihre individuellen Bedürfnisse ab. Wie Töpfe werden auch Pfannen aus verschiedenen Materialien gefertigt, wichtiger aber ist ein schwerer, flacher Boden, der die Hitze gleichmäßig verteilt. Ein Deckel ist sinnvoll, wenn Sie das Gargut nach dem Braten bei geringerer Hitze weitergaren wollen. Möchten Sie es hingegen danach in den Backofen stellen, empfiehlt sich eine Pfanne mit hitzebeständigem Griff. Natürlich können Sie auch beschichtete Pfannen erwerben. Ihre Vor- und Nachteile werden viel diskutiert. Oft werden sie wegen ihrer vermeintlich kurzen Lebensdauer kritisiert. Doch sie sind leicht zu reinigen, und man kann darin mit nur wenig Fett braten, ohne dass das Gargut anbrennt.

Woks

Diese tiefen, bauchigen Pfannen, die man am besten auf einem Gasherd verwendet, sind für Pfannengerührtes ideal.

Omelett-Pfannen

Wer regelmäßig Omeletts und Pfannkuchen zubereitet, sollte die Anschaffung einer speziellen Pfanne erwägen, die für nichts anderes verwendet wird. Denn brät man darin auch Zwiebeln

Soufflé-Form

oder Speck, backen die Omeletts schnell an. Wählen Sie am besten eine kleine Pfanne von etwa 20 cm Durchmesser, die mit einer Antihaftschicht ausgekleidet ist.

Grillpfannen

Das schwere, gusseiserne Geschirr mit geriffeltem Boden ermöglicht das Garen bei hohen Temperaturen. Dabei hinterlässt es ein attraktives Muster auf dem Gargut, das dem Abdruck eines Grillrosts ähnelt, und sorgt für ein besonders Aroma. Die Pfannen sind teils rund, meist aber quadratisch oder rechteckig und manchmal so groß, dass sie bei einem Gasherd über zwei Flammen gestellt werden müssen. Erhitzen Sie Grillpfannen vor der Verwendung sorgfältig. Geben Sie dann das gut eingeölte Gargut hinein, und braten Sie es 2–3 Minuten, ohne es zu bewegen, damit sich ein gleichmäßiges Muster einbrennt.

Schmorpfannen, -töpfe

Schmortöpfe und Schmorpfannen werden zum Braisieren oder, wie der Name sagt, zum Schmoren verwendet. Braisiertes oder Geschmortes kann auf dem Herd zubereitet werden, brennt dabei jedoch oft etwas an. Besser ist es, die Zutaten auf dem Herd anzubraten und im Backofen langsam fertig zu garen. Dazu benötigt man eine Schmorpfanne oder einen Schmortopf mit schwerem Boden, einem gut schließenden Deckel und hitzefesten Griffen, die stabil genug sind, um das gefüllte Geschirr mühelos anzuheben. Die Entscheidung über das Material von Topf oder Pfanne fällen Sie. Achten Sie jedoch auf die richtige Größe, vielleicht muss einmal ein ganzes Huhn hineinpassen, oder Sie möchten die doppelte Portion zubereiten, um einen Teil für später einzufrieren.

Bräter

Bräter benötigt man zum Braten im Backofen. Es gibt sie in zwei Arten: große Töpfe mit Deckel oder flache rechteckige Schalen, so genannte Bayrische Bräter. Für das Braten von Fleisch, Geflügel und Wild benötigt man Töpfe, die je nach Gargut die geeignete Größe aufweisen. Schaffen Sie sich am besten zwei davon an, einen großen und einen kleineren. Achten Sie auf solide Qualität, damit sich der Topf im Ofen nicht verformt, und auf hohe Seitenwände, die den Ofenraum vor Fettspritzern schützen. Bayrische Bräter sind ideal zum Braten von Gemüse. Auch sie gibt es in verschiedenen Größen. Die besten Ergebnisse erzielen Sie mit solchen, die rundum mindestens 5 cm Platz zu den Innenwänden Ihres Backofens lassen.

Ramequin-Formen

Diese kleinen, meist aus Porzellan, Steingut oder Glas gefertigten Schalen können sowohl im Backofen als auch auf dem Herd verwendet werden. Im Allgemeinen bereitet man in ihnen Crème brûlée, Crème caramel und kleine Soufflés zu; aber auch gebackene Eier gelingen hervorragend darin. Zudem kann man in ihnen zum Garen vorbereitete Lebensmittel bis zur weiteren Verwendung aufbewahren und sie nach Belieben auch zum Servieren von Butter oder Marmelade verwenden.

Soufflé-Formen

Klassische Soufflé-Formen werden aus weißem Porzellan gefertigt. Sie sind rund und tief, mit geraden Seitenwänden, die ein leichtes Aufgehen der Soufflés ermöglichen. Die gängigsten Formen für 4 Portionen besitzen einen Durchmesser von etwa 18 cm und ein ungefähres Fassungsvermögen von 1,5 Liter.

Stielkasserolle

Milchtopf

Bratpfanne

große Stielkasserolle mit Deckel

Ramequin-Formen

Schmortopf

Abtropfsieb, Durchschlag

analoge
Küchenwaage

Messbecher

Küchensieb,
Rundsieb

digitale Küchenwaage

Zitruspresse

Schneebesen

doppelter
Kartoffelstampfer

große Küchenzange

kleine Küchenzange

WEITERE KÜCHENGERÄTE

Die folgenden Utensilien können Ihnen das Kochen erleichtern und vermitteln zudem einen professionellen Eindruck.

Abtropfsieb

Abtropfsiebe benötigt man zum Abgießen von in Wasser gegarten Nahrungsmitteln wie Gemüse und Nudeln. Edelstahl ist das robusteste und am einfachsten zu reinigende Material. Siebe aus anderen Materialien sollten in jedem Fall eine solide Standfläche aufweisen, damit man sie beim Abgießen nicht festhalten muss.

Küchensieb, Rundsieb

Ein solches benötigt man zum Abgießen feinkörnigerer Zutaten wie Reis. Zum Durchsieben trockener Lebensmittel wie Mehl oder Puderzucker empfiehlt sich die Anschaffung eines separaten Siebs. Achten Sie darauf, Ihr Sieb gründlich abzutrocknen, bevor Sie es für trockene Zutaten verwenden.

Eieruhr, Kurzzeitwecker

Eine Eieruhr darf in keiner Küche fehlen. Es gibt sie in den verschiedensten Ausführungen von schlicht bis technisch verspielt. Wichtig ist, dass sie die Zeit verlässlich misst und für Ihre Bedürfnisse laut genug klingelt.

Messerschärfer

Eine gute Küche braucht scharfe Messer und daher auch einen Messerschärfer. Sie haben die Wahl zwischen einem Wetzstahl oder einer Durchzieh-Vorrichtung. Der Wetzstahl ist das professionellere Utensil; er erfordert etwas Übung, liefert dann aber sehr solide Ergebnisse.

Messbecher

Wenn exakte Messungen gefragt sind, wie beispielsweise beim Backen, ist ein Messbecher für flüssige Zutaten unerlässlich. Es gibt sie in Metall, Glas und Kunststoff. Die Messwerte sind bei ersteren jedoch selten leicht abzulesen, während Glasbecher häufig schwer und leicht zerbrechlich sind. Wenn sie gut lesbare Messskalen aufweisen, sind die neueren Kunststoffbecher aus Polypropylen ideal, die selbst kochenden Flüssigkeiten standhalten. Solche mit einem Fassungsvermögen von 1 Liter sind die gängisten.

Küchenzangen

Zangen benötigt man immer dann, wenn heißes Gargut aus einem ebenso heißen Kochgeschirr gehoben oder in Töpfen, Pfannen und auf Grillrosten gewendet werden muss. Eine Zange muss gut in der Hand liegen und ihr Griff lang genug sein. Modelle aus Edelstahl verfärben nicht und sind besonders strapazierfähig.

Zitruspressen

Die Anschaffung einer Zitruspresse ist durchaus sinnvoll, denn frisch gepresste Zitrussäfte sind in der Küche oft gefragt. Es gibt sie in zwei Varianten: Das klassische, aus Glas oder Kunststoff gefertigte Modell besitzt einen erhabenen Pressaufsatz, auf den die halbierte Frucht hinabgedrückt wird; der Saft wird dann in einem darunter stehenden, mitgelieferten Gefäß aufgefangen. Millimeterbreite Schlitze im Pressaufsatz trennen dabei eventuelle Fruchtkerne vom ausgepressten Saft. Die zweite, aus Holz oder Kunststoff gefertigte Variante besteht allein aus einer an einem Handgriff befestigten Presse. Mit ihrer Hilfe kann der Saft direkt in einen Topf oder eine Schüssel gepresst werden. Der einzige Nachteil: Die Kerne werden dabei nicht ausgesiebt.

Schneebesen

Schneebesen gibt es in den unterschiedlichsten Größen. Mit den kleinsten verquirlt man beispielsweise Milch und Kakaopulver direkt in der Tasse. Mittelgroße Exemplare verwendet man im Topf und mit den ganz großen wird Eiweiß aufgeschlagen. Stimmen Sie die Größe und Griffigkeit auf Ihre Bedürfnisse ab. Qualität zahlt sich dabei wie immer aus.

Kartoffelstampfer

Gestampfte Kartoffeln und anderes püriertes Gemüse gewinnen mit der Rückbesinnung auf die klassische deutsche Küche bei uns in der letzten Zeit wieder an Popularität. Achten Sie beim Kauf auf ein Modell mit kräftigem Griff, der gut in der Hand liegt, denn dieser wird stark und lange beansprucht und Ihrer Hand einiges abverlangen.

Küchenwaagen

Viele Gerichte können ohne Küchenwaage zubereitet werden. Nur wenn es auf genaue Mengen ankommt – beim Backen etwa – ist sie unerlässlich. Wie viele andere Küchenutensilien sind Waagen in den unterschiedlichsten Ausführungen erhältlich, ein Umstand, der sich natürlich auch im Preis niederschlägt. Im Allgemeinen unterscheidet man zwischen klassischen Hebel- oder Balkenwaagen, die mit Gewichten arbeiten, sowie moderneren Federwaagen, die nach dem Dehnungsprinzip funktionieren (und daher bei häufiger Beanspruchung leider auch ausleiern). Bei den meisten Federwaagen werden die Zutaten in einer mitgelieferten Schüssel abgemessen. Bedenken Sie, dass diese Schüssel für Ihre Bedürfnisse groß genug sein sollte, und achten Sie auch auf eine gut lesbare Messskala. Digitalwaagen haben nicht nur häufig ein schönes Design, sondern messen auch äußerst genau, nur müssen bei ihnen von Zeit zu Zeit die Batterien erneuert werden.

Schneide-, Hackbretter

Ein gutes Messer braucht auch eine gute Arbeitsfläche, auf der es verwendet wird. Holzbretter sind eine vernünftige Wahl, da sie der Klinge nachgeben und sie nicht abstumpfen. Wirklich solide Holzbretter sind teuer, aber auch strapazierfähig und langlebig. Immer populärer werden Kunststoffbretter aus Polyäthylen, denn sie können sterilisiert werden, und selbst ein Geschirrspüler macht ihnen nichts aus. Für die Zubereitung von rohem Fleisch und Geflügel, bei der es stark auf Hygiene ankommt, sind sie daher ideal.

Thermometer

Ofenthermometer

Ein solches ist nützlich, wenn Sie die Temperaturentwicklung in Ihrem Backofen überprüfen wollen.

Fleischthermometer

Mit diesem Gerät kann überprüft werden, wann ein größeres Stück Fleisch durchgebraten ist. Es bietet sich besonders bei Rindfleisch an, weil die Garstufen – blutig, medium oder durchgebraten – hiermit optimal bestimmt werden können.

Ofen-
thermometer

Zuckerthermometer

Mit diesem Thermometer kann man bei der Herstellung von Gelee, Marmelade oder Pralinen die Kochtemperatur überprüfen, um so die Konsistenz der abgekühlten Masse richtig einzuschätzen.

Zucker-
thermometer

Kühlschrankthermometer

Mit diesem Thermometer können Sie sicherstellen, dass Ihr Kühlschrank und Ihr Tiefkühlfach richtig temperiert sind.

Eieruhr,
Kurzzeitwecker

Schneide-,
Hackbretter

Wetzstahl

ELEKTROGERÄTE

Der Handel hält eine ganze Reihe von elektrischen Küchengeräten bereit, die meistens recht teuer sind und teils auch nur ganz speziellen Zwecken dienen. Folgende Geräte sind für Köche interessant.

Standmixer

Küchenmaschine mit Rührschüsselaufsatz

Pürierstab

Küchenmaschine mit Topfschnitzleraufsatz

Handrührgerät

Die Anschaffung dieses Geräts ist durchaus lohnenswert. Mit ihm können Zutaten Zeit und Energie sparend verrührt und verquirlt werden. Der Elektromotor treibt in frei wählbaren Geschwindigkeitsstufen – je nach Auswahl – zwei Schneebesen oder Knethaken an. Sie lassen sich leicht vom Rührgerät lösen und sind so mühelos zu reinigen.

Standmixer

Dieses schon fast klassisch zu nennende elektrische Küchengerät hilft beim Pürieren von Suppen und Saucen ebenso wie bei der Zubereitung von Milchshakes und anderen Mixgetränken. Zudem können damit Früchte zerkleinert und Nüsse sowie Kräuter gehackt werden. Preis, Größe und Design variieren von Modell zu Modell. Wählen Sie eins, das Ihren Bedürfnissen entspricht.

Pürierstab

Der Pürierstab ist der kleinere Bruder des Standmixers. Mit ihm lassen sich prinzipiell dieselben Arbeiten durchführen, nur sollte man sich dabei auf kleinere Portionen beschränken. Eventuell müssen die Zutaten nach und nach mit ihm bearbeitet werden. Sein Vorteil: Man kann ihn direkt im Topf betreiben, sollte bei sehr flüssigen Mixturen aber den weiten Spritzradius bedenken.

Küchenmaschine

Die Küchenmaschine ist sozusagen das elektrische Universalgerät. Es vereint Handrührgerät und Standmixer. Darüber hinaus lassen sich Lebensmittel, je nach Zubehör, damit raspeln, reiben, mahlen, zerstoßen und anderweitig zerkleinern. Die Grundausstattung besteht im Allgemeinen aus dem mit dem Motor bestückten Grundgerät, einer Rührschüssel, einem Schneebesen- und einem Knethakenset. Aufgestockt werden kann diese Ausstattung je nach Hersteller mit Schnitzelwerk, Mixaufsatz, Fleischwolf, Zitruspresse, Getreidemühle, Nudelmaschine, ja sogar mit einem Eisbereiter. Überlegen Sie genau, ob, und wenn ja, in welchem Umfang Sie ein solches Gerät benötigen und ob in Ihrer Küche ausreichend Stellfläche dafür vorhanden ist, denn das Gerät hat einen relativ hohen Anschaffungspreis.

KÜCHENHERDE

HERDTYPEN

Gas- und Elektroherd

Köche schwören immer noch auf das Kochen und Backen mit Gas, da die gewünschte Hitze sofort verfügbar ist und ebenso schnell wieder ausgeschaltet werden kann. Zudem ist die höhere Luftfeuchtigkeit, die im Gasbackofen entsteht, für viele Gerichte und Backwaren außerordentlich vorteilhaft. Der Nachteil einer Gaskochstelle liegt allerdings in der höheren Verbrennungsgefahr durch die offene Flamme.

Beim Elektroherd liefert ein Heizdraht, der spiralförmig in einer Keramikmasse liegt, die Hitze zum Kochen und Backen. Durch die Kochfelder wird die Hitze auf das Metall des Kochtopfs übertragen.

Nach dem gleichen Prinzip funktioniert auch der Elektrobackofen. Beim herkömmlichen Backofen wird das Innere von oben (Oberhitze) und unten (Unterhitze) beheizt. Beim Backofen nach dem Heißluftprinzip verteilt ein Gebläse die heiße Luft gleichmäßig über den ganzen Innenraum.

Elektroherde haben den Nachteil, dass die Kochplatten sehr viel Wärmeenergie zwischenspeichern. Der Herd reagiert somit, anders als der Gasherd, sehr langsam auf eine gewünschte Temperaturänderung. Allerdings geht bei beiden Techniken viel Wärmeenergie verloren, da diese auch an die Umgebung abgegeben wird.

Induktionsherd

Seit Anfang der 1990er Jahre ist der Induktionsherd auf dem Markt. Das Funktionsprinzip dieses Herdtyps ist gänzlich verschieden von dem der Elektro- oder Gasherde. In einem Induktionsherd wandelt ein Generator den Strom mit einer Frequenz von 50 Hertz in Hochfrequenzstrom von etwa 25 000 Hertz um. Dieser Hochfrequenzstrom erzeugt in einer Kupferdrahtspule unter dem Kochfeld ein magnetisches Wechselfeld, das in den Topfboden eindringt. Dieses Wechselfeld erzeugt Wirbelströme, die dann wiederum für die Wärmeerzeugung im Topfboden verantwortlich sind.

Da die Wärme direkt im Topfboden erzeugt wird, entfällt die Vorheizphase, was eine Verringerung der Wärmeabstrahlung an die Umgebung bedeutet. Dadurch spart man Energie. Zudem ist die Verbrennungsgefahr deutlich niedriger, da die Kochfläche selbst nicht heiß wird.

Für das Garen mit dem Induktionsherd benötigen Sie allerdings auch spezielles Kochgeschirr mit einem magnetisierbaren Boden. Die aufwändige Elektronik des Herds hat leider auch einen hohen Anschaffungspreis.

Mikrowellenherd

Dieses Gerät wird vor allem zum schnellen Auftauen oder Erhitzen von Speisen verwendet. Mikrowellenherde erzeugen mithilfe eines Magnetrons elektomagnetische Strahlung von rund 2455 Megahertz. Bei dieser Frequenz werden die in den Lebensmitteln enthaltenen Wassermoleküle zur Rotation angeregt. Diese Rotationswärme überträgt sich dann auf die Speisen.

Im Gegensatz zum traditionellen Garverfahren, bei dem Wärme von außen nach innen dringt, findet dieser Vorgang bei der Mikrowelle umgekehrt von innen nach außen statt. Damit verrät sich auch Aufgewärmtes aus der Mikrowelle, denn es ist im Innern immer heißer als außen.

Der Zeitgewinn beim Garen mit der Mikrowelle ist zwar enorm, aber ein Nachteil ist die nicht homogene Wärmeverteilung in den Speisen, die durch den unterschiedlichen Wassergehalt, den die Lebensmittel haben können, bedingt ist.

Zum Garen in der Mikrowelle benötigen Sie metallfreies Spezialgeschirr.

BACKOFENTEMPERATUREN

Celsius	Gasstufe	relative Temperaturentwicklung
110°	¼	lauwarm
120°	½	lauwarm
140°	1	mäßig warm
150°	2	mäßig warm
160°	3	warm
180°	4	warm
190°	5	mäßig heiß
200°	6	mäßig heiß
220°	7	heiß
230°	8	sehr heiß

VORRÄTE

Wie und in welchem Umfang wir unsere Vorratsschränke bestücken, hängt zum großen Teil von unseren Lebensumständen ab. Feste Vorgaben gibt es hierfür daher nicht. Sie sollten jedoch immer einige Grundzutaten vorrätig haben, mit denen Sie auch ohne Frischware einmal ein schnelles Gericht zaubern können – besonders, wenn Ihr Stauraum begrenzt ist. Wer mehr Platz hat, kann darüber hinaus für exotische oder etwas raffiniertere Gerichte einige weniger gebräuchliche Spezialzutaten lagern.

MEHL

Lagerung

Lagern Sie Mehl kühl, dunkel und trocken in einem luftdicht verschlossenen Behälter. Auszugsmehl hält auf diese Weise bis zu 6 Monate. Vollkornmehl und Mehl mit einem höheren Aus-mahlgrad (höhere Typen-Nummer) sollten Sie rascher verarbeiten, da es mehr Bestandteile des vollen Korns und daher einen höheren Anteil an Mineralstoffen, Ballaststoffen und Fetten aufweist, wodurch es schnell ranzig wird.

Weizenmehl Type 405
(Auszugsmehl)

Stärkemehl, Speisestärke

Weizen-Vollkornmehl

Roggenmehl

Weizenmehl Type 630

Weizenmehl Type 550

Weizenmehl Type 405 (Auszugsmehl)
Dieses Universalmehl dient zum Andicken von Saucen, zum Einmehlen von Fleisch und anderen Nahrungsmitteln, bevor sie gebraten oder frittiert werden, und zur Zubereitung von Feingebäck.

Weizenmehl Type 550–630
Diese etwas stärker ausgemahlenen Sorten sind für Brötchen, Weißbrot und Baguette ideal.

Weizenmehl Type 812–1050
Zwei mittelstark ausgemahlene, dunkle Mehlsorten mit kräftigem Geschmack, die vor allem für Misch- und Graubrote verwendet werden.

Roggenmehl Type 1370–1700
Dienen zur Herstellung von Mischbroten.

Vollkornmehl
Ideal zur Herstellung von Brot und verschiedenen Teigsorten.

Stärkemehl, Speisestärke
Hiermit lassen sich Saucen rasch und einfach andicken.

ZUCKER

Lagerung

Kühl, trocken und luftdicht verschlossen ist Zucker bis zu 12 Monate haltbar. Braune Sorten werden mit der Zeit hart. Bedecken Sie sie dann 2–3 Stunden mit einem feuchten Tuch, das macht sie wieder weich und geschmeidig.

Haushaltszucker
Diesen grobkörnigen weißen Zucker verwendet man zum Süßen von Getränken, zum Verfeinern von Obst sowie zur Herstellung von Desserts und Streuseln.

feiner Zucker
Diese feinkörnigere Weißzuckersorte löst sich schneller auf als Haushaltszucker und wird daher gern für Feingebäck, Sirupe, Obstsalate und Kaltgetränke verwendet.

Puderzucker
Ein fein vermahlener Weißzucker, der für Zuckerguss und als Dekoration von Kuchen und Desserts verwendet wird. Vor Gebrauch muss er immer gesiebt werden.

brauner Zucker
Unter „braunem Zucker" fasst man verschiedene braune Zuckerarten zusammen, die sich in ihren Bestandteilen und Eigenschaften unterscheiden. Geschmack und Farbe erhält er vor allem durch Melasse, die ihm auch die klebrige und feuchte Konsistenz verleiht.
    Kandisfarin (Farinzucker) ist ein hell- bis dunkelbrauner Zucker mit feinen Kristallen. Rohzucker (z. B. Demerara- und Muskovado-Zucker) wird überwiegend aus Zuckerrohr hergestellt und erhält seine braune bis dunkelbraune Farbe durch das nachträgliche Versetzen mit Melasse. Vollrohrzucker ist getrockneter, gemahlener Saft von Zuckerrohr oder Zuckerrüben, der noch alle Mineralstoffe des Saftes enthält und leicht karamellartig schmeckt.
    Braune Zucker eignen sich gut zum Backen und für Desserts. Der äußerst aromatische Muskovado-Zucker wird allerdings nur für sehr kräftige Backwaren wie Leb- und Gewürzkuchen verwendet oder dann, wenn eine saftige klebrige Konsistenz erwünscht ist.

Einmach- und Gelierzucker
Der grobkörnige Einmachzucker löst sich langsamer auf und schäumt weniger als normaler Zucker, enthält aber keine Gelierhilfen. Zur Herstellung von Konfitüren verwendet man den feineren Gelierzucker, der Zusätze von Geliermitteln (Obstpektinen) sowie Säure enthält und durch seine kurze Gelierzeit Vitamine, Aroma und Farbe der Früchte bewahrt.

Kandiszucker
Das traditionelle Süßmittel für Kaffee oder Tee wird aus einer reinen, hochprozentigen Zuckerlösung gewonnen.

Würfelzucker
Damit süßt man in der Regel Heißgetränke.

Haushaltszucker

feiner Zucker

Puderzucker

Vollrohrzucker

Demerara-Zucker

Einmachzucker

Muskovado-Zucker

Grümmelkandis

weißer Würfelzucker

brauner Würfelzucker

ÖL

Öle werden in der Küche vielfach verwendet – zum Braten und Backen, für Dressings, zum Bestreichen von Grillgut oder schlicht zum Beträufeln von Speisen, um sie zu aromatisieren.

Lagerung

An einem kühlen, dunklen Ort gelagert halten sich Öle höchstens 10–12 Monate. Danach werden sie rasch ranzig. Dieser Vorgang beschleunigt sich nach dem ersten Öffnen. Kaufen Sie selten verwendete Sorten in nur kleinen Mengen ein.

Sonnenblumenöl

Dieses Universalöl ist für alle Garmethoden geeignet. Es ist sehr leicht und besitzt wenig Eigengeschmack, sodass es auch für Dressings verwendet werden kann.

Olivenöl

Wer gern Salat isst, sollte stets Olivenöl vorrätig haben, denn sein köstliches Aroma ist unvergleichlich. Auch zum Kochen ist Olivenöl geeignet.

natives Olivenöl extra

Dies ist das beste, aber auch teuerste Oliveöl. Je nach Herkunftsland, -region, Frucht- und Bodenbeschaffung variiert seine Farbe von hellgelb bis grasgrün. Finden Sie Ihren Favoriten, indem Sie verschiedene Öle in kleinen Mengen testen. Sie eignen sich für Dressings, Nudelgerichte und Grillgemüse. Auch die aromatisierten Varianten, wie Basilikum- oder Zitronenöl, schmecken köstlich.

Maiskeimöl

Dieses preiswerte hocharomatische Öl ist Geschmacksache. Wer viel frittiert, sollte jedoch nicht darauf verzichten, denn es kann mühelos hoch erhitzt werden.

Sojaöl

Ein ebenfalls preiswertes Öl, das sich seines hohen Rauchpunkts wegen hervorragend zum Frittieren eignet. Sein intensiver Geschmack ist jedoch nicht jedermanns Sache.

Erdnussöl

Ein leichtes Öl für jede Gelegenheit und Garmethode. Durch seinen milden Geschmack ist es besonders ideal für Mayonnaisen und Dressings.

Sesamöl

Dieses dunkle, nussige Öl wird besonders in der asiatischen Küche verwendet. Es besitzt ein wunderbar kräftiges, leicht süßliches Aroma. Da es leicht anbrennt, wird es zum Kochen oft mit neutralen Ölen, wie Sonnenblumenöl, gemischt. Sie können Ihre Speisen aber zunächst auch nur in einem neutralen Öl garen und das Sesamöl erst kurz vor dem Servieren darüber träufeln. Für ein asiatisches Dressing mengen Sie einfach etwas Zitronensaft und Sojasauce unter das Sesamöl.

Nussöle

Walnuss- und Haselnussöl verleihen jedem Dressing einen wunderbaren Geschmack. Dieser kann sich besonders gut in einem Salat mit einigen entsprechenden Nüssen entfalten. Zum Beträufeln von Gemüse, an Nudelgerichten oder in Brotteigen sind Nussöle ebenso geeignet.

Haselnussöl

Maiskeimöl

Ölivenöl mit Basilikum aromatisiert

Olivenöl

natives Olivenöl extra

Sonnenblumenöl

Pflanzenöl

ESSIG

Essig kommt in der Küche ähnlich vielfältig wie Öl zum Einsatz. Im Handel sind entsprechend viele Sorten erhältlich: heimische Frucht- und Kräuteressige, französische Weinessige, spanischer Sherry-Essig, italienischer Balsamico und andere mehr.

Lagerung

Essig hält sich an einem dunklen, kühlen Ort gelagert zwischen 6 und 12 Monate. Kaufen Sie ihn am besten in kleinen Mengen.

Balsamico-Essig

Dieser Essig ist seit einigen Jahren äußerst beliebt. Fruchtig süß im Geschmack, von tiefbrauner Farbe und so gehaltvoll wie keine andere Sorte stammt er ursprünglich aus dem italienischen Modena. Die besten Sorten reifen bis zu 25 Jahre im Eichenfass und sind entsprechend kostspielig, schmecken dafür aber auch hervorragend. Wer in Italien Urlaub macht, kann vor Ort vielleicht ein Schnäppchen machen. Verwendet wird Balsamico-Essig für Dressings und tröpfchenweise auch als Würze für Fisch- und Nudelgerichte, Grillgemüse und Suppen. Ein kleiner Tipp: Manche Chefköche geben auch einige Tropfen davon auf einen Servierteller, bevor sie ihre Speisen darauf anrichten.

Apfelessig

Dieser leichte Essig mit sanftem Fruchtgeschmack wird zum Einlegen von Früchten und für Dressings verwendet.

aromatisierter Essig

Mit Kräutern, Gewürzen oder Beeren aromatisierte Essige werden meist auf der Basis von Weißweinessig hergestellt. Sie schmecken mehr oder weniger intensiv und sind ihres speziellen Aromas wegen nur für ausgewählte Zwecke verwendbar. Werden Sie zu lange gelagert, verlieren Sie an Aroma. Kaufen Sie aromatisierte Essige daher gezielt, am besten in kleinen Mengen, ein.

Himbeeressig

Himbeeressig ist eine der beliebtesten aromatisierten Essigsorten.

Er schmeckt leicht süßlich und kann wunderbar zum Verfeinern von Saucen für dunkles Fleisch, Leber, Geflügel und Wild verwendet werden oder aber für feine Blatt-, Gemüse- und Fruchtsalate. Wer ein besonders starkes Fruchtaroma mit viel Süße bevorzugt, wählt einen Himbeer-Balsamico-Essig.

Sherry-Essig

Diese Sorte wird besonders bei spanischen Rezepten, wie bei der kalten Gemüsesuppe Gazpacho, sowie für Salate und Wildgerichte verwendet. Aber auch zum Verfeinern von Saucen und Suppen ist Sherry-Essig ideal. Dressings mit dieser mild-würzigen Essigsorte werden in der Regel für kräftigere Salate verwendet.

Rotweinessig

Rotweinessig ist ähnlich vielseitig verwendbar wie Weißweinessig. Sein Aroma ist jedoch etwas kräftiger. Es lohnt sich, das Angebot verschiedener Hersteller zu testen, bevor Sie sich für eine Marke entscheiden.

Weißweinessig

Mit diesem mild-aromatischen Universalessig lassen sich köstliche Dressings zubereiten. Man kann ihn aber auch zum Beträufeln fertiger Speisen verwenden.

Weißweinessig

Rotweinessig

Sherry-Essig

Balsamico-Essig

WÜRZSAUCEN

Die Vielfalt an Würzsaucen, besonders solcher aus Asien, ist schier unüberschaubar. Lassen Sie sich bei der Auswahl von Ihrem Geschmack und Ihren Kochgewohnheiten leiten.

Lagerung

Kaufen Sie nur Saucen, die Sie regelmäßig verwenden, und lagern Sie diese an einem kühlen, dunklen und trockenen Ort. Nach dem ersten Öffnen müssen die meisten Saucen im Kühlschrank gelagert werden. Informationen dazu finden Sie auf dem jeweiligen Etikett. Beachten Sie diese ebenso wie das Mindesthaltbarkeitsdatum.

Tomatenketchup

Diese Würzsauce passt hervorragend zu Würstchen, Burgern, Fischstäbchen und Pommes frites.

süß-saure Sauce

Diese Würzsauce passt ebenso hervorragend zu süß-sauren Gerichten wie zu Eiern mit Speck.

Worcestersauce

Schmortöpfe und Suppen erhalten durch diese britische Würzsauce einen leicht feurigen Geschmack ebenso wie Bloody Mary, ein klassischer Cocktail aus Wodka und Tomatensaft.

Sojasauce

Mit ihrem salzigen Geschmack wird sie zum Kochen ebenso gern verwendet wie zum Nachwürzen. Es gibt sie als helle und dunkle Variante. Farblich sind die beiden Sorten kaum zu unterscheiden, aber die helle Sojasauce ist salziger, die dunkle dagegen zähflüssiger und leicht süßlich im Geschmack. Verwenden Sie die helle für Hühnerfleisch, Fisch und

Meeresfrüchte, die dunkle für Fleisch und Ente.

süße Chilisauce

Diese feurige asiatische Sauce besteht aus Chili-Essig, Zucker und Salz und wird meist zum Dippen, seltener zum Kochen verwendet. Falls Sie Ihnen zu scharf ist, können Sie sie mit etwas heißem Wasser verdünnen.

Pflaumensauce

Diese fruchtig würzige Sauce wird zum Dippen verwendet. Traditionell reicht man sie zu Peking-Ente. Probieren Sie sie auch zu Frühlingsrollen und Wantans.

Austernsauce

Diese dickflüssige, dunkelbraune Sauce aus Austern, Salzlake und reichlich Sojasauce verleiht Gerichten ein exotisches Aroma.

thailändische Fischsauce (nam pla)

Sie ähnelt aromatisch der Sojasauce und verstärkt die Aromen der anderen Zutaten.

süß-saure Sauce   süße Chilisauce   Austernsauce   dunkle Sojasauce

Tomatenketchup   Pflaumensauce   thailändische Fischsauce

Worcestersauce

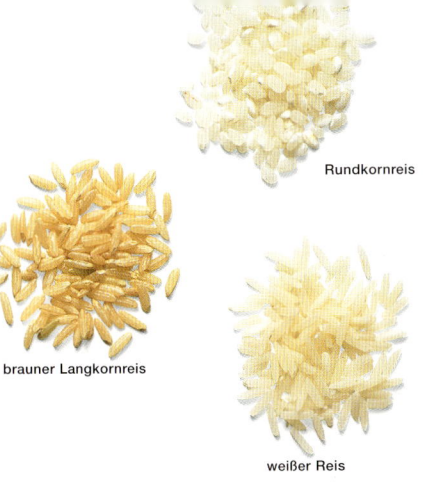

Rundkornreis

brauner Langkornreis

weißer Reis

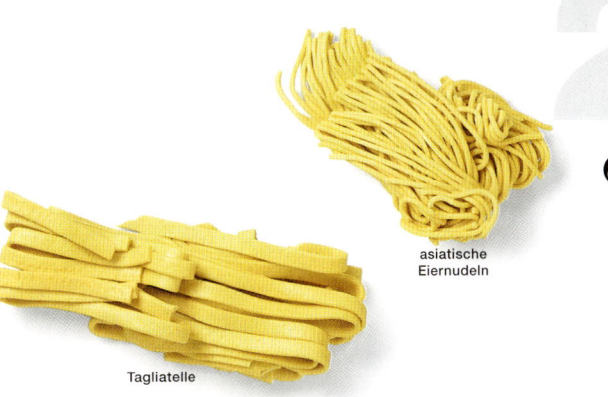

asiatische
Eiernudeln

Tagliatelle

REIS

Mit der prinzipiell kleinen Auswahl verschiedener Reisarten, die es gibt, lassen sich überraschend viele Speisen zubereiten – ob herzhaft oder süß. Langkornreis sollte in keiner Vorratskammer fehlen. Wer eine breitere Auswahl bevorzugt, kann zusätzlich noch auf Basmati-, Risotto-, Milch- und Naturreis zurückgreifen. Für weitere Informationen siehe Seite 181–182.

Lagerung

Luftdicht verschlossen, kühl und trocken gelagert ist Reis bis zu 3 Jahre haltbar. Damit zählt er zu den langlebigsten Vorratszutaten. Wer ausreichend Behälter sowie Stauraum zur Verfügung hat und regelmäßig Reis verzehrt, ist daher gut beraten, größere Mengen einzulagern, wenn sie preiswert zu bekommen sind.

NUDELN

Bei der Vielfalt an Nudelsorten, die bei uns erhältlich sind, empfiehlt es sich, die persönlichen Favoriten zu finden, wenn man nicht zahlreiche angebrochene Pakete herumstehen haben möchte. Praktische Grundsorten sind Spaghetti und Makkaroni. Darüber hinaus wird gern mit Lasagne (Teigplatten), Cannelloni (Teigröhren), Farfalle (Schmetterlinge), Fusilli (Spiralen), Tagliatelle (Bandnudeln), Vermichelli (feine Haarnudeln), Conchiglie (Muscheln) und gefüllten Nudeln wie Tortellini und Ravioli gekocht. Hinzu kommen deutsche Spezialitäten wie Spätzle und Maultaschen. Für weitere Informationen siehe Seite 180–181.

Lagerung

Hartweizengrieß-Nudeln halten sich kühl und trocken gelagert 18–24 Monate. Eiernudeln müssen etwas rascher verzehrt werden; beachten Sie dazu die Packungshinweise. Frische Nudeln sollte man im Kühlschrank lagern und innerhalb von 1 bis 2 Tagen verzehren.

ASIATISCHE NUDELN

Asiatische Nudeln unterscheiden sich von den europäischen vor allem dadurch, dass sie relativ fein sind und oft nur in heißem Wasser eingeweicht werden müssen oder aber eine sehr kurze Garzeit haben. Man unterscheidet zwischen Eiernudeln, Reisnudeln und japanischen Nudeln. Für weitere Informationen siehe Seite 181.

Lagerung

Frische wie getrocknete asiatische Nudeln sollte man an einem kühlen, trockenen Ort lagern und bis zum angegebenen Mindesthaltbarkeitsdatum verzehren.

gemischte getrocknete Nudeln aus Hartweizengrieß

Spaghetti

Adzukibohnen

rote Linsen

weiße Bohnen

Kichererbsen

rote Kidneybohnen

BOHNEN, KICHERERBSEN UND LINSEN

Die auch unter dem Oberbegriff Hülsenfrüchte bekannten Nahrungsmittel sind eine gute und preiswerte Proteinquelle. Im Handel werden sie getrocknet und als Konserven angeboten. Letztere müssen nicht eingeweicht werden und haben eine geringere Garzeit. Weiße Bohnen, Kichererbsen und Linsen sollten in keiner Küche fehlen. Wer ausreichend Platz hat, kann zusätzlich dicke Bohnen, Flageoletbohnen und rote Kidneybohnen einlagern sowie Sojabohnen, Pintobohnen, Borlottibohnen, Augenbohnen, schwarze Bohnen und Adzukibohnen. Sie alle sind verschieden geformt und gefärbt und verleihen Suppen wie Eintöpfen mehr Gehalt.

Lagerung

Kaufen Sie getrocknete Hülsenfrüchte nur in kleinen Mengen am besten dort, wo sie regelmäßig umgesetzt werden. Je länger Sie sie lagern, umso länger müssen Sie sie später kochen, weil sie mit der Zeit immer härter werden. Luftdicht verschlossen sowie kühl und trocken gelagert sind sie 1–2 Jahre haltbar.

GETREIDE

Von den zahlreichen Getreidesorten sollten Sie unbedingt Couscous und Polenta vorrätig haben, da sie sich rasch zubereiten lassen und eine ideale Beilage zu Fisch- und Fleischgerichten bilden. Für weitere Informationen siehe Seite 182.

Lagerung

Alle Getreidesorten sind luftdicht verschlossen sowie kühl und trocken gelagert bis zu 18 Monate haltbar.

TROCKENFRÜCHTE

Mit getrockneten Früchten lassen sich viele Gerichte verfeinern, aber auch als gesunde Knabberei für zwischendurch sind sie ideal. Früher kannte man getrocknete Früchte lediglich in Form von Rosinen (Korinthen und Sultaninen). Später kamen Pflaumen, Aprikosen und Datteln hinzu. Heute kennen wir auch getrocknete Birnen, Pfirsiche, Äpfel, Feigen, Bananen, Kirschen, Preiselbeeren, Heidelbeeren, Mangos, Papayas und Ananas. Sie alle können ebenso gut zum Backen wie für herzhafte Gerichte verwendet oder einem Müsli beigemengt werden.

Lagerung

Kaufen Sie nicht mehr, als Sie benötigen, denn Trockenfrüchte sind luftdicht verschlossen an einem kühlen, trockenen Ort gelagert nur 6–8 Monate haltbar. Falls Sie einen Händler kennen, der Trockenfrüchte lose nach Gewicht verkauft, sollten Sie die Chance nutzen.

Couscous

Polenta (Maismehl)

getrocknete Datteln

Rosinen

Mandeln

Cashewkerne

Pinienkerne

Pistazien

Erdnüsse

Haselnüsse

Walnüsse

NÜSSE

Ein kleiner Vorrat an Nüssen ist empfehlenswert, da sie vielen Gerichten knackigen Biss verleihen. Kaufen Sie aber nicht zu viele, denn schon nach 2–3 Monaten werden sie ranzig.

Lagerung

Am besten halten sich Nüsse kühl und trocken in einem luftdicht verschlossenen Behälter frisch. Kaufen Sie sie immer in kleinen Mengen.

Walnüsse

Walnüsse können sowohl für Salate verwendet wie auch in Füllungen verarbeitet werden.

Mandeln

Von dieser köstlich süßlichen Nuss profitieren Fruchtsalate ebenso wie Backwaren aller Art.

Pinienkerne

Pinienkerne stammen tatsächlich aus den Zapfen der Pinie. Besonders köstlich schmecken sie als Beigabe zu Salaten und Reisgerichten, vor allem, wenn sie zuvor in einer Pfanne oder unter einem Grill ohne Fett goldbraun geröstet wurden.

Cashewkerne

Diese weichen, nur leicht knackigen süßen Nusskerne werden besonders gern in orientalischen und indischen Gerichten verarbeitet. Ihr Aroma entfalten sie am besten, wenn sie erst gegen Ende der Garzeit in die Speisen gegeben werden.

Maronen

Diese leicht süßlichen Nüsse haben im Spätherbst Saison und werden besonders gern geröstet verzehrt. Sie passen aber auch gut zu Rosenkohl, man verwendet sie zudem für Füllungen oder serviert sie mit Schokolade als Dessert. Maronen sind frisch mit Schale (die nur schwer zu entfernen ist), getrocknet (sodass sie eingeweicht werden müssen), vakuumverpackt (was sehr praktisch ist) und als Konserven erhältlich. Daneben kommen sie als gesüßtes oder ungesüßtes Püree auf den Markt.

Haselnüsse

Die kleinen runden Nusskerne sind ganz, gehackt oder gemahlen besonders für Kuchen, Feingebäck oder Desserts beliebt.

Erdnüsse

Erdnüsse kauft man für die meisten Gelegenheiten am besten fertig geröstet und gesalzen. Sie können für Salate und Pfannengerührtes verwendet sowie mit Reis und Nudeln serviert werden. Gemahlen bilden Sie die Grundlage für Satay-Saucen.

Pistazien

Diese auch optisch ansprechenden Nüsse können nicht nur zum Kochen verwendet werden. Ungeschält und fertig gesalzen bilden sie auch einen schmackhaften Party-Snack. Zum Kochen sind geschälte, ungesalzene Exemplare jedoch besser geeignet. Man verwendet sie in der Regel für Pasteten, in Füllungen und als farbenfrohe Garnierung.

Mais

weiße Bohnen
in Tomatensauce

Sardellenfilets

Thunfisch

Artischockenherzen

Krebsfleisch

Oliven

gehackte Tomaten

Sardinen

KONSERVEN

Einige wichtige Vorratszutaten sowie die ein oder andere Delikatesse kommen auch als Konserven in den Handel.

Lagerung

Konserven sind sehr lange haltbar, aber oft rutschen sie auch in die hinterste Schrankecke und werden dort vergessen. Überprüfen Sie daher regelmäßig ihre Haltbarkeitsdaten.

Tomaten
Tomaten aus der Dose sind ganz oder gehackt erhältlich. Bei Eintöpfen ist es egal, welche Sie verwenden, da sie während der langen Garzeiten ohnehin zusammenfallen. Für eine schnelle Pastasauce bieten sich hingegen vor allem gehackte Tomaten an.

weiße Bohnen in Tomatensauce
In Großbritannien und den USA gehört diese Bohnenzubereitung zu den beliebtesten Fertiggerichten. Sie wird zu jeder Tageszeit als Beilage verzehrt und oft zum Frühstück genossen. Bei uns muss sie sich noch mit einer eher kleinen Fangemeinde zufrieden geben.

Thunfisch
Thunfisch aus der Dose ist vielfältig verwendbar – ob kalt im Salat oder warm zu Pasta- und Reisgerichten. Dabei ist er preiswert und reich an Proteinen.

Mais
Auch Mais ist eine vielfältig verwendbare Konserve, die zudem leichter zu lagern ist als Tiefkühlware. Verfeinern Sie damit Suppen, Eintöpfe und Salate, oder reichen Sie ihn pur als Beilage.

Artischockenherzen
Für Salate oder Antipasti-Teller eignet sich diese Delikatesse ebenso wie als Beigabe zu Grillgemüse.

Bambussprossen
Viele asiatische Gerichte, darunter vor allem Pfannengerührtes, erhalten durch Bambussprossen das gewisse Etwas.

Wasserkastanien
Diese verarbeitet man in der Regel in chinesischen Gerichten und Salaten.

Kokosmilch
Kokosmilch ist eine beliebte Zutat in der thailändischen Küche, wo sie für so vielfältige Zwecke wie dem Verfeinern von Saucen und Desserts sowie zum Garen von Reis verwendet wird.

rote Paprika
Eine ideale Konserve, wenn einmal die Zeit fehlt, Paprika selbst zu rösten und zu häuten. Sie sind bereits küchenfertig vorbereitet und können sofort in Salate, Suppen und Eintöpfe gegeben werden.

Sardellen
Das beliebte Fertigprodukt wird bevorzugt auf Pizzen, im Salat und als Garnierung verwendet.

Krebsfleisch
Mit dieser Delikatesse lassen sich vor allem Pastasaucen und Quiches verfeinern. Kaufen Sie stets Ware von bester Qualität; die hochwertigste erhalten Sie oft direkt im Erzeugerland.

Sardinen
Mit reichlich gebuttertem Toast serviert, ergeben ganze eingelegte Sardinen einen köstlichen Snack. Aber auch als Pastete mit Butter und Zitronensaft schmecken sie köstlich.

Oliven
Oliven aus dem Glas oder der Dose sind in zahlreichen Varianten erhältlich – ob pur, mit Kräutern, Knoblauch oder sonstigen Zutaten verfeinert. Entdecken Sie Ihre Favoriten selbst, und genießen Sie sie pur, auf Pizzen oder in Pastasaucen.

Hülsenfrüchte
Hülsenfrüchte aus der Dose sind äußerst Zeit sparend – bei der Vorbereitung ebenso wie beim Kochen (siehe Seite 42).

SALZ, PFEFFER UND SENF

Lagerung

Lagern Sie Salz trocken, da es sehr rasch Feuchtigkeit anzieht. Pfeffer sollten Sie in ganzen Körnern kaufen und an einem kühlen, trockenen Ort aufbewahren. Das in England und Amerika beliebte Senfpulver ist ebenso gelagert 1–2 Jahre haltbar. Küchenfertigen Tafelsenf sollten Sie nach dem ersten Öffnen im Kühlschrank aufbewahren, wo er sich 6–8 Monate hält.

Salz
Falls Sie mit nur einer einzigen Sorte arbeiten, verwenden Sie unbedingt grobes Meersalz. Es ist aromatischer als einfaches Tafelsalz und kann zudem als Garnierung verwendet werden. Die großen Kristalle lassen sich leicht zwischen den Fingern oder in einer speziellen Salzmühle zerkleinern. Zum Würzen vom Kochsud für Gemüse, Nudeln und Reis reicht das preiswertere Tafelsalz allerdings aus.

Pfeffer
Im Handel werden zahlreiche Sorten angeboten (siehe Seite 54).

Senf

Senfpulver
Dieses bei uns meist nur in Feinkostgeschäften erhältliche, äußerst scharfe und aromatische

Pulver ist sehr praktisch, da es sowohl direkt mit trockenen Zutaten vermengt als auch mit Wasser angerührt wie jeder vertraute Tafelsenf verwendet werden kann. Von der Schärfe her ist es mit dem Löwensenf vergleichbar.

Dijon-Senf
Trotz einer gewissen Schärfe hat dieser klassische französische Tafelsenf ein sehr feines Aroma. Probieren Sie ihn in seiner traditionellen Verwendungsform als Würzpaste auch einmal zu Schinkenbroten oder als Glasur für einen Schweinebraten.

süßer Senf
In Bayern wird dieser grobkörnige Senf traditionell zu Weißwürsten gereicht. Er schmeckt relativ mild und süßlich, besitzt eine wunderbar kernige Konsistenz und wird deswegen gern für Senfsaucen und -mayonnaisen verwendet.

Löwensenf

süßer Senf

Dijon-Senf

G R U N D A U S S T A T T U N G

WEITERE VORRATSZUTATEN

Gelatine
Gelatine dient zur Verfestigung von Götterspeisen, Mousses und Soufflés. Sie ist in Form von Blättern oder als Pulver erhältlich und muss trocken gelagert werden.

Mohnsamen
Die kleinen, schwarzblauen Körner werden oft als Garnierung für Salate oder Backwaren verwendet. Sie schmecken relativ mild.

Sesamsaat
In einer Pfanne oder unter dem Grill ohne Fett leicht angeröstet schmeckt Sesamsaat am besten. Verfeinern Sie damit Salate, Brotteige und Dressings.

Kakaopulver
Ungesüßtes Kakaopulver wird vielfach zum Backen und in der Dessertküche verwendet. Natürlich bereitet man auch viele heiße Schokoladengetränke damit zu. Lagern Sie es kühl und trocken.

getrocknete Tomaten
Geben Sie sie für ein wunderbar intensives Aroma klein geschnitten in Salate und Nudelsaucen.

Pesto
Die klassische Pastasauce gibt es in grün (Basilikum), rot (Tomaten) oder schwarz (Oliven). Selbst gemacht schmeckt sie zwar besser, doch für ein wirklich schnelles

Gericht sind die küchenfertigen Varianten ideal.

Brühwürfel oder gekörnte Brühe
Die in verschiedenen Geschmacksrichtungen (Huhn, Fleisch und Gemüse) erhältlichen Würzmittel sind immer dann ideal, wenn frische Brühe nicht zur Hand ist. Gekörnte Brühe ist besonders praktisch, da sie genauer dosiert werden kann als Brühwürfel.

Sirup
In der Regel wird Sirup für süße Backwaren und Saucen verwendet, seltener werden auch herzhafte Gerichte damit verfeinert.

Honig
Honig kann zum Süßen von Getränken, als Brotaufstrich und zum Backen verwendet werden. Im Handel werden zahlreiche Geschmacksrichtungen angeboten. Die klaren, flüssigen Sorten sind meist die praktischsten.

Kaffee
Die Sortenvielfalt von Kaffee ist schier unüberschaubar. Lagern Sie Ihren Favoriten luftdicht verschlossen oder im Kühlschrank.

Tee
Lagern Sie Tee, egal ob lose oder in Beuteln, immer in einem luftdicht verschließbaren Behälter.

Ahornsirup

Sesamsaat

getrocknete Tomaten

Honig

Teeblätter

Kakao

Pesto

Kaffeebohnen

Brühwürfel

KÜHLSCHRANKVORRÄTE

Butter
Lagern Sie stets so viel Butter, dass sie nicht nur ausreichend Brotaufstrich, sondern auch genug zum Kochen und Backen zur Verfügung haben.

Brot
Die Sortenvielfalt ist groß. Brote aus Auszugsmehl sollten schnell verzehrt werden, Vollkornbrote halten sich dagegen gut aufbewahrt bis zu eine Woche.

Milch
Mit diesem vielseitigen Nahrungsmittel verfeinert man Getränke, Frühstücksflocken und helle Saucen. Als Getränk und zum Kochen ist fettarme Milch besonders gut geeignet. Verbrauchen Sie geöffnete Tüten innerhalb von 4–7 Tagen, und beachten Sie das Mindesthaltbarkeitsdatum.

Crème fraîche
Diese dickflüssige, leicht säuerliche Sahne ist im Kühlschrank gelagert bis zu 2 Wochen haltbar. Da sie nicht ausflockt, ist sie besonders zum Verfeinern von heißen Saucen geeignet.

Eier
Halten Sie für ein schnelles Mittag- oder Abendessen wie Omelett oder Rührei auf Toast am besten immer einen Vorrat von etwa 6 Eiern bereit.

Käse
Je eine kleine Portion Gouda und frischer Parmesan sollte in keinem Kühlschrank fehlen – zum Kochen wie für auf die Hand. Überprüfen Sie auch hier regelmäßig das Haltbarkeitsdatum.

Speck
Diese vielseitig verwendbare Zutat sollten Sie ebenfalls immer vorrätig haben, ob für Salate, Kartoffelgerichte oder Pastasaucen.

Schokolade
Mit einigen kleinen Stücken einer wirklich hochwertigen Schokolade (und einer Tasse Kaffee) runden sie jedes Essen optimal ab. Für eine kleine Nascherei zwischendurch ist sie ohnehin ideal. Verwenden Sie, wenn möglich, eine Sorte mit mindestens 70 % Kakaoanteil.

Butter

Eier

Käse

Brot

Milch

Speck

Schokolade

2

VORRÄTE

KRÄUTER, GEWÜRZE UND AROMEN

Auf den folgenden Seiten finden Sie einige der beliebtesten Aromen und Würzmittel. Sie benötigen sicher nicht alle davon – wählen Sie Ihre Favoriten nach Ihrem persönlichen Geschmack aus. Wer Currys mag, benötigt beispielsweise zahlreiche Gewürze. Liebhaber der italienischen Küche wiederum sind auf hochwertige frische Kräuter angewiesen.

AROMATISCHE WÜRZMITTEL

Kapern

Die kleinen grünen Blütenknospen des Kapernstrauchs gedeihen rund um das Mittelmeer. Sie werden in Essig oder Öl eingelegt und sind in Gläsern und Dosen abgepackt erhältlich. Ihr kräftig säuerlicher Geschmack wird etwas milder, wenn man sie vor Gebrauch abspült. Verwenden Sie Kapern auf Pizzen, in Pastasaucen, zu Königsberger Klopsen und in Salsa verde, einer kräftigen italienischen Sauce, die oft zu Fisch gereicht wird. Einmal geöffnet sind Kapern in ihrer Einlegeflüssigkeit im Kühlschrank noch 2–3 Monate haltbar.

Wacholderbeeren

Die rundliche, leicht herbsüße, beerenartige Frucht stammt von einem Strauch aus der Gattung der Zypressengewächse. Bei uns kommt sie getrocknet, dunkelviolett und leicht runzelig in den Handel. Mit Wacholderbeeren (es sind eigentlich Zapfen) verfeinert man Wild und Schweinefleisch, Füllungen und Kohlgemüse, besonders Rotkohl.

Vor Gebrauch sollten sie leicht zerstoßen werden. Kühl, trocken und dunkel gelagert sind sie 1–2 Jahre haltbar.

Knoblauch

Ein unentbehrliches Würzmittel für zahlreiche herzhafte Gerichte. Lagern Sie es trocken, aber luftig.

Zitronen

Zitronen kann man für süße und herzhafte Gerichten verwenden. Sie werden im Ganzen, in Scheiben oder in Spalten geschnitten verarbeitet; manchmal benötigt man auch nur ihren Saft oder die abgeriebene Schale, die sehr geschmacksintensiv ist, aber nur von unbehandelten Früchten verwendet werden sollte. Zitronen sind das ganze Jahr über erhältlich. Kaufen Sie sie daher nur bei Bedarf, und lagern Sie sie bis zu 10 Tage im Kühlschrank. Angeschnittene Früchte schlägt man in Frischhaltefolie ein, damit sie nicht austrocknen. Einzelne Scheiben zum Verfeinern von Getränken können auch eingefroren werden.

Knoblauch

Wacholderbeeren

Zitrone

Kapern

KRÄUTER

Auf dem Markt und in gut sortierten Supermärkten findet man das ganze Jahr hindurch eine reichhaltige Auswahl an frischen Kräutern. Wer auf optimale Frische Wert legt, kann auch seine eigenen Kräuter im Garten oder auf der Fensterbank ziehen. Nicht ganz so frisch, aber doch nahrhafter als getrocknete, sind Kräuter aus dem Tiefkühlfach.

Beim Kauf ist die Frische von Kräutern an ihrer brillanten Farbe und ihrem kräftigen Wuchs ablesbar. Kaufen Sie keine verwelkten Exemplare. Topfkräuter sollten Sie stets sorgfältig gießen und an einem sonnigen Ort aufbewahren. Lassen Sie ihnen zwischen den einzelnen Verwendungen immer wieder Zeit nachzuwachsen. Abgepackte Kräuter lagert man am besten im Kühlschrank in einem Gefrierbeutel oder mit etwas Wasser in einem kleinen Gefäß. Getrocknete und tiefgefrorene Kräuter sind nur dann ein guter Ersatz, wenn Frischware nicht erhältlich ist. Nehmen Sie 1 Teelöffel getrocknete Kräuter für 1 Esslöffel Frisch- oder Tiefkühlware.

Basilikum

Auch bei uns gedeiht dieses zart-
blättrige, mediterrane Kraut recht
gut. Sein süßlich-pfeffriges Aroma
passt besonders gut zu Tomaten
und zahlreichen italienischen
Gerichten, aber auch in der
thailändischen Küche wird es viel
verwendet. Da Basilikum rasch
welkt, fleckig wird, sich entfärbt
und dabei an Geschmack verliert,
sollte es nur vorsichtig gezupft –
nicht gehackt – und erst im letzten
Moment an die Speisen gegeben
werden. Verwenden Sie es für
Pastasaucen, Pizzen, Fischgerichte und Salat-Dressings,
besonders dann, wenn auch
Tomaten verarbeitet werden.

Borretsch (Gurkenkraut)

Seines leichten Gurkengeschmacks
wegen wird es gern für Suppen
und Salate verwendet. Seine
hübschen blauen Blüten ergeben
eine schöne Garnierung.

Bouquet garni

Dieses traditionelle Kräutersträuß-
chen, mit dem Suppen und Eintöpfe gewürzt werden, besteht
normalerweise aus Petersilien-,
Thymian- und Rosmarinzweigen
sowie einem Lorbeerblatt.

Dill

Das zarte, federig feinblättrige
Kraut mit dem süßlichen, leicht
anisartigen Geschmack wird
häufig mit Fisch assoziiert. In
Saucen und Mayonnaisen verarbeitet reicht man es gern zu
Lachs. Aber auch in Fischsuppen,
zu Kartoffeln und Gurken schmeckt
es köstlich, zudem wird es oft als
Garnierung genutzt.

Estragon

In der französischen Küche war
Estragon schon immer sehr beliebt. Seine zarten, untergründig
nach Vanille und Anis schmecken-
den Blätter werden bevorzugt zum
Würzen von Sauce hollandaise,
bernaise und tartare verwendet.
Ansonsten passt Estragon hervorragend zu Fisch, Meeresfrüchten,
Hühner- und Kalbsfleisch sowie
Eierspeisen.

Fenchelgrün

Dieses Kraut ähnelt dem Dill, ist
aber geschmacklich und farblich
intensiver. Es kann genau wie Dill
für Saucen und Fischfüllungen
verwendet werden, besonders
wenn ein etwas kräftigerer
Geschmack erwünscht ist.

Kerbel

Diese hübsche Kraut mit seinem
leichten Anisgeschmack verfeinert
Fisch, Hühnerfleisch, Salate, Käse
und besonders Eierspeisen wie
Omeletts. Die zarten, leicht
gewellten, petersilienähnlichen
Blätter werden zudem gern als
Garnierung verwendet.

Koriander

Koriander hat in den letzten Jahren
stark an Popularität gewonnen, da
er in vielen asiatischen Küchen wie
der indischen, der chinesischen
und der thailändischen verwendet
wird. Auch südamerikanische Speisen werden oft damit verfeinert.
Verwenden Sie Koriander für Fisch-
und Reisgerichte, Lammfleisch und
Pfannengerührtes. Auch als Garnierung sind die tiefgrünen Blätter
ideal.

Lorbeerblätter

Mit den langen, ovalen Blätter des
Lorbeerstrauchs werden vor allem
für Saucen und Fischfüllungen
verwendet werden, besonders
wenn ein etwas kräftigerer
Geschmack erwünscht ist.

Suppen und Schmortöpfe gewürzt, da ihr Aroma erst durch
langes, langsames Garen optimal
zur Geltung kommt. Sie können
frisch oder getrocknet verwendet
werden und sind eine traditionelle
Beigabe zu einem Boquet garni.
Zudem werden häufig auch Pasteten und Terrinen damit garniert.

Majoran

Dieses mediterrane Kraut gedeiht
auch bei uns recht gut, wenn es
vor Frost geschützt wird. Es
schmeckt zu vielen europäischen
Speisen wie Nudelgerichten, Eintöpfen und Pizzen sowie zu Eierspeisen, gegrilltem und gebacke-
nem Gemüse, Käse und Salaten.
Verwendet werden nur die Blätter
ohne den etwas holzigen Stiel.

Minze

Dieses besonders in der britischen
Küche beliebte Würzkraut lässt
sich leicht selbst ziehen. Da seine
Wurzeln sehr stark wuchern, sollte
man es im Topf anpflanzen. Sparsam dosiert schmeckt Minze gut
zu neuen Kartoffeln, Risottos,
Couscous und Salaten. Mit etwas
gehackter Petersilie gemischt

Basilikum

Minze

Rosmarin

Oregano

Salbei

ergibt sie eine ideale Garnierung für Wurzelgemüse aller Art, ganze Zweige können zudem zur Dekoration von Obst- und Eisdesserts verwendet werden.

Oregano

Oregano ähnelt dem Majoran, ist aber etwas stärker im Geschmack. Wir kennen ihn vor allem als typisches Pizzagewürz. Er verfeinert aber auch andere geschmacksintensive mediterrane Gerichte sowie kräftige Pastasaucen. Man verwendet auch hier nur die – meist gehackten – Blätter ohne den etwas holzigen Stiel.

Petersilie

Petersilie zählt zu den beliebtesten deutschen Küchenkräutern und ist das ganze Jahr über erhältlich. Sie lässt sich auch leicht selbst ziehen, doch keimen die Samen oft nur langsam. Zwei Hauptarten werden unterschieden: krause Petersilie, die meist zur Garnierung verwendet wird, und die etwas aromatischere glatte Petersilie. Beide

Sorten können Sie für Fischgerichte aller Art, für Füllungen, Saucen und Kräuterbutter ebenso wie für Kartoffeln und Gemüse verwenden. Nicht zuletzt profitieren auch Pilze und Zwiebeln und natürlich zahlreiche Salate und Dressings vom Geschmack der Petersilie.

Rosmarin

Dieses ebenfalls beliebte Küchenkraut wächst als immergrüner Holzstrauch und ist das ganze Jahr über erhältlich. Pflücken Sie die Nadeln von den holzigen Stängeln ab, und hacken Sie sie sehr fein, denn einige Menschen haben Probleme bei der Verdauung größerer Stücke. Der kräftige Geschmack des Rosmarins passt besonders gut zu Lamm- und Schweinefleisch. Griechen und Italiener würzen jedoch auch viele andere geschmacksintensive Speisen damit. Probieren Sie Rosmarin zu Gebratenem und Grillgerichten. Kräftigere abgepflückte Stängel können Sie auch als Grillspieße verwenden.

Salbei

Ein kräftiges, leicht erdig schmeckendes Kraut, das manche Menschen nicht mögen, wenn es in zu großen Mengen verwendet wird. Die hübschen, graugrünen Blätter werden gehackt und verfeinern Füllungen und Saucen. Darüber hinaus passt Salbei gut zu fettem Fleisch, wie Gans und Schwein, zu Käse und Würstchen, Äpfeln, Tomaten und Kartoffeln. Eine Salbei-Zwiebel-Mischung ist die traditionelle Füllung für einen Gänsebraten.

Schnittlauch

Die violetten Blüten des Schnittlauchs ergeben immer eine attraktive Garnierung. Das Kraut lässt sich leicht selbst anpflanzen und ist darüber hinaus sehr nützlich. Als feines Zwiebelgewächs mit einem für diese Gattung charakteristischen Aroma lässt es sich überall dort verarbeiten, wo ein leichter Zwiebelgeschmack gefragt ist: bei Eierspeisen, Käse, Salaten, Suppen, Fisch und Hühnerfleisch.

Mit etwas saurer Sahne vermengt ergibt sich eine Sauce für Gemüse oder pochierten Fisch. Zerkleinern Sie Schnittlauch am besten mit einer Schere, und streuen Sie ihn erst kurz vor dem Servieren über ein Gericht.

Thymian

Thymian ist in verschiedenen Sorten erhältlich. Der echte oder Gartenthymian ist am weitesten verbreitet. Wie auch die anderen Sorten wächst er als kleiner Strauch mit grüngrauen Blättern, die vor Gebrauch von den Stielen gepflückt werden müssen. Da er sehr intensiv schmeckt, sollte er sparsam dosiert werden. Thymian passt zu allen Fleischgerichten. Braten können vor dem Garen mit dem zwischen den Fingern verriebenen Kraut bestreut werden, aber auch Schmortöpfe profitieren von seinem köstlichen Aroma. Besonders edel ist der weniger stark schmeckende Zitronenthymian, der Füllungen, Fischgerichte und Salate verfeinert.

Lorbeerblatt

Thymian

Dill

Schnittlauch

Koriander

Estragon

Petersilie

GEWÜRZE

Die Auswahl an Gewürzen ist heute groß, für manch einen vielleicht sogar ein wenig verwirrend. Im Folgenden werden Ihnen ein paar ausgewählte Sorten vorgestellt, die Sie zum Würzen einiger Gerichte aus diesem Buch benötigen. Kaufen Sie Gewürze immer in kleinen Mengen, weil sie rasch an Aroma verlieren, besonders die vorgemahlenen. Lagern Sie sie kühl, trocken und vor allem dunkel, und überprüfen Sie von Zeit zu Zeit ihr Mindesthaltbarkeitsdatum.

Cayennepfeffer
Das feurige Gewürz wird aus einer sehr scharfen Chilisorte hergestellt. Schon eine kleine Prise kann jedem Gericht ausreichend Schärfe verleihen. Cayennepfeffer schmeckt gut zu Käsebrötchen oder herzhaftem Gebäck, kann aber auch für Saucen und Currys verwendet werden.

Chilipulver
Auch dieses Gewürz wird aus Chillies gewonnen, ist aber in verschiedenen Schärfegraden erhältlich. Manche Hersteller mischen dem Pulver zur Abmilderung noch andere Gewürze bei. Beachten Sie dazu die jeweiligen Zutatenangaben. Welches Pulver für Sie

das richtige ist, können Sie nur durch Probieren herausfinden. Chilipulver wird immer dann verwendet, wenn ein feuriges Aroma gefragt ist, vor allem bei Currys und Gerichten der süd- und mittelamerikanischen Küche.

**chinesisches
Fünf-Gewürze-Pulver**
Dem Namen gemäß handelt es sich hierbei um eine Mischung aus fünf Gewürzen, die in der chinesische Küche verwendet wird. Sie besteht aus Kassie (China-Zimt) oder Zimt, Gewürznelken, Fenchelsamen, Sternanis und Szechuan-Pfeffer. Verwenden Sie das Pulver für chinesische Gerichte mit Gemüse, Hühner- und Entenfleisch.

Chilipulver

Kardamom

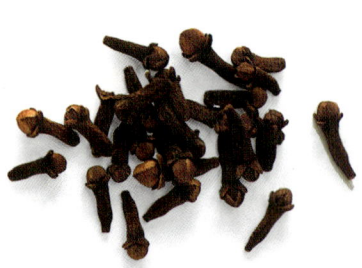

Gewürznelken

Paprikapulver

Currypulver, Currypaste
Beide, Pulver wie Paste, sind küchenfertige Gewürzmischungen. Indisches Currypulver besteht in der Regel aus jeweils gemahlenem Koriander, Kreuzkümmel, Bockshornklee, schwarzen Senf- und Pfefferkörnern, Kurkuma, Ingwer und roten Chillies. Die im Handel erhältlichen Sorten unterscheiden sich geschmacklich mitunter erheblich.

Garam Masala
Eine weitere indische Gewürzmischung, mit der Currys, Gemüse und Reisgerichte aromatisiert werden. Anders als Currypulver wird sie oft erst gegen Ende der Garzeit in die Gerichte gegeben. Die Mischung besteht aus Lorbeer, schwarzem Pfeffer, Gewürznelken, Zimt, Koriander, Kreuzkümmel und grünem Kardamom und verleiht Speisen einen eher herb-würzigen als scharfen Geschmack.

Gewürznelken
Gewürznelken sind die getrockneten, ungeöffneten Blütenknospen des Gewürznelkenbaums. Sie werden vor allem in der Weihnachtsbäckerei und zum Würzen

von Saucen, Glühwein sowie sauer eingelegtem Gemüse verwendet. Arbeiten Sie entweder mit den ganzen Knospen (die vor dem Verzehr jedoch unbedingt entfernt werden müssen) oder mit Gewürznelkenpulver, dass Sie am besten selbst in einem Mörser herstellen. Da Gewürznelken sehr scharf und intensiv schmecken, sollten sie sparsam dosiert werden.

Ingwer
Ingwer ist ein vielseitiges Gewürz, dass in zahlreichen Varianten erhältlich ist: Frische Ingwerwurzel gibt es mittlerweile fast überall; sie schmeckt angenehm würzig und kann gehackt oder gerieben verwendet werden. Ingwerpflaume ist eine in Sirup eingelegte und daher sehr süße Sorte, die meist zum Backen verwendet wird. Ebenfalls zum Backen verwendet man Ingwerpulver, das vor allem Gewürzkuchen optimal verfeinert.

Kardamom
Die kleinen grünen Kapseln umschließen winzige, schwarze Samenkörner. Kardamom stammt aus Asien und wird daher oft für Currys verwendet, aber auch Teigwaren und Süßspeisen lassen

sich damit verfeinern, und selbst einige Gemüsesuppen und -pürees erhalten durch ihn ein gewisses Etwas. Kaufen Sie immer nur die ganzen Kapseln, und zerstoßen Sie sie in einem Mörser, um die zur Verwendung bestimmten Samen herauszulösen.

Koriandersamen
Die kleinen braunen Samen des Korianders schmecken ganz anders als die Blätter. Sie besitzen ein zartes Orangenaroma, das sich besonders gut entfaltet, wenn die Samen vor Gebrauch leicht angeröstet werden. Weil ihr Aroma rasch verfliegt und sie sich zudem leicht zerstoßen lassen, sollten Sie sie am besten immer selbst mahlen. Als eins der wichtigsten Gewürze der indischen Küche wird Koriander hauptsächlich für Currys, Gemüse, Fisch-, Fleisch- und Geflügelgerichte sowie für einige Backwaren verwendet.

Kreuzkümmelsamen
Auch diese sind ein wichtiger Bestandteil indischer Currys. Daneben werden sie aber auch häufig in der mexikanischen und nordafrikanischen Küche verwendet. Die kleinen braunen

Samen sind weich und lassen sich leicht zermahlen. Ihr Geschmack ist sehr kräftig, mit einem leicht bitteren Unterton. Verwenden Sie Kreuzkümmel für Currys, Fleisch-, Schmor- und Reisgerichte. Leichtes Rösten ohne Fett verstärkt ihr Aroma.

Kümmel
Das sehr aromatische, leicht bittere Aroma des Kümmels ist nicht jedermanns Geschmack. Wer ihn mag, kann damit jedoch Eintöpfe, Suppen, Gemüse und auch herzhafte Backwaren sowie Zwiebelkuchen verfeinern.

Kurkuma
Das leuchtend gelb gefärbte, aus der Wurzel eines Ingwergewächses gewonnene Gewürz wird vor allem in Indien verwendet. Achten Sie darauf, dass Sie Ihre Kleidung oder andere Stoffe nicht damit verfärben. Mit seinem erdigen Geschmack werden vor allem Currys verfeinert, aber auch Reisgerichte und einige Brotteige profitieren davon. Allein aus farblichen Gründen kann Kurkuma auch einmal als Ersatz für den teuren Safran dienen; geschmacklich ist es natürlich keine Alternative.

gemahlener Zimt

Garam Masala

Koriandersamen

Zimtstangen

Lebkuchengewürz

Diese Gewürzmischung verfeinert Lebkuchen und andere Backwaren, die in der Weihnachtszeit zubereitet werden. Hauptbestandteile sind Anis, Gewürznelken, Ingwer, Kardamom, Koriander, Muskatnuss, Piment und Zimt.

Muskat

Das beliebte Gewürz wird für herzhafte wie süße Gerichte verwendet. Das im Handel erhältliche Pulver ist zwar praktisch, aber des Geschmacks wegen sollten Sie immer ganze Muskatnüsse kaufen, die Sie mit einer speziellen Reibe bei Bedarf selbst zermahlen. Verfeinern Sie damit helle Saucen, Gemüse und Nudelgerichte.

Muskatblüte, Macis

Hierbei handelt es sich um die getrockneten Fäden des Samenmantels der Muskatnuss. Sie werden zum Verfeinern von Kuchen, Süßspeisen und Saucen verwen-det und schmecken etwas milder als die Nuss selbst. Grundsätzlich besitzen aber auch sie das bekannte warme und duftige Aroma. Zum Backen verwendet man am besten vorgemahlene Muskatblüte, da die ganze Blüte schwer selbst zu mahlen ist.

Paprikapulver

Gewürzpaprika, der allen Gerichten eine leuchtend rote Farbe verleiht, wird aus getrockneten europäischen Capsicum-Gewächsen gewonnen. Die weltweit beliebteste Sorte ist sehr mild und als Delikatesspaprika oder Paprika edelsüß im Handel. Sie eignet sich als wunderbare Garnierung für viele helle Gerichte wie Blumenkohl oder für helle Saucen wie Mayonnaise. Das feurigere rosenscharfe Paprika stammt aus Ungarn und wird dort wie hier gern für Gulasch verwendet. Da alle Sorten schnell an Geschmack verlieren, sollten sie nur in kleinen Mengen gekauft werden.

Pfeffer

Er ist eins der am meisten, wenn nicht gar das am häufigsten verwendete Gewürz überhaupt, das tagtäglich verwendet wird. Dabei profitieren nicht nur herzhafte Gerichte von diesem Scharfmacher. Auch Früchte wie Erdbeeren oder Ananas erhalten durch eine kleine Prise frisch gemahlenen Pfeffer oft eine gewisse Raffinesse. Pfefferkörner besitzen einen ganz speziellen Geschmack, der das Aroma anderer Zutaten teils sogar noch verstärken oder verbessern kann. Erhältlich sind Pfefferkörner weiß (reif gepflückte und getrocknete Kletterstrauchbeeren), grün (unreife, nicht fermentierte Beeren) und schwarz (unreife und fermentierte Beeren) Körner. Das meiste Aroma findet sich in der äußeren Schicht eines Pfefferkorns. Ist sie zerstört, verfliegt das Aroma rasch. Mahlen Sie daher Ihren Pfeffer am besten immer selbst, anstatt vorgemahlene Ware zu kaufen.

Piment

Piment stammt aus der Karibik und wird bei uns gemahlen oder als rotbraune Beeren verkauft. Sein intensiver Geschmack erinnert an eine Mischung aus Gewürznelken, Muskat und Zimt. Traditionell verwendet man Piment in der Weihnachtsbäckerei, es schmeckt aber auch zu Hühner-, Rind- und Schweinefleisch. Mahlen Sie Piment am besten selbst, wenn Sie es benötigen. Das vorgemahlene Pulver verliert schnell an Geschmack.

Safran

Dies ist das teuerste Gewürz der Welt. Es wird aus den getrockneten Blütennarben des Echten Safrans gewonnen. Seiner kräftig gelben Farbe wegen dient es oft zum Färben von Speisen wie Suppen, Paellas, Risottos, Kuchen und Brötchen. Aber auch seines blumigen Aromas wegen wird Safran geschätzt. Er ist als Pulver oder in Fäden erhältlich, die vor

Ingwerwurzel

Muskatnuss

Paprikapulver edelsüß

gemahlener Ingwer

Kreuzkümmelsamen

Cayennepfeffer

der Verwendung zerdrückt und in etwas Wasser eingeweicht werden müssen.

Senf

Senf wird aus Senfsamen gewonnen, die in drei Sorten – weiß bzw. gelb, schwarz und braun – erhältlich sind. Die dunkleren zeichnen sich eher durch ihre Schärfe, die hellere durch ihr Aroma aus. Bei Bedarf können die Samen auch gemahlen werden. Grob gemahlen etwa schmecken sie gut zu Kartoffeln, denen sie einen leichten Curry-Geschmack verleihen. Wer mag, kann aber auch küchenfertiges Senfpulver (siehe Seite 45) kaufen und dieses bei Bedarf mit etwas Wasser zu Tafelsenf anrühren. Zu Würstchen und Käse in Saucen und Dressings schmeckt Senf besonders gut.

Sternanis

Dieses hübsche, sternförmige Gewürz, die Fruchtkapsel eines Magnoliengewächses, ist vor allem in der chinesischen Küche beliebt. Mit seinem kräftigen, süßen Anisgeschmack wird es sowohl für herzhafte wie für süße Speisen verwendet. Besonders profitieren davon Entengerichte, Hühnerfleisch und Pfannengerührtes. Aber auch Kuchen, Kompott und Konfitüre werden damit verfeinert. Sternanis wird normalerweise als ganze Kapsel angeboten und muss vor dem Verzehr aus dem Gargut entfernt werden. Man kann ihn aber auch in einem Mörser oder einer Gewürzmühle selbst mahlen.

Vanille

Die Früchte der Echten Vanille, einer Kletterorchidee, zählen zu den beliebtesten Aromagebern für Süßspeisen und Backwaren. Die Schoten werden aufgeschlitzt, die innen liegenden Samen herausgeschabt und für Saucen, Cremes und andere Leckereien verwendet. Wird eine ganze Frucht in einen Zuckertopf gegeben, erhält man rasch köstlichen Vanillezucker. Zum Backen eignet sich echte Vanille-essenz besser als das künstlich hergestellte Vanillearoma.

Zimt

Dieses beliebte Gewürz verströmt bei jeder Verwendung ein warmes, süß-würziges Aroma. Es wird aus der getrockneten Innenrinde eines tropischen Lorbeerbaums gewonnen und gemahlen oder in Stangen verkauft. Mit Zimt können sowohl süße wie auch herzhafte Gerichte verfeinert werden. Brechen Sie die Stangen in kleine Stücke, bevor Sie sie an zu pochierende Früchte, Moussaka oder Glühwein geben, aber holen Sie sie vor dem Verzehr wieder heraus. Wunderbar schmeckt es auch, wenn Sie eine heiße Schokolade kurz mit einer Zimtstange umrühren. Zum Backen wird eher gemahlener Zimt verwendet, den Sie immer vorrätig haben sollten, da Sie Zimtstangen nicht selbst mahlen können.

Kurkuma

Pfefferkörner

Vanillestangen

Currypulver

Teil 3
Rezepte

SUPPEN

Suppen standen schon bei den Steinzeitmenschen auf dem Speiseplan und erfreuen sich wieder zunehmender Beliebtheit. Heute werden Suppen in Dosen verkauft oder sind in Tüten abgepackt im Kühlregal zu finden, wo man sie uns als „Frischware" anpreist. Wirklich frisch, aromatisch und preiswert zugleich sind Suppen jedoch nur selbst gemacht.

Die Basis einer guten Suppe ist eine leckere Brühe (Fond). Auf den folgenden Seiten werden entsprechende Rezepte vorgestellt, die leicht nachgekocht werden können. Im Handel sind aber auch viele gute Instant-Produkte in Form von Pulver oder Würfeln sowie hochwertige Fertigfonds erhältlich. Letztere sind nicht ganz preiswert, schmecken jedoch in den meisten Fällen um einiges aromatischer als Instant-Produkte. Brühwürfel sind stark konzentriert und sollten daher mit Bedacht verwendet werden. Pulver lässt sich individueller dosieren und ist deshalb oftmals vorzuziehen.

Fonds lassen sich mit einfachen Zutaten auch leicht selbst zubereiten, man benötigt dazu allerdings etwas Zeit. Belohnt wird man dann aber mit einer aromatischen Suppenbasis, die sich sogar wunderbar einfrieren lässt. Folgende Regeln sollten Sie bei der Herstellung eigener Fonds beachten:

• Verarbeiten Sie nur die frischesten Zutaten, ansonsten wird Sie das Aroma des fertigen Fonds enttäuschen.

• Lassen Sie das Wasser nur leicht köcheln; wenn es sprudelnd kocht, erhalten Sie eine trübe Brühe. (Sprudelnd kochen können Sie den Fond später, nachdem Sie ihn abgeseiht haben.)

• Schöpfen Sie Schaum, der beim Kochen an die Oberfläche steigt, immer ab, um einen klaren Fond zu erhalten.

• Seihen Sie den fertigen Fond unbedingt durch ein feinmaschiges Sieb. Dadurch wird er klarer und wirkt frischer.

• Sie können den Fond nach dem Abseihen durch längeres sprudelndes Kochen reduzieren. Dadurch intensiviert sich sein Geschmack, und er verliert an Volumen, was besonders für das Einfrieren praktisch sein kann. Schmecken Sie den Fond danach ab, da er durch das Einkochen salziger wird.

• Wer Zeit hat und auf Kalorien achtet, lässt den Fond vor der weiteren Verwendung abkühlen, um das überschüssige Fett zu entfernen, das erkaltet an der Oberfläche eine feste Fettschicht bildet.

Suppen lassen sich einfach oder aufwändig zubereiten. Verwenden Sie in jedem Fall hochwertige, frische Zutaten, und bereiteten Sie sie sorgfältig vor. Gemüse muss geputzt und gleichmäßig aufgeschnitten werden, damit es auch gleichmäßig gart, aber schneiden Sie nicht zu viel weg. Die grünen Teile des Porrees etwa werden oft weggeworfen, sorgen bei Suppen jedoch für eine attraktive Farbe.

Beginnen Sie die Zubereitung der Suppen, indem Sie das Gemüse kurz in etwas Butter oder Olivenöl schwenken – Butter besitzt das feinere Aroma, Olivenöl ist gesundheitlich wertvoller. Nach dem Schwenken wird die Brühe zugegossen. Sie sollte anschließend nur köcheln, damit das feine Gemüsearoma nicht verkocht.

Wird die Suppe püriert, erhält sie durch die zutateneigene Stärke genügend Sämigkeit und muss nicht mehr mit Mehl gebunden werden. Ein Standmixer oder ein Pürierstab sorgen für das cremigste Ergebnis. Wer es sehr fein mag, streicht die Suppe nach dem Pürieren noch durch ein feinmaschiges Sieb. Wünschen Sie hingegen eine Suppe, die noch ein wenig Biss hat, pürieren Sie nur die Hälfte der Zutaten.

Suppen für jede Gelegenheit

Das richtige Servieren von Suppen ist entscheidend. Soll Sie heiß verzehrt werden, reichen Sie sie in vorgewärmten Tellern; bei kalten Suppen sollte das Geschirr zuvor gekühlt werden. Als Beilage eignet sich frisches, knuspriges Brot, eine attraktive Garnitur sollte zudem nie fehlen. Eine Hand voll gehackter Kräuter, ein Löffel Sahne, ein paar gehackte Nüsse oder ein Hauch geriebener Käse verleihen der Suppe Gehalt, Geschmack und einen hübschen Farbtupfer.

Eine Suppe kann Vorspeise oder Hauptgericht sein. Die folgenden Rezepte decken das gesamte Spektrum ab: Fonds, kalte Suppen, heiße Suppen, pürierte Suppen, Cremesuppen oder Eintöpfe. Sie entscheiden, womit Sie beginnen.

EINFACHER GEFLÜGELFOND

Ein einfacher Geflügelfond lässt sich aus roher oder gekochter Karkasse (Gerippe) zubereiten. Im ersten Fall erhält man einen hellen, im zweiten einen leicht bräunlichen Fond. Da in den meisten Küchen häufiger Reste von gekochtem Geflügel als von rohem anfallen, ist die letztere Variante die üblichere.

Ergibt etwa 1 l
Vorbereitung: 10 Minuten
Garzeit: 1 Stunde 30 Minuten – 2 Stunden

ZUTATEN

Karkasse von 1 gegarten Brathähnchen
1,4 l Wasser
1 Zwiebel, geschält und in Scheiben
1 Karotte, geschält und in Scheiben
1 Selleriestange, in Scheiben
1 TL getrockneter Thymian
1 Lorbeerblatt
3 frische Petersilienzweige
Salz und Pfeffer

Sie benötigen einen großen Topf mit Deckel (etwa 3,5 l Inhalt), ein Gemüsemesser, ein Kochmesser, ein Hackbrett, einen Messbecher, einen Holzspatel, einen Schaumlöffel, eine große Schüssel und ein Sieb.

ZUBEREITUNG

1 Die Karkasse auseinander brechen und in einen großen Topf geben. Wasser, Gemüse und Kräuter zufügen und alles bei mittlerer Hitze aufkochen. Eventuellen Schaum, der sich an der Oberfläche bildet, abschöpfen.

2 Den Topf abdecken, die Hitze reduzieren und alles 90 bis 120 Minuten köcheln lassen.

3 Den Topf vom Herd nehmen und den Inhalt leicht abkühlen lassen. Dann den Fond in eine große Schüssel seihen. Ausgesiebte Fleisch-, Gemüse- und Kräuterreste wegwerfen.

4 Den Fond gut abkühlen lassen und die Fettschicht, die sich auf der Oberfläche bildet, abschöpfen. Dann den Fond nach Belieben erneut erhitzen und bis zu 30 Minuten kochen, um ihn zu reduzieren und seinen Geschmack zu verstärken. Den abgekühlten Fond mit Frischhaltefolie abdecken und bis zur weiteren Verwendung im Kühlschrank aufbewahren (maximal 1–2 Tage).

* Zum Einfrieren geeignet. Gut durchgekühlt in einen Gefrierbehälter geben und bis zu 3 Monate einfrieren. Vor dem Verzehr bei Zimmertemperatur auftauen und nach Belieben weiterverarbeiten.

GEMÜSEFOND

Ergibt 1 l
Vorbereitung: 10 Minuten
Garzeit: 1 Stunde, plus eventuelle Einkochzeit

ZUTATEN

1 EL Olivenöl
1 Zwiebel, geschält und grob gehackt
1 Karotte, geschält und in Scheiben
2 Selleriestangen, in Scheiben
1 Porreestange, geputzt und in Ringen
225 g Kohl, in Streifen
1,2 l Wasser
1 Bouquet garni (siehe Seite 50)
Salz und Pfeffer

Sie benötigen einen großen Topf mit Deckel (etwa 3,5 l Inhalt),
ein Kochmesser, ein Hackbrett, einen Holzspatel, einen Messbecher, einen Schaumlöffel, eine große Schüssel und ein Sieb.

ZUBEREITUNG

1 Das Öl bei mittlerer Hitze in einem großen Topf erwärmen.
Das vorbereitete Gemüse zufügen und unter Rühren 3–4 Minuten dünsten, bis es zu bräunen beginnt – dadurch erhält der
spätere Fond eine attraktive Farbe.

2 Wasser und Bouquet garni zufügen und alles gut mit Salz
und Pfeffer würzen. Die Mischung aufkochen, den Topf halb
abdecken und den Fond 30–60 Minuten köcheln lassen.

3 Den Topf vom Herd nehmen, den Inhalt leicht abkühlen
lassen und in eine große Schüssel seihen. Ausgesiebtes
Gemüse und das Bouquet garni wegwerfen. Den Fond nach
Belieben weiterverarbeiten oder mit Frischhaltefolie abgedeckt
bis zu 2 Tage im Kühlschrank lagern. Alternativ den Fond etwa
30 Minuten einkochen und zur Hälfte reduzieren, dann vollständig abkühlen lassen und einfrieren.

• *Für diesen Fond eignet sich fast jedes Gemüse: Blumenkohl, Bohnen,
Brokkoli, die äußeren harten Blätter von Kohlköpfen und andere Gemüse-
abfälle. Nur Rote Beete sollten Sie nicht verwenden, weil deren Farbe zu
intensiv ist. Verzichten Sie ebenso auf Kartoffeln und anderes stärkehaltige
Gemüse, das den Fond trübt und dessen Geschmack beeinträchtigt.*

* *Zum Einfrieren geeignet. Gut durchgekühlt in einen Gefrierbehälter
geben und bis zu 3 Monate im Gefrierschrank aufbewahren. Vor dem Verzehr bei Zimmertemperatur auftauen und nach Belieben weiterverarbeiten.*

KRÄFTIGER GEFLÜGELFOND

*Dieser Fond lässt sich wahlweise mit Hühner- oder
Putenklein zubereiten und eignet sich besonders gut als
Grundlage für eine kräftige Bratensauce.*

Ergibt etwa 600 ml
Vorbereitung: 10 Minuten
Garzeit: 1 Stunde – 1 Stunde 30 Minuten

ZUTATEN

350 g Hühner- oder Putenklein
700 ml Wasser
1 Zwiebel, ungeschält und in dicken Scheiben
1 Karotte, geschält und in dicken Scheiben
1 Selleriestange, in Scheiben
1 TL getrockneter Thymian
1 Lorbeerblatt
3 frische Petersilienzweige
Salz und Pfeffer

Sie benötigen einen großen Topf mit Deckel (etwa 1,7 l Inhalt),
ein Kochmesser, ein Hackbrett, einen Messbecher, einen Holzspatel, einen Schaumlöffel, eine große Schüssel und ein Sieb.

ZUBEREITUNG

1 Das Geflügelklein in den Topf geben. Wasser, Gemüse und
Kräuter zufügen, die Mischung kräftig mit Salz und Pfeffer
würzen und bei mittlerer Hitze aufkochen. Eventuellen Schaum,
der sich an der Oberfläche bildet, abschöpfen.

2 Den Topf abdecken, die Hitze reduzieren und 60–90 Minuten
köcheln lassen.

3 Den Topf vom Herd nehmen und den Inhalt leicht abkühlen
lassen. Anschließend den Fond in eine große Schüssel
seihen. Ausgesiebte Fleisch-, Gemüse- und Kräuterreste
wegwerfen.

4 Den fertigen Fond mit Frischhaltefolie abdecken, gründlich
durchkühlen und nach Belieben weiterverarbeiten. Im Kühlschrank gelagert ist er 1–2 Tage haltbar.

SÄMIGER GAZPACHO

Diesen köstlichen spanischen Suppenklassiker serviert man eisgekühlt. Daher schmeckt er an heißen Sommertagen besonders gut.

Für 6–8 Personen
Zubereitungszeit: 20 Minuten, plus Marinierzeit

ZUTATEN

10 reife Tomaten
½ Salatgurke
1 rote Paprika, entkernt
½ weiße Zwiebel, geschält
½ rote Zwiebel, geschält
2 Knoblauchzehen, geschält
2 Scheiben Weißbrot, ohne Rinde
225 ml Tomatensaft
1 EL Balsamico-Essig
2 EL Weinessig
10 frische Basilikumblätter, grob gezupft
1 EL frisch gehackter Koriander
1 Prise gemahlener Kreuzkümmel
1 Prise Cayennepfeffer
225 ml Olivenöl
Salz und Pfeffer

Garnierung
1 EL kleine Tomatenwürfel
1 EL kleine Salatgurkenwürfel
frische Koriander- oder Kerbelzweige

Sie benötigen ein Gemüsemesser, ein Kochmesser, ein Hackbrett, eine Glasschüssel, einen Messbecher, einen Standmixer, ein Sieb und 6–8 Suppenschalen oder -teller.

ZUBEREITUNG

1 Tomaten, Gurke, Paprika, Zwiebeln, Knoblauch und Weißbrot in Würfel schneiden.

2 Die gewürfelten Zutaten in eine Glasschüssel geben. Tomatensaft, Balsamico, Weinessig, Kräuter und Gewürze zufügen. 75 ml Olivenöl zugießen, alles mit Frischhaltefolie abdecken und einige Stunden, nach Möglichkeit sogar über Nacht, marinieren.

3 Die marinierten Zutaten in einen Mixer geben und glatt pürieren.

4 Das Püree durch ein Sieb passieren, dann erneut pürieren und das restliche Olivenöl zugießen, bis eine glatte, cremige Masse entsteht. Diese mit Salz und Pfeffer würzen, mit Frisch-haltefolie abdecken und 2–3 Stunden oder über Nacht gut durchkühlen. Die fertige Suppe in gekühlte Suppenschalen füllen und vor dem Servieren mit einigen Tomaten- und Gurkenwürfeln sowie frischen Koriander- oder Kerbelzweigen garnieren.

KAROTTENSUPPE MIT ORANGEN

Für 4–6 Personen
Vorbereitung: 15 Minuten
Garzeit: 25–30 Minuten

ZUTATEN

6 EL Butter

2 Zwiebeln, geschält und fein gehackt

900 g Karotten, geschält und gehackt

850 ml Gemüsefond

1 Lorbeerblatt

Saft und abgeriebene Schale von 3 Orangen

Salz und Pfeffer

150 g Crème fraîche, zum Servieren

2 EL Schnittlauchröllchen, zum Garnieren

Sie benötigen einen großen Topf mit Deckel (etwa 2,25 l Inhalt), ein Gemüsemesser, ein Kochmesser, ein Hackbrett, einen Holzspatel, einen Messbecher, eine Reibe und einen Standmixer.

ZUBEREITUNG

1 Die Butter bei mittlerer Hitze in einem großen Topf zerlassen. Das gehackte Gemüse zufügen und 3–4 Minuten leicht sautieren, bis es weich, aber nicht gebräunt ist. Den Fond zugießen, Lorbeerblatt und Orangenschale zufügen und alles abgedeckt etwa 20 Minuten köcheln lassen, bis das Gemüse gar ist.

2 Den Topf vom Herd nehmen. Den Inhalt mit einem Mixer glatt pürieren. In den gesäuberten Topf zurückgeben, den Orangensaft einrühren und mit Salz und Pfeffer abschmecken.

3 Die Suppe aufwärmen und mit einem Löffel Crème fraîche sowie einigen Schnittlauchröllchen garniert servieren.

Zum Einfrieren geeignet. Die Suppe bis zum Ende von Schritt 2 zubereiten, dann abkühlen lassen und bis zu 3 Monate einfrieren. Bei Zimmertemperatur auftauen und mit Schritt 3 weiterverarbeiten.

PIKANTE HÜHNERSUPPE

Für 4 Personen
Vorbereitung: 15 Minuten
Garzeit: 30–35 Minuten

ZUTATEN

2 EL Butter

1 EL Olivenöl

2 mittelgroße rote Chillies, entkernt und in dünnen Ringen

2 Scheiben magerer, durchwachsener Speck, gewürfelt

1 Zwiebel, geschält und fein gehackt

1 Knoblauchzehe, geschält und zerdrückt

2 Hähnchenbrustfilets, in dünnen Streifen

1 TL frisch gehackter Thymian

1 mittelgroße Kartoffel, geschält und gewürfelt

225 g Mais, Tiefkühlware aufgetaut

1,2 l einfacher Geflügelfond

Salz und Pfeffer

150 g Crème double

1 EL frisch gehackter Koriander, zum Garnieren

Sie benötigen einen großen Topf mit Deckel (etwa 2,25 l Inhalt), ein Gemüsemesser, ein Kochmesser, ein Hackbrett, einen Sparschäler und einen Messbecher.

ZUBEREITUNG

1 Butter und Öl in einem großen Topf erhitzen. Chillies, Speck, Zwiebel und Knoblauch darin bei mittlerer Hitze 4–5 Minuten sautieren, bis sie weich sind. Dann das Fleisch zufügen und so lange mitgaren, bis es leicht gebräunt ist.

2 Thymian, Kartoffel und Mais zufügen. Den Fond zugießen und alles 20 Minuten abgedeckt köcheln lassen.

3 Die Suppe mit Salz und Pfeffer abschmecken, in vorgewärmte Schalen füllen und mit je einem Löffel Crème double sowie etwas Koriander garniert servieren.

FRUCHTIGE CURRYSUPPE

Sie können diese Suppe heiß servieren, aber im Sommer schmeckt sie gut gekühlt ebenso fantastisch.

Für 8 Personen
Vorbereitung: 15 Minuten
Garzeit: 30 Minuten

ZUTATEN

4 EL Butter
2 Zwiebeln, geschält und fein gehackt
2 EL Currypulver
1,7 l einfacher Geflügelfond
8 Tafeläpfel, entkernt und gehackt (nach Belieben auch geschält)
175 g getrocknete Aprikosen, gehackt
150 g Schlagsahne
Salz und Pfeffer

Garnierung
1 EL frisch gehackte Petersilie
1 EL frisch gehackte Minze
3 EL gehobelte Mandeln, geröstet (nach Belieben)

Sie benötigen einen großen Topf mit Deckel (etwa 3,5 l Inhalt), ein Kochmesser, ein Hackbrett, einen Holzspatel, einen Messbecher, eine Küchenwaage und einen Standmixer.

ZUBEREITUNG

1 Die Butter bei mittlerer Hitze in einem großen Topf zerlassen. Die Zwiebeln zufügen und 3–4 Minuten leicht sautieren, bis sie weich, aber nicht gebräunt sind. Anschließend das Currypulver einstreuen und alles 1 weitere Minute sautieren.

2 Den Fond zugießen und die Mischung zum Kochen bringen.

3 Äpfel und Aprikosen einrühren. Erneut aufkochen, dann die Hitze reduzieren und abgedeckt 20 Minuten köcheln lassen.

4 Den Topf vom Herd nehmen, den Inhalt in einen Mixer geben und glatt pürieren.

5 Das Püree in den gesäuberten Topf zurückgeben und erneut erwärmen, dann die Sahne zugießen. Die Suppe mit Salz und Pfeffer abschmecken und bei Bedarf nachwürzen.

6 Die fertige Suppe vor dem Servieren mit den gehackten Kräutern und nach Belieben mit gerösteten Mandeln garnieren.

* Zum Einfrieren geeignet. Die Suppe bis zum Ende von Schritt 4 zubereiten, dann abkühlen lassen und bis zu 3 Monate einfrieren. Bei Zimmertemperatur auftauen und wie ab Schritt 5 beschrieben weiterverarbeiten.

WÜRZIGE PASTINAKENSUPPE

Für 4 Personen
Vorbereitung: 15 Minuten
Garzeit: 25–30 Minuten

ZUTATEN

4 EL Butter

1 mittelgroße Zwiebel, geschält und gehackt

1 mittelgroße Kartoffel, geschält und gehackt

500 g Pastinaken, geschält und gehackt

½ TL Currypulver

½ TL gemahlener Kreuzkümmel

½ TL gemahlener Koriander

½ TL gemahlener Kardamom

1,5 l Hühner- oder Gemüsebrühe (aus Instantpulver oder Brühwürfeln)

Salz und Pfeffer

150 g Crème double (nach Belieben)

Sie benötigen einen großen Topf mit Deckel (etwa 2,8 l Inhalt), ein Gemüsemesser, ein Kochmesser, ein Hackbrett, einen Holzspatel, einen Messbecher und einen Standmixer.

ZUBEREITUNG

1 Die Butter bei mittlerer Hitze in einem großen Topf zerlassen. Zwiebel und Kartoffel darin 3–4 Minuten weich sautieren. Dann die Pastinaken untermengen, die gemahlenen Gewürze zufügen und alles 1 weitere Minute sautieren.

2 Die Brühe zugießen und zum Kochen bringen. Dann die Hitze reduzieren, den Topf abdecken und den Inhalt 20–25 Minuten köcheln lassen, bis die Pastinaken weich sind.

3 Den Topf vom Herd nehmen, den Inhalt in einen Mixer geben und glatt pürieren. Die Suppe mit Salz und Pfeffer abschmecken.

4 Die fertige Suppe erneut erhitzen. Anschließend heiß, nach Belieben mit einem Löffel Crème double servieren.

* Zum Einfrieren geeignet. Die Suppe bis zum Ende von Schritt 3 zubereiten, dann gut durchkühlen, in einen Gefrierbehälter füllen und bis zu 3 Monate im Gefrierschrank aufbewahren. Vor dem Verzehr bei Zimmertemperatur auftauen, dann aufwärmen und wie beschrieben servieren.

SCHELLFISCH-CHOWDER

Für 4 Personen als Vorspeise oder für 3 Personen als Hauptgericht
Vorbereitung: 10 Minuten
Garzeit: 25–30 Minuten

ZUTATEN

2 EL Butter

55 g durchwachsener Speck, in Streifen

1 Zwiebel, geschält und fein gehackt

350 g geräucherte Schellfischfilets

225 g kleine fest kochende Kartoffeln

300 ml Milch

425 ml Fisch- oder Gemüsefond

4 EL Schlagsahne

Salz und Pfeffer

2 EL frisch gehackte Petersilie, zum Garnieren

Sie benötigen einen großen Topf mit Deckel (etwa 2,8 l Inhalt), ein Kochmesser, ein Hackbrett, eine kleine Bratpfanne, einen Messbecher und einen Holzspatel.

ZUBEREITUNG

SUPPEN

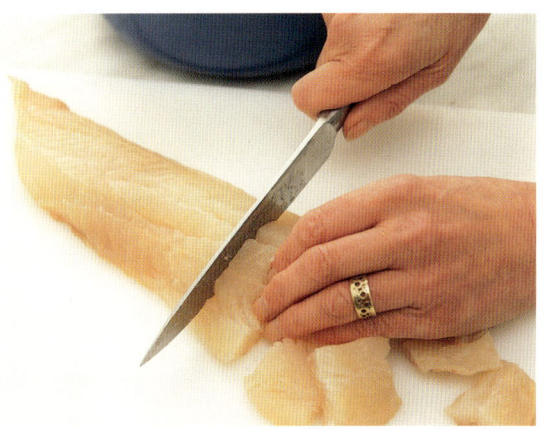

1 Die Butter bei mittlerer Hitze in einer Pfanne zerlassen. Die Speckstreifen darin 3–4 Minuten anbraten, bis sie zu bräunen beginnen. Anschließend die Zwiebel zufügen und 2–3 Minuten dünsten, bis sie weich ist.

2 Den Schellfisch in 2,5 cm große Würfel schneiden. Die Würfel in eine Schüssel geben, mit Frischhaltefolie abdecken und bis zur weiteren Verwendung beiseite stellen.

3 Die Kartoffeln gründlich waschen, ungeschält in 1 cm große Würfel schneiden und in einen großen Topf geben.

4 Milch und Fond zugießen und alles bei mittlerer Hitze zum Kochen bringen. Die Hitze reduzieren, bis die Flüssigkeit nur noch sanft köchelt, und die Kartoffeln darin 10–15 Minuten garen, bis sie gerade weich werden. Dann Fisch, Speck und Zwiebeln einrühren und alles weitere 5 Minuten köcheln lassen. Den Topf vom Herd nehmen und die Sahne einrühren. Den Chowder abschmecken, in vorgewärmte Schalen füllen und mit Petersilie garniert servieren.

KÜRBISSUPPE MIT MANDELN

Für 4–6 Personen
Vorbereitung: 10–15 Minuten
Garzeit: 50–55 Minuten

ZUTATEN

900 g Kürbis, z. B. Butternuss, in Scheiben geschnitten und entkernt

1 EL Olivenöl

1 Zwiebel, geschält und fein gehackt

115 g gemahlene Mandeln

850 ml Gemüsefond

Saft und abgeriebene Schale von 1 Orange

Salz und Pfeffer

55 g frisch geriebener Parmesan

2 EL gehobelte Mandeln, geröstet, zum Garnieren

Sie benötigen einen großen Topf mit Deckel (etwa 2,8 l Inhalt), ein Kochmesser, ein Gemüsemesser, ein Hackbrett, einen bayrischen Bräter, einen Messbecher, eine Reibe und einen Standmixer.

ZUBEREITUNG

1 Den Backofen auf 200 °C vorheizen. Die entkernten Kürbisscheiben in einen leicht eingefetteten Bräter geben und im vorgeheizten Backofen 30–40 Minuten garen, bis sie weich und leicht gebräunt sind.

2 Das Öl in einen großen Topf geben und bei mittlerer Hitze erwärmen. Die Zwiebel darin 2–3 Minuten weich sautieren. Dann die gemahlenen Mandeln einrühren.

3 Den Kürbis aus dem Backofen nehmen. Die Schale entfernen. Das Fruchtfleisch zu den anderen Zutaten in den Topf geben.

4 Den Fond zugießen und aufkochen. Dann die Hitze reduzieren und alles 10–15 Minuten sanft köcheln lassen, bis die Zwiebel weich ist.

5 Den Topf vom Herd nehmen und den Inhalt in einem Mixer glatt pürieren. Das Püree in den gesäuberten Topf zurückgeben und erneut erwärmen. Dann Orangensaft und -schale zufügen. Die Suppe mit Salz und Pfeffer abschmecken.

6 Den Topf vom Herd nehmen und den Parmesan einrühren. Die fertige Suppe mit Mandeln garnieren und servieren.

* Zum Einfrieren geeignet. Die Suppe bis zum Ende von Schritt 5 zubereiten, dann gut durchkühlen und bis zu 3 Monate einfrieren. Bei Zimmertemperatur auftauen und wie ab Schritt 6 beschrieben weiterverarbeiten.

WINTERLICHER BOHNEN-LINSEN-EINTOPF

Für 4 Personen
Vorbereitung: 15 Minuten
Garzeit: 25–30 Minuten

ZUTATEN

2 EL Olivenöl
1 Zwiebel, geschält und in dünnen Ringen
350 g Karotten, geschält und in Scheiben
3 Selleriestangen, in Scheiben
2 Knoblauchzehen, geschält und gehackt
115 g Puy-Linsen, abgespült
1,2 l Gemüsefond
1 Lorbeerblatt
2 mittelgroße Porreestangen, geputzt und in Ringen
Salz und Pfeffer
150 g Kohl oder Spinat, in Streifen
400 g Borlotti-Bohnen aus der Dose, abgetropft

Garnierung
4 EL Pesto
40 g frisch gehobelter Parmesan

Sie benötigen einen großen Topf mit Deckel (etwa 3,5 l Inhalt), ein Gemüsemesser, ein Kochmesser, ein Hackbrett, einen Holzspatel, eine Küchenwaage und einen Messbecher.

ZUBEREITUNG

1 Das Öl bei mittlerer Hitze in einem großen Topf erwärmen. Zwiebel, Karotten, Sellerie und Knoblauch zufügen und 3–4 Minuten sanft sautieren, bis alles weich, aber nicht gebräunt ist.

2 Die Linsen zufügen und die Mischung weitere 2 Minuten sautieren.

3 Den Fond zugießen, das Lorbeerblatt zufügen und alles aufkochen. Anschließend die Mischung abgedeckt etwa 15 Minuten köcheln lassen, bis das Gemüse fast gar ist.

4 Den Porree zufügen, alles gut mit Salz und Pfeffer würzen und weitere 5 Minuten köcheln lassen.

5 Zuletzt Kohl oder Spinat und die Bohnen zufügen und den Eintopf noch einmal 2–3 Minuten köcheln lassen.

6 Den Topf vom Herd nehmen. Den Eintopf abschmecken und eventuell nachwürzen, dann in vorgewärmten Suppenschalen mit je einem Löffel Pesto und einigen Parmesanspänen garniert servieren.

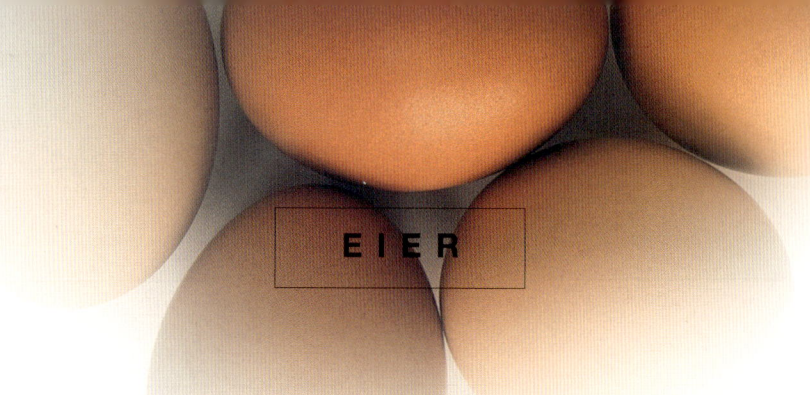

E I E R

Eier zählen zu den vielseitigsten und nahrhaftesten Lebensmitteln und sollten daher immer vorrätig sein. Große Exemplare benötigt man für Rezepte, in denen Eier als Hauptzutat verwendet werden – zum Glasieren oder Panieren hingegen reichen kleine Eier aus. Sie können im Kühlschrank gelagert, sollten aber nur zimmerwarm verarbeitet werden.

Verarbeiten Sie Eier so rasch wie möglich. Hinsichtlich der Qualität haben Sie die Wahl zwischen Eiern von Hühnern aus Käfig-, Boden-, Freiland- oder Ökohaltung. Die Schalenfarbe ist hierbei irrelevant. Die folgenden Informationen beziehen sich auf Hühnereier, obwohl in Feinkostläden und auf Geflügelhöfen auch andere Sorten wie Wachtel-, Gänse- oder Enteneier erhältlich sind.

Auswahl und Kauf
Die frischesten Eier sind die besten, doch wer nicht direkt beim Erzeuger kauft, muss sich auf das aufgedruckte Datum verlassen, und das weist oft nur die Mindesthaltbarkeit aus. Der genaue Legetag lässt sich lediglich errechnen, indem man 28 Tage zurückzählt. Wem das zu aufwändig ist, kauft Eier, deren Mindesthaltbarkeitsdatum so weit wie möglich entfernt liegt.

Die Gewichtsklassen von Eiern werden seit 1996 EU-weit geregelt. Seitdem gelten in Deutschland die Klassen sehr groß (XL), groß (L), mittel (M) und klein (S). Sehr große Eier wiegen 73 g und mehr, große zwischen 63 g und 73 g, mittelgroße rangieren zwischen 53 g und 63 g und alles unter 53 g fällt in die Klasse der kleinen Eier. Für die Rezepte in diesem Buch werden durchweg große Eier benötigt, aber für Frühstückseier ist die Klasse XL idealer, wohingegen zum Glasieren oder für Kleinkinder auch Eier der Klasse S genügen.

Die Frische eines rohen Eis lässt sich ermitteln, indem man es in ein Glas Wasser legt. Bleibt es auf dem Boden liegen, ist es frisch, richtet sich es mit der Spitze nach unten auf, ist es schon älter, und wenn es oben schwimmt, sollte man es sofort entsorgen.

Lagerung
Es wird viel darüber diskutiert, ob Eier besser im Kühlschrank oder bei Zimmertemperatur aufbewahrt werden. Im Kühlschrank gelagerte Eier sind länger haltbar, verarbeitet werden sie hingegen idealerweise bei Zimmertemperatur, was bedeutet, dass sie 2–3 Stunden vor Gebrauch aus dem Kühlschrank genommen werden müssen. Wer regelmäßig viele Eier benötigt und somit auf eine längere Haltbarkeit verzichten kann, lagert Eier daher am besten an einem kühlen Ort. Bei nur sporadischer Verwendung wiederum bietet sich die Aufbewahrung im Kühlschrank an. Die Spitzen der Eier sollten dabei immer nach unten zeigen. Auch empfiehlt es sich, sie ausschließlich in ihrem Karton zu lagern, damit sie nicht den Geruch anderer Nahrungsmittel annehmen, wie dies in den Spezialregalen in Kühlschranktüren geschehen kann. Getrenntes Eiweiß hält sich in einem verschlossenen Behälter im Kühlschrank bis zu einer Woche, Eigelb und ganze verquirlte Eier sind so gelagert bis zu zwei Tage haltbar.

Eier können auch eingefroren werden. Leicht verquirltes Eiweiß etwa hält sich in einem fest verschlossenen Behälter bis zu drei Monate. Auch Eigelb und ganze Eier lassen sich einfrieren, nur sollten diese zuvor mit etwas Salz oder Zucker verquirlt werden, damit sie nicht gelieren. Versehen Sie Ihre Gefrierbehälter stets mit Etiketten, die über den Inhalt sowie das Einfrierdatum Aufschluss erteilen.

Salmonellen
Von Salmonellen befallene Eier können zu Nahrungsmittelvergiftungen führen. Längeres Kochen bei hohen Temperaturen tötet die Bakterien ab, sodass ausschließlich rohe oder nur leicht gekochte Eier eine Gefahr darstellen. Speisen, die solche Eier enthalten, wie Mousse, Mayonnaise und selbst gemachte Eiscreme, sollten von älteren Menschen, schwangeren und stillenden Frauen, Kleinkindern, Kranken und Rekonvaleszenten gemieden werden. Im Großhandel und bei einigen Internetanbietern ist mittlerweile auch pasteurisiertes, also wärmebehandeltes, Flüssigei erhältlich, das bedenkenlos auch roh verwendet werden kann.

EIER TRENNEN

Für einige Speisen müssen Eier vor der Verarbeitung in Eiweiß und Eigelb getrennt werden.

1 Der Fachhandel bietet zwar Küchenhelfer an, die das Trennen von Eiern erleichtern, aber es geht auch ohne. Sie benötigen dazu zwei Schüsseln. Schlagen Sie das zu trennende Ei zunächst am Rand einer Schüssel auf.

2 Lassen Sie das Eigelb in eine der beiden Schalenhälften gleiten. Halten Sie das Ei dabei schräg über die Schüssel, sodass ein Teil vom Eiweiß abfließen kann.

3 Füllen Sie nun das Eigelb in die andere Schalenhälfte um, und lassen Sie dabei weiteres Eiweiß in die Schüssel fließen. Achten Sie dabei darauf, das Eigelb an den scharfen Bruchkanten der Schale nicht zu beschädigen.

4 Wiederholen Sie den Vorgang, bis das gesamte Eiweiß abgeflossen ist. Eiweiß, das für Eischnee verwendet wird, darf keinerlei Eigelbpartikel aufweisen, da es sich sonst nicht mehr steif schlagen lässt.

Tipp: Frische Eier lassen sich leichter trennen, weil das Eiweiß noch sehr gallertartig und das Eigelb fest ist. Auch kann es helfen, die Eier vor dem Trennen zu kühlen.

EISCHNEE SCHLAGEN

Ganz frische Eier sind zur Herstellung von Eischnee weniger geeignet. Idealerweise verwendet man Exemplare, die bereits 3–5 Tage alt sind. Säubern Sie alle Arbeitsgeräte vor der Zubereitung, achten Sie besonders darauf, dass sie frei von Fettrückständen sind. Geben Sie das Eiweiß in eine große Schüssel, und verquirlen Sie es mit einem Schneebesen, einem elektrischen Handrührgerät oder in einer Küchenmaschine. Sollen dem Eischnee weitere Zutaten wie Zucker oder Aromastoffe zugefügt werden, darf er nur so lange geschlagen werden, bis sich an der Oberfläche ‚weiche Spitzen' bilden, wenn man einen Schneebesen hindurchzieht, also Spitzen, die nach dem Durchziehen wieder zusammenfallen. Schlägt man das Eiweiß restlos steif – wobei es nicht zu trocken und körnig werden darf – bilden sich ‚feste Spitzen', die nicht wieder einsacken. Beim Vermengen des fertigen Eischnees mit anderen Zutaten muss man behutsam vorgehen, damit die Masse nicht zusammenfällt. Man verwendet dazu am besten einen Plastikspatel oder einen Metalllöffel.

EIER GAREN

Eier sollten vor dem Garen stets auf Zimmertemperatur gebracht werden. Sie reagieren sehr empfindlich auf Hitze und stocken bereits bei einer Temperatur von 60 °C. Sie werden deshalb oft als Bindemittel für Saucen, Suppen oder Süßspeisen verwendet. Ihre starke Hitzeempfindlichkeit erhöht aber auch die Gefahr, sie zu überkochen, wodurch sie ungenießbar werden. Schnelles, aber sanftes Garen ist bei Eiern somit unabdingbar.

Backen

Gebackene Eier schmecken ausgesprochen gut. Zudem kann man mit ihnen mühelos einen größeren Personenkreis beköstigen. Zum Backen benötigen Sie mehrere Ramequin-Formen oder feuerfeste Kaffeetassen. Fetten Sie diese großzügig ein, und schlagen Sie je ein Ei in eine davon auf. Stellen Sie die Formen anschließend in einen flachen Bräter, der mit so viel heißem Wasser gefüllt ist, dass es die Formen zur Hälfte umgibt. Sodann backen Sie die Eier in einem auf 190 °C vorgeheizten Backofen – 15 Minuten für ein weiches Eigelb, 18–20 Minuten für ein hartes. Ein deftiges Frühstück oder eine einfache Vorspeise erhalten Sie durch Zugabe von gebratenen Pilzen oder Speck.

Kochen

Für diese Garmethode benötigen Sie einen Topf, der groß genug ist, um die zu garenden Eier aufzunehmen, aber auch klein genug, um ein starkes Umherschwimmen und Aneinanderstoßen beim Kochen zu vermeiden. Bringen Sie das Wasser, das die Eier ganz bedecken sollte, in diesem Topf zum

Köcheln. Lassen Sie die Eier mit einem langstieligen Metalllöffel hineingleiten, und garen Sie sie 3–4 Minuten für ein
weiches Ei (flüssiges Eigelb, leicht gestocktes Eiweiß),
5–6 Minuten für ein wachsweiches Ei (cremiges Eigelb,
fest gestocktes Eiweiß) oder 10 Minuten für ein hartes Ei
(hartes Eigelb, fest gestocktes Eiweiß). Wollen Sie hart gekochte Eier kalt servieren, schrecken Sie sie nach dem Garen
unter kaltem Wasser ab, um eine Schwarzfärbung am Dotter-
rand zu vermeiden. Diese entsteht bei zu langem Erhitzen
durch die Reaktion von eigelbeigenem Eisen mit dem Schwefel
aus dem Eiklar.

Pochieren (verlorene Eier)

Zum Pochieren benötigen Sie wirklich frische Eier. Wenden
Sie diese Methode nicht an, wenn Sie sich über das Alter der
Eier nicht im Klaren sind, denn im Zweifelsfall werden die
Eier im Wasser zerfallen. Sie benötigen einen kleinen, flachen
Topf oder eine kleine Pfanne, vor allem, wenn Sie mehr als ein
Ei pochieren wollen. (Garen Sie jedoch nicht zu viele Eier auf
einmal.) Das Kochwasser sollte die Eier gerade bedecken. Wer
mag, kann ihm 1–2 Esslöffel Essig zufügen, um das Stocken
des Eiweißes zu fördern, muss jedoch damit rechnen, dass die
Eier einen Teil des Essiggeschmacks annehmen werden. Schlagen Sie jedes Ei in eine Tasse auf. Wer viel Routine hat, kann
sie auch direkt über dem Topf aufschlagen, doch wenn die
Schale dabei das Eigelb verletzt, muss man noch einmal
ganz von vorn anfangen. Bringen Sie das Wasser leicht zum
Köcheln, und lassen Sie die Eier vorsichtig hineingleiten – das
Eiweiß sollte den Dotter sofort umhüllen; falls nicht, hilft oft
ein leichter Stups mit einem Schaumlöffel. Kochen Sie das Ei
nun so lange, bis das Eiweiß gestockt ist. Nach 2–3 Minuten
ist das Eigelb noch weich, nach 4–5 Minuten ist es härter.
Heben Sie die fertigen Eier mit einem Schaumlöffel aus dem
Topf, und lassen Sie sie vor dem Servieren kurz auf Küchenpapier abtropfen.

Spiegeleier

Mit ein paar Scheiben gebratenem Speck serviert ergeben
Spiegeleier ein köstliches Sonntagsfrühstück. Hat man den
Speck einmal ausgelassen, benötigt man zum Braten kein
weiteres Fett. Wer auf den Speck verzichtet, gibt vor dem
Garen 1 Esslöffel Öl in eine – vorzugsweise beschichtete –
Pfanne. Erhitzen Sie diese bei mittlerer Hitze, denn zum
Braten sind relativ hohe Temperaturen nötig. Schlagen Sie das
Ei in eine Tasse auf, und lassen Sie es in die heiße Pfanne
gleiten. Nach einigen Sekunden ist das Eiweiß gestockt. Wer
mag, neigt die Pfanne dann zur Seite und bestreicht das Ei von
oben mit dem heißen Fett, dass sich am Pfannenrand sammelt,
damit auch die Oberfläche rasch stockt. Nehmen Sie das
fertige Ei mit einem Holzspatel oder Spargelheber aus der
Pfanne, und lassen Sie überschüssiges Fett vor dem Servieren
nach Belieben kurz auf Küchenpapier abtropfen.

Rühreier

Rühreier müssen sehr sanft gegart werden, damit sie nicht zäh
werden. Durchschnittlich rechnet man mit 2 Eiern pro Person. Nehmen Sie jedoch nicht zu viele Eier auf einmal; Sie
erhalten ein besseres Ergebnis, wenn Sie jede Portion separat
zubereiten. Schlagen Sie die Eier in eine Schale auf, verquirlen
Sie sie, und würzen Sie sie mit Salz und Pfeffer (wer mag,
kann auch etwas Milch zufügen). Zerlassen Sie 1 Esslöffel
Butter bei geringer Hitze in einem kleinen beschichteten Topf,
bis sie schäumt. Gießen Sie anschließend die Eimasse hinein.
Sie wird am Topfboden rasch stocken. Rühren Sie sie dann mit
einem Holzlöffel kräftig durch, um sie mit der rohen Masse zu
vermengen. Sobald eine durchgehend cremige Masse entstanden ist, nehmen sie den Topf vom Herd – der Garprozess wird
wegen der Hitze, die sich im Topf gestaut hat, noch ein wenig
fortgesetzt. Zur Verfeinerung können dem Rührei nun noch
ein Stich Butter oder 1 Esslöffel Sahne zugefügt werden.
Servieren Sie die fertige Eierspeise sofort.

Omeletts

Ein Omelett lässt sich so rasch zubereiten, dass es durchaus
eine Konkurrenz zu Fertiggerichten darstellt. Die Anschaffung
einer speziellen Omelettpfanne mit abgeschrägtem Rand und
schwerem Boden ist sinnvoll. Die Pfannen werden aus Alumi-
nium, Edelstahl oder Gusseisen gefertigt und sind teils auch
mit Antihaftbeschichtung erhältlich.

Schlagen Sie 2 Eier in eine Schale auf, und verquirlen Sie sie
darin ganz sanft, sodass sich Eigelb und Eiklar gerade verbinden.
Würzen Sie die Masse kräftig mit Salz und Pfeffer. Zerlassen Sie
nun 2 Esslöffel Butter bei mittlerer Hitze in der Omelettpfanne,
bis sie schäumt. Gießen Sie die Eimasse hinein, und verteilen
Sie sie mit einem Holzspatel oder einem Gabelrücken auf dem
Boden. Nach wenigen Augenblicken beginnt die Masse von unten
zu stocken. Schieben Sie dann die gestockte Masse mit einem
Holzspatel schnell in die Pfannenmitte, damit die noch rohe
Masse an den Rand laufen kann. Nehmen Sie die Pfanne vom
Herd, sobald nur noch ganz wenig flüssige Eimasse übrig ist.
Klappen Sie das fertige Omelett in der Mitte zusammen, und
servieren Sie es auf einem vorgewärmten Teller. Eine eventuelle
Füllung sollten Sie vor dem Braten des Omeletts zubereiten und
hineingeben, bevor Sie das Omelett zusammenklappen.

Auf den folgenden Seiten finden Sie weitere Anregungen
zum Kochen mit Eiern. Neben klassischen Rezepten gibt es
auch einige, die in Anlehnung an internationale Kochkünste
entstanden sind.

OBEN LINKS Wachteleier
OBEN RECHTS Eier von frei
laufenden Hühnern
MITTE LINKS kleine weiße Eier von
Khaki-Campbell-Enten
MITTE RECHTS Eier von Coll-Enten
UNTEN LINKS große weiße Eier von
Aylesbury-Enten
UNTEN RECHTS Gänseei

ZUCCHINI-PILZ-FRITTATA

Eine Frittata ist die italienische Version eines Omeletts. Sie ist etwas fester und dicker als dieses und steht daher auch der spanischen Tortilla recht nahe. Da sie auch kalt verzehrt werden kann, ist sie ideal für Picknicks und Lunch-Pakete.

Für 2 Personen
Vorbereitung: 10 Minuten
Garzeit: 15 Minuten

ZUTATEN

1 EL Butter
1 EL Olivenöl
175 g Zucchini, in Scheiben
115 g Champignons, in Scheiben
1 Knoblauchzehe, geschält und fein gehackt
4 Eier
6 EL Milch
Salz und Pfeffer
3 EL frisch gehackte Petersilie

Sie benötigen eine beschichtete Bratpfanne (23 cm Ø, mit feuerfestem Griff), ein Gemüsemesser, ein Kochmesser, ein Hackbrett, einen Holzspatel, eine Schüssel und einen Schneebesen.

ZUBEREITUNG

1 Butter und Öl in eine Pfanne geben und bei geringer Hitze erwärmen, bis die Butter zerlassen ist.

2 Den Herd auf mittlere Hitze hochschalten, die Zucchinischeiben in die Pfanne geben und unter gelegentlichem Wenden 5 Minuten goldbraun anbraten.

3 Die Champignons zufügen und 2–3 Minuten mitbraten, bis sie weich sind. Dann den Knoblauch einrühren.

4 Die Eier in eine Schüssel aufschlagen und mit einem Schneebesen verquirlen. Anschließend unter Rühren die Milch zugießen und die fertige Mischung mit Salz und Pfeffer würzen.

5 Die Hitze reduzieren. Die Eimischung über das Gemüse gießen und mit Petersilie bestreuen. Den Pfanneninhalt leicht verrühren, dann etwa 5–6 Minuten garen, bis die Eimasse von oben fast gestockt und am Pfannenboden bereits fest geworden ist.

6 Die Pfanne vom Herd nehmen und die Frittata 2 Minuten unter dem vorgeheizten Backofengrill fertig garen, bis auch die obere Eimasse gestockt ist. (Wer keinen Backofengrill besitzt, stürzt die Frittata auf einen Teller, lässt sie in die Pfanne zurückgleiten und gart sie weitere 2 Minuten bei geringer Hitze auf dem Herd fertig.) Die fertige Frittata kuchenförmig aufschneiden und warm oder kalt servieren.

WEINVORSCHLAG
Ein italienischer Chianti (rot) oder ein französischer Chardonnay (weiß)

TAGLIATELLE ALLA CARBONARA

Dieser Klassiker der italienischen Küche kann mit jeder beliebigen Nudelsorte zubereitet werden. Authentisch ist er jedoch nur, wenn die Sauce Eier und Speck enthält.

Für 2 Personen
Vorbereitung: 10 Minuten
Garzeit: 15 Minuten

ZUTATEN

175 g Tagliatelle
1 EL Olivenöl
4 dünne Speckscheiben, in dünnen Streifen
1 Knoblauchzehe, geschält und fein gehackt
3 Eier
Salz und Pfeffer

Garnierung
55 g Parmesan, frisch gerieben
1 EL frisch gehackte Petersilie

Sie benötigen einen großen Topf (etwa 3,5 l Inhalt), eine Bratpfanne, ein Kochmesser, ein Hackbrett, ein Gemüsemesser, eine Schüssel, einen Schneebesen und ein Abtropfsieb.

WEINVORSCHLAG
Ein fassgereifter Chardonnay aus Neuseeland oder dem Pays d'Oc

ZUBEREITUNG

1 Die Nudeln gemäß Packungsanweisung in einem großen Topf mit leicht gesalzenem Wasser bissfest garen.

2 Inzwischen das Öl in einer Pfanne erhitzen. Den Speck zufügen und bei starker Hitze 3–4 Minuten knusprig braten. Anschließend den Knoblauch einrühren.

3 Die Eier in eine Schüssel aufschlagen, dann verquirlen und mit Salz und Pfeffer würzen; dabei bedenken, das auch der Speck dem Gericht eine gewisse Menge Salz zukommen lässt.

4 Die fertig gegarten Nudeln in ein Abtropfsieb gießen.

5 Speck, Knoblauch und das gesamte Fett aus der Pfanne in den Nudeltopf geben und diesen wieder auf den Herd stellen. Die abgetropften Nudeln zufügen und alles gut vermengen.

6 Die Eimasse zugießen und umgehend mit den heißen Nudeln verrühren, damit sie zu stocken beginnt. Das fertige Gericht vom Herd nehmen, auf vorgewärmte Teller verteilen, mit Parmesan bestreuen und mit Petersilie garniert servieren.

ZWIEBELKUCHEN

Aus den angegebenen Zutaten können Sie anstelle eines
großen Kuchens auch sechs kleine Törtchen bereiten.

Für 6–8 Personen
Vorbereitung: 45 Minuten, plus Kühlzeit
Garzeit: 30 Minuten

ZUTATEN

225 g Mehl, nach Belieben je zur Hälfte Vollkorn- und
Auszugsmehl
½ TL Salz
115 g Butter
4 EL Schmalz oder Pflanzenfett
1 Eigelb
kaltes Wasser, für den Teig
1 EL Olivenöl
675 g Zwiebeln, geschält und in dünnen Ringen
Salz und Pfeffer
frisch geriebene Muskatnuss
3 Eigelb, gründlich verquirlt
225 g Crème double

Sie benötigen eine Küchenwaage, eine Schüssel, eine recht-
eckige oder runde Backform (26 cm Ø), einen großen Topf mit
Deckel, ein Backblech, ein Kochmesser, ein Hackbrett und eine
Muskatreibe.

ZUBEREITUNG

1 Mehl und Salz in eine Schüssel sieben. Die Hälfte der Butter
und das gesamte Schmalz mit den Fingern einkneten, bis
eine feinkrümelige Mischung entsteht. Das Eigelb und so viel
kaltes Wasser zufügen, bis ein geschmeidiger Teig entsteht.
Diesen in Frischhaltefolie wickeln und 1–2 Stunden im Kühlschrank ruhen lassen.

2 Den erkalteten Teig gemäß der verwendeten Backform zu
einem ausreichend großen Kreis oder Rechteck ausrollen.
Den ausgerollten Teig in die Form einpassen, ohne ihn dabei zu
dehnen. Die Ränder gleichmäßig ausmodellieren und den Teig
1 weitere Stunde in den Kühlschrank stellen.

3 Die restliche Butter mit dem Öl in einen großen Topf geben
und bei mittlerer Hitze zerlassen. Die Zwiebelringe zufügen,
unter Rühren mit dem Fett überziehen und abgedeckt etwa
30 Minuten dünsten, bis sie weich und leicht gebräunt sind.
Dann gut mit Salz und Pfeffer sowie einer kräftigen Prise Muskat
würzen und ein wenig abkühlen lassen.

4 Den Backofen und ein auf die mittlere Schiene geschobenes
Backblech auf 200 °C vorheizen. Eigelb und Crème double
mit den Zwiebeln vermengen. Die so entstandene Füllung auf
dem vorbereiteten Teigboden verteilen und den Kuchen im vorgeheizten Backofen auf dem heißen Blech 30 Minuten backen.

5 Den Kuchen aus dem Backofen nehmen und noch heiß mit
einem grünen Salat als Vorspeise oder leichte Hauptmahlzeit
servieren.

WEINVORSCHLAG

Ein mittelschwerer französischer Rotwein wie Beaujo-
lais oder Pays d'Oc Syrah
mit einer zarten Fassnote

SALAT NIÇOISE

Für 2 Personen
Zubereitungszeit: 20 Minuten

ZUTATEN

2 Romanasalat- oder Endivienherzen
2 hart gekochte Eier (siehe Seite 73–74)
8 kleine Eiertomaten
200 g Thunfisch aus der Dose, abgetropft
55 g grüne Bohnen, 10 Minuten gekocht
4 eingelegte Sardellenfilets, in Streifen
12 schwarze Oliven, entsteint
französisches Baguette, zum Servieren

Dressing
4 EL natives Olivenöl extra
1 EL Estragonessig
1 Knoblauchzehe, geschält und zerdrückt
Salz und Pfeffer
¼ TL Dijon-Senf
je 2 EL frisch gehackter Estragon, Petersilie und Schnittlauchröllchen

Sie benötigen ein Glas mit Schraubverschluss, ein Gemüsemesser, ein Kochmesser, ein Hackbrett und einen Dosenöffner.

ZUBEREITUNG

1 Alle Zutaten für das Dressing in ein Glas mit Schraubverschluss geben, das Glas verschließen und kräftig schütteln.

2 Die Salatherzen vierteln und auf zwei große Schüsseln verteilen. Die Eier schälen, vierteln und auf dem Salat anrichten.

3 Die Tomaten halbieren, den Thunfisch auseinander zupfen und ebenso wie die Bohnen auf die Schüsseln verteilen.

4 Anchovis und Oliven gleichmäßig über die angerichteten Salate verteilen.

5 Alles mit dem Dressing übergießen und den fertigen Salat sofort mit großzügig aufgeschnittenen Baguettescheiben servieren.

WEINVORSCHLAG

Ein gekühlter Rosé aus der Provence oder ein leichter Sauvignon

MAYONNAISE

Viele Hobbyköche sind rasch befangen, wenn es um die Zubereitung von Mayonnaise geht. Doch wer sorgfältig arbeitet und es nicht zu eilig hat, wird hervorragende Ergebnisse erzielen. Ein kleiner Tipp: Achten Sie auf eine einheitliche Temperatur von Eiern und Öl.

Ergibt 300 ml
Zubereitungszeit: 10–15 Minuten

ZUTATEN

2 Eigelb
1 TL Dijon-Senf
½ TL Salz
**300 ml leichtes Olivenöl oder eine Mischung aus Oliven-
und Erdnussöl**
2 TL Weißweinessig
Pfeffer
1 Spritzer Zitronensaft (nach Belieben)

Sie benötigen eine Rührschüssel, ein elektrisches Handrührgerät oder einen Schneebesen und einen Messbecher.

ZUBEREITUNG

1 Eigelb, Senf und Salz in eine Rührschüssel geben und
gründlich verquirlen.

2 Das Öl in einen Messbecher geben und tröpfchenweise
zur Eimischung gießen, dabei ständig weiterschlagen. (Ein
elektrisches Handrührgerät erleichtert die Arbeit, weil dann eine
Hand zum Halten des Messbechers frei bleibt.) Sobald die Mischung eindickt, das Öl in größeren Portionen, aber weiterhin
sehr langsam zufügen. Den Essig in der Zwischenzeit zugießen,
um die Mischung etwas zu verdünnen. Anschließend wieder mit
dem Öl fortfahren, bis es vollständig eingearbeitet ist.

3 Die Mayonnaise mit Pfeffer und eventuell etwas mehr Salz
abschmecken. Ist sie zu dickflüssig, kann sie mit heißem
Wasser verdünnt werden, schmeckt sie zu fade, fügt man etwas
Zitronensaft zu.

4 Die fertige Mayonnaise ist in einem fest verschließbaren
Schraubgefäß im Kühlschrank gelagert bis zu 1 Woche
haltbar.

*Tipp: Falls die Mayonnaise gerinnt, ein frisches Eigelb in eine saubere
Schüssel geben und die geronnene Mayonnaise so zufügen wie zuvor das Öl.*

KÄSE-SOUFFLÉ

Für 3–4 Personen
Vorbereitung: 20 Minuten
Garzeit: 25–30 Minuten

ZUTATEN

3 EL Butter, 1 EL davon zerlassen

1 EL frisch geriebener Parmesan

25 g Mehl

300 ml Milch

115 g Gouda, fein gerieben

1 TL körniger Senf

1 Prise frisch geriebener Muskat

Salz und Pfeffer

4 große Eier, getrennt

Sie benötigen 1 große Soufflé-Form (1,7 l Inhalt) oder 3 kleine Portionsformen, einen mittelgroßen Topf, eine Reibe, eine Küchenwaage, einen Holzlöffel, ein elektrisches Handrührgerät oder einen Schneebesen, einen Plastikspatel und ein Backblech.

ZUBEREITUNG

1 Den Backofen auf 200 °C vorheizen. Boden und Seitenwände einer großen oder drei kleiner Soufflé-Formen mit der zerlassenen Butter bestreichen. Anschließend die Formen mit dem Parmesan ausstreuen; dabei leicht rütteln, damit der gesamte Innenraum mit Käse überzogen wird.

2 Die restliche Butter bei mittlerer Hitze in einem (nach Möglichkeit beschichteten) Topf zerlassen. Das Mehl einstreuen, sorgfältig unterrühren und 1 Minute unter Rühren anschwitzen. Anschließend den Topf vom Herd nehmen, ganz allmählich die Milch zugießen und mit der Mehlschwitze glatt rühren.

3 Den Topf bei geringer Hitze auf den Herd zurückstellen und den Inhalt so lange rühren, bis er aufkocht und eindickt. Die aufgekochte Soufflé-Masse weitere 3 Minuten unter Rühren köcheln lassen, bis sie glatt und cremig wird.

4 Den Topf erneut vom Herd nehmen. Käse, Senf und Muskat einrühren, die Soufflé-Masse kräftig mit Salz und Pfeffer würzen und kurz beiseite stellen, damit sie etwas abkühlt.

5 Das Eiweiß aufschlagen, bis sich weiche, nicht allzu steife Spitzen bilden.

6 Das Eigelb unter die Soufflé-Masse ziehen, dann den Eischnee unterheben – zunächst nur eine kleine Menge, um die Masse aufzulockern, dann den Rest.

7 Die fertige Soufflé-Masse in die vorbereiteten Formen füllen, diese auf ein Backblech stellen und die Soufflés im vorgeheizten Backofen backen, bis sie goldbraun aufgegangen sind. Bei einer großen Form dauert dies 25–30, bei mehreren kleinen Formen 15–20 Minuten. Die fertigen Soufflés sofort servieren, nach Belieben mit einem grünen Salat und etwas knusprigem Brot als Beilage.

WEINVORSCHLAG

Ein leichter Sauvignon, etwa ein Pouilly-Fumé von der Loire

3

CRÊPES

*Servieren Sie diese dünnen Eierpfannkuchen mit Zitronen-
saft und Zucker, mit gedämpften oder pochierten Früchten,
mit warmem Honig oder warmer Marmelade oder mit Eiscreme und Schokoladensauce.Wer es lieber herzhaft mag,
füllt sie wie Cannelloni mit einer Fleisch-, Käse- oder
Gemüsemischung.*

Für 10 Personen
Vorbereitung: 5 Minuten
Garzeit: 15–20 Minuten

ZUTATEN

100 g Mehl
1 Prise Salz
1 Ei, verquirlt
300 ml Milch
10 TL Butter oder Öl

Sie benötigen eine beschichtete Bratpfanne (18 cm Ø), einen
Holzspatel oder ein Palettmesser, eine Rührschüssel, einen
Schneebesen und einen Messbecher.

1 Mehl und Salz in eine Schüssel geben. Eine Mulde in die
Mitte dieser Mischung drücken und das Ei sowie die Hälfte
der Milch hineingeben. Die flüssigen Zutaten zunächst mit einem
Schneebesen verquirlen, dann nach und nach das Mehl unterziehen. So lange weiterrühren, bis ein glatter, klümpchenfreier
Teig entsteht. Dann die restliche Milch einrühren und den Teig in
einen Krug umfüllen.

2 Die Pfanne bei mittlerer Hitze erwärmen. Anschließend je
nach der weiteren Verwendung der Crêpes entweder 1 Teelöffel Butter oder 1 Teelöffel Öl zufügen. Butter bietet sich im
Allgemeinen für süße Crêpes und Öl für herzhafte an.

3 Sobald das Fett erhitzt ist, so viel Teig zugießen, dass der
Pfannenboden gerade bedeckt ist; dabei die Pfanne leicht
rütteln und neigen, damit sich der Teig gleichmäßig dünn verteilt.
Den Teig etwa 30 Sekunden braten, dann am Rand leicht anheben. Ist er von unten gut gebräunt, die Crêpe mit einem Spatel
oder Palettmesser vom Pfannenrand lösen und wenden. Oder
die Crêpe durch kräftiges Rütteln vom Pfannenboden lösen, mit
einem sicheren Ruck aus dem Handgelenk in die Luft wirbeln, im
Flug wenden lassen und vorsichtig wieder auffangen.

4 Die gewendete Crêpe 1 weitere Minute von der zweiten Seite
braten, dann auf einen vorgewärmten Teller geben, mit Frischhaltefolie abdecken, beiseite stellen und warm halten, während
mit der verbliebenen Butter bzw. dem Öl die restlichen Crêpes gebraten werden. Die einzelnen Crêpes nach dem Braten zwischen
Backpapierstücken stapeln, damit sie nicht zusammenkleben.

*Zum Einfrieren geeignet. Die Crêpes zwischen Frischhaltefolie oder Back-
papier gestapelt in einen Gefrierbeutel geben. Bei Zimmertemperatur auftauen
und in Alufolie gewickelt bei geringer Temperatur im Backofen erwärmen.*

ZABAGLIONE

*Dieser köstliche Dessertklassiker aus Italien wird aus
Eigelb, Zucker und Marsala hergestellt.*

Für 4 Personen
Zubereitungszeit: 15–20 Minuten

ZUTATEN

4 Eigelb
2 EL feiner Zucker
125 ml Marsala
8 Löffelbiskuits, zum Servieren

Sie benötigen einen großen Topf, eine große, hitzebeständige
Schüssel, die in den Topf gehängt werden kann, ohne hineinzufallen, ein elektrisches Handrührgerät oder einen Schneebesen
und einen Messbecher.

ZUBEREITUNG

1 Eigelb und Zucker in einer großen hitzebeständigen
Schüssel hell und cremig verquirlen.

2 Die Schüssel über einen Topf mit köchelndem Wasser setzen und die Eimischung so lange verquirlen, bis sie eindickt.
Nach und nach den Marsala einrühren. Die Mischung so lange
weiterschlagen, bis sie sehr dick und schaumig ist und stark an
Volumen gewinnt; dabei darauf achten, dass sie am Schüssel-
boden nicht kocht.

3 Den Topf vom Herd nehmen und die Schüssel herausheben.
Die fertige Zabaglione auf 4 Dessertgläser verteilen und mit
den Löffelbiskuits sofort servieren.

JOHANNISBEER-MOUSSE

Für 4–6 Personen
Zubereitungszeit: 30 Minuten, plus 2–3 Stunden
Kühlzeit

ZUTATEN

400 g schwarze Johannisbeeren, Tiefkühlware aufgetaut
225 feiner Zucker
3 Eier, getrennt
1 EL gemahlene Gelatine
3 EL kaltes Wasser
150 g Crème double, leicht aufgeschlagen
1 EL Puderzucker, gesiebt
4–6 kleine Minzeblätter, zum Dekorieren
150 g Schlagsahne, zum Servieren

Sie benötigen einen mittelgroßen Topf (etwa 1,7 l Inhalt), einen Holzspatel, ein Sieb, eine kleine Schüssel, eine große Rührschüssel, ein elektrisches Handrührgerät, einen kleinen Topf, eine kleine hitzebeständige Schüssel, die in den kleinen Topf gehängt werden kann, ohne hineinzufallen, und ein Palettmesser.

ZUBEREITUNG

1 Für das Johannisbeermus die Johannisbeeren mit der Hälfte des Zuckers in einen mittelgroßen Topf geben und bei geringer Hitze 2–3 Minuten erwärmen, bis der Zucker aufgelöst ist und sich ein kräftiger Sirup gebildet hat. Die Fruchtmischung abkühlen lassen, dann durch ein Sieb in eine Schüssel streichen, um etwa 300 ml glattes Mus zu erhalten.

2 Das Eigelb und den restlichen Zucker in einer separaten Schüssel mit einem elektrischen Handrührgerät hell und cremig verquirlen.

3 Gelatine und Wasser zum Quellen 1–2 Minuten in eine kleine hitzebeständige Schüssel geben. Diese auf einen kleinen Topf stellen, der mit so viel kochendem Wasser gefüllt ist, dass es die Schüssel zur Hälfte umgibt. Die Gelatine 2–3 Minuten im Wasserbad erwärmen, bis sie gelöst ist, dann unter das Beerenmus ziehen. Das Beerenmus anschließend unter die Eigelbmasse ziehen, zuletzt die Crème double unterheben.

4 Das Eiweiß steif, aber nicht körnig schlagen, dann unter die Johannisbeermasse ziehen. Die Masse in eine große Schüssel oder mehrere kleine Dessertschalen füllen und mit einem Palettmesser glatt streichen. Mit Frischhaltefolie abdecken und 2–3 Stunden im Kühlschrank erkalten und fest werden lassen.

5 Vor dem Servieren die fest gewordene Mousse mit dem Puderzucker bestäuben, mit Minzeblättern dekorieren und mit ein wenig Schlagsahne servieren.

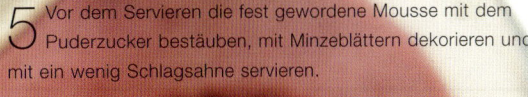

SCHOKOLADEN-HIMBEER-PAVLOVA

Eine Pavlova ist ein Baiser-Kuchen, der jedoch nicht so trocken ist wie ein einfaches Baiser. Durch die Zugabe von Stärke, Vanillearoma und Weinessig wird das Baiser wunderbar saftig und schmeckt einfach köstlich.

Für 8–10 Personen
Vorbereitung: 1 Stunde 20 Minuten
Garzeit: 1 Stunde

ZUTATEN

4 Eiweiß
225 g feiner Zucker
1 TL Speisestärke
1 TL Weißweinessig
5 Tropfen Vanillearoma

Belag
300 g Crème double
1 EL feiner Zucker
2 EL Himbeerlikör
175 g frische Himbeeren
55 g Zartbitterschokolade, gehobelt

Sie benötigen eine große Rührschüssel, eine Küchenwaage, ein elektrisches Handrührgerät, eine kleine Schüssel, einen Plastikspatel und ein Backblech, das mit einer Lage Backpapier, ausgelegt ist, auf dessen Unterseite ein Kreis von 25 cm Durchmesser aufgezeichnet ist.

1 Den Backofen auf 150 °C vorheizen. Das Eiweiß in einer
  großen Rührschüssel steif schlagen. Dann nach und nach
115 g Zucker unterrühren. Den restlichen Zucker in einer separaten Schüssel zunächst mit der Stärke vermengen, dann ebenfalls unter den Eischnee rühren. Dieser sollte anschließend leicht
glänzen und fest sein.

2 Essig und Vanillearoma rasch unter den Eischnee ziehen.

3 Die Baiser-Masse innerhalb des vorgezeichneten Kreises auf
  dem Backpapier verstreichen; die Oberfläche dabei mit
kleinen dekorativen Wirbeln versehen. Das Baiser auf der mittleren Schiene des vorgeheizten Backofens 1 Stunde backen.

4 Das fertige Baiser aus dem Backofen nehmen und leicht
  abkühlen lassen. Dann das Backpapier abziehen und das
Baiser auf eine große Kuchenplatte legen. Keine Sorge, wenn es
beim Abkühlen noch einreißt und etwas zusammenfällt, das ist
ganz normal. Das erkaltete Baiser ist in einem luftdicht
verschließbaren Behälter bis zu 2 Tage haltbar.

5 1 Stunde vor dem Servieren den Belag zubereiten. Dazu
  Crème double, Zucker und Likör weich und cremig rühren und
auf der Pavlova verteilen, mit den Himbeeren sowie der gehobelten
Schokolade dekorieren und vor dem Servieren gut durchkühlen.

MILCHPRODUKTE

*L*assen Sie sich vom hohen Fettgehalt einiger Milchprodukte nicht abschrecken: Viele davon werden in mehreren Fettstufen angeboten; zudem
enthalten sie wertvolle Proteine und Mineralien. Ihre Grundzutat ist dem
Namen gemäß Milch. In der Hauptsache ist das hier zu Lande Kuhmilch,
doch mittlerweile werden bei uns auch Produkte aus Ziegen-, Schaf- und
sogar Büffelmilch angeboten. Reine Milch ist mit vollem oder reduziertem
Fettgehalt sowie als Pulver erhältlich.

Sahne ist generell fettreicher als Milch. Meist wird sie zum Anreichern und
Binden von Suppen und Saucen sowie zum Verfeinern von Desserts verwendet.
Ähnliche Verarbeitungsmöglichkeiten bietet Joghurt, der jedoch fettärmer und
auch gesünder ist. Butter besteht zu etwa 82 % aus Fett. Sie ist sehr vielfältig
verwendbar, als Brotaufstrich, für Saucen und für süße und herzhafte Backwaren. Käse wird am liebsten immer noch für Käseplatten und als Brotbelag
verwendet. Doch die heutige Sortenvielfalt erlaubt viele neue Einsatzmöglichkeiten, ob nun in Saucen, Suppen oder Backwaren.

MILCH

Als erste Nahrung, die wir im Leben zu uns nehmen, ist Milch
das wohl grundlegendste aller Lebensmittel. Die nahrhafteste
Sorte ist Kuhmilch: Sie enthält fast alle Nährstoffe, die wir
benötigen. Im Handel ist sie ganz verschieden behandelt
erhältlich, wobei die Nachfrage nach Bio-Produkten deutlich
steigt.

pasteurisierte Milch
Handelsübliche Milch wird generell pasteurisiert, um Bakterien und andere schädliche Keime abzutöten. Nur wenige,
streng kontrollierte Erzeugerhöfe dürfen direkt gemolkene
Rohmilch verkaufen.

homogenisierte Milch
Dem Pasteurisieren folgt meist das Homogenisieren. Hierbei
werden größere Fettkügelchen mechanisch zerkleinert, damit
sie sich gleichmäßig in der Flüssigkeit verteilen und nicht mehr
als Rahm an die Oberfläche steigen.

Vollmilch
Vollmilch besitzt in Deutschland einen konstanten Fettgehalt
von 3,5 %. Eine Ausnahme bildet Vollmilch mit natürlichem
Fettgehalt, hier variiert der Wert zwischen 3,5 % und 4 %.
Für Kinder bis zum 5. Lebensjahr, die einen hohen Energie-
bedarf haben, sind diese Sorten den fettreduzierten vorzu-
ziehen. Falls nicht anders angegeben, werden sie auch für die
Rezepte in diesem Buch vorausgesetzt.

entrahmte und fettarme Milch
Entrahmte Milch, auch als Magermilch bekannt, enthält
höchstens 0,3 % Fett. Fettarme oder teilentrahmte Milch hat
einen Fettgehalt von 1,5 % bis 1,8 %. In ihren Nährwerten
unterscheiden sie sich ansonsten nicht von Vollmilch.

ultrahocherhitzte Milch, H-Milch
Milch mit dieser Kennzeichnung wurde für nur wenige Sekunden auf 135 °C erhitzt, dann umgehend abgekühlt und ver-

packt. Dadurch wurden alle lebenden Keime abgetötet; die Milch ist nun mehrere Monate haltbar. Einmal geöffnet sollte sie jedoch wie Frischmilch behandelt werden. Als Vorratszutat zum Kochen ist sie ideal, in Müslis und als Getränk schmeckt Frischmilch aber besser.

Kondensmilch

Kondensmilch wurde durch Erhitzen bis zu 70 % Wasser entzogen. Sie ist in verschiedenen Fettstufen erhältlich, wobei der Fettgehalt mit der Höhe des Wasserentzugs variiert. Viele schätzen Kondensmilch vor allem als Kaffeeweißer. Sie sollte jedoch nicht mit Kaffeesahne (siehe Seite 90) verwechselt werden. Kondensmilch lässt sich wie Schlagsahne zum Kochen verwenden und sogar aufschlagen. Für Desserts ist mit Glukose oder Zucker gesüßte Kondensmilch beliebt. In gut sortierten Supermärkten wird sie in Dosen oder Tuben angeboten. Da sie sehr zähflüssig ist, nimmt sie manch einer auch gern als Brotaufstrich.

Buttermilch

Buttermilch wird aus der Flüssigkeit bereitet, die bei der Herstellung von Butter übrig bleibt. Durch die Zugabe von Milchsäurebakterien erhält sie einen frischen, säuerlichen Geschmack, der an fettarmen Naturjoghurt erinnert. Außer zum Trinken wird sie manchmal zum Backen von Broten und Brötchen verwendet. Als Ersatz kann Vollmilch dienen, die mit Zitronensaft versetzt wurde (1 Esslöffel Zitronensaft auf 225 ml Milch).

Milchpulver, Trockenmilch

Dies ist ein feines Granulat, das entsteht, wenn Milch durch Kondensierung der Wassergehalt fast völlig entzogen wird. Es ist üblicherweise sehr fettarm und schmeckt recht fade. Eine gute Vorratszutat für Notfälle, die vor der Verwendung in Wasser aufgelöst werden muss.

Ziegenmilch

Diese Milch eignet sich besonders für Menschen mit einer Lactose-Unverträglichkeit, bei denen Kuhmilch zu schweren Verdauungsstörungen führt. Ihr Geschmack ist um einiges intensiver als der von Kuhmilch, was sie bei vielen Käseherstellern sehr beliebt macht.

Sojamilch

Sojamilch, ein rein pflanzliches Erzeugnis, ist mittlerweile leicht erhältlich und kann wie Milch in Speisen oder für Getränke verwendet werden. Allerdings ist der Geschmack anfangs etwas gewöhnungsbedürftig.

Lagerung

Milch in Glasflaschen sollte rasch an einen dunklen Ort gebracht werden, da Licht das milcheigene Vitamin C zerstört. Frischmilch und angebrochene H-Milch lagern Sie am besten im Kühlschrank; stets verschlossen, damit sie keinen fremden Geschmack annimmt. Ein Milchkrug sollte vor dem Einfüllen immer sauber sein und einmal angebrochen nicht mehr aufgefüllt werden. Homogenisierte Milch kann eingefroren werden.

SAHNE

Sahne besteht aus dem fettreichen Rahm, der bei unbehandelter Milch an die Oberfläche steigt. Sie verleiht vielen Speisen mehr Geschmack, Gehalt und eine cremige Konsistenz. Leider ist sie durch ihren hohen Fettgehalt in den letzten Jahren etwas in Verruf geraten, doch wie so vieles kann sie in Maßen genossen durchaus eine köstliche Bereicherung sein.

Schlagsahne

Ein Fettgehalt von mindestens 30 % sorgt dafür, dass sich diese Sahne mühelos aufschlagen lässt. Noch etwas besser geht das mit der so genannten Schlagsahne „extra" mit mindestens 36 % Fett. Schlagen Sie beide Sorten mit einem elektrischen Handrührgerät oder einem Schneebesen stets in einer sauberen Schüssel auf.

Crème double

Crème double ist mit 40 % bis 48 % Fett das kalorienreichste, aber auch cremigste Sahneprodukt auf dem deutschen Markt. Man kann sie zum Kochen verwenden, vor allem aber auch Kuchen und Desserts damit dekorieren. Crème double lässt sich hervorragend schlagen, nur darf man sie nicht zu lange bearbeiten, da sie sonst zu Butter wird. Schlagen Sie sie immer nur gut gekühlt, und verwenden Sie sie für so köstliche Kreationen wie Crème brûlée und Syllabub.

Clotted cream

Dieses britische Sahneprodukt, das ursprünglich aus den südenglischen Countys Devon und Cornwall stammt, in Deutschland jedoch leider nicht angeboten wird, enthält 55–60 % Fett. Clotted cream ist so dick, dass man sie mit einem Messer zerschneiden kann. Traditionell wird sie mit Marmelade zu Scones gereicht.

Kaffeesahne

Kaffeesahne wird, wie der Name sagt, aus Sahne gewonnen. Ihr Fettgehalt beträgt mindestens 10 %, und sie lässt sich im Unterschied zu Kondensmilch nicht aufschlagen.

saure Sahne

Das auch als Sauerrahm bezeichnete Produkt ist eine mit Milchsäurebakterien versetzte frische Sahne, die mit einem Fettgehalt zwischen 10 % und 30 % in den Handel kommt. Mit ihrem leicht säuerlichen Geschmack wird sie gern zur Herstellung von Saucen, Dressings und Dips verwendet, aber auch für Suppen wie russische Borschtsch oder für mexikanische Tortillas.

Schmand

Schmand ist eine Sonderform der sauren Sahne mit einem Fettgehalt von mindestens 20 %. Seine Verwendungsmöglichkeiten ähneln der der sauren Sahne.

Crème fraîche

Dieses Sauermilchprodukt mit mindestens 30 % Fett stammt aus Frankreich und wird noch heute nach einem französischen Rezept hergestellt. Sie wird besonders ihrer samtigen Konsistenz wegen gern verwendet, aber auch, weil sie beim Erhitzen nicht ausflockt. Mittlerweile gibt es auch akzeptable fettreduzierte Varianten wie beispielsweise Crème légère, die 15 % Fett enthält.

Lagerung

Die meisten Sahneprodukte sind nicht lange haltbar. Bewahren Sie sie daher stets im Kühlschrank auf – immer gut abgedeckt, damit sie keinen fremden Geschmack annehmen –, und kaufen Sie sie nur in kleinen Mengen ein. Von der bis zu 2 Wochen haltbaren Crème fraîche sollten Sie immer einen kleinen Vorrat haben.

JOGHURT

Joghurt besteht aus Milch, der zur Fermentierung Milchsäurebakterien beigeben wurden. Diese Bakterien sind für die
spezielle Konsistenz und den frischen Geschmack verantwortlich. Joghurt wird ähnlich wie Sahne verwendet, ist jedoch
fettärmer und gesünder. Verzehren Sie ihn mit Obst oder
Getreideflocken zum Frühstück, oder verfeinern Sie Suppen,
Saucen und Marinaden damit.

Im Handel werden verschiedene Joghurt-Sorten angeboten:
Griechischer Joghurt ist der wohl stichfesteste; er lässt sich gut
für Eiskrem oder Desserts wie Joghurt Ambrosia (siehe Seite
101) verwenden. Fettreduzierte Sorten eignen sich zum Verfeinern von Früchten und kalten Desserts. Fruchtjoghurts sind
oft stark gezuckert und künstlich angedickt. Zudem sind viele
von ihnen mit Lebensmittelfarbe angereichert, die bei einigen
Menschen allergische Reaktionen auslösen. Man kann aber auch
naturbelassenen Joghurt kaufen.

Lagerung
Kaufen Sie Joghurt in kleinen Mengen. Lagern Sie ihn im
Kühlschrank, und decken Sie offene Becher mit Frischhalte-
folie ab. Beachten Sie zudem das Mindesthaltbarkeitsdatum.

BUTTER

Butter besteht aus Sahne, die so lange geschlagen wird, bis
sich Fett und Wasseranteil in Butter und Buttermilch trennen.
Neben der in Deutschland typischen ungesalzenen Butter gibt
es auch einige gesalzene Sorten, die explizit ausgewiesen
werden müssen, wenn ihr Salzgehalt 0,1 % übersteigt. Ebenso
wie die ungesalzenen bestehen sie zu 82 % aus Milchfett. Wird
Butter als Brotaufstrich verwendet, bestimmt allein der persönliche Geschmack die Wahl der Sorte. Für süße Backwaren
und Dessert sollten Sie jedoch ungesalzene Butter verwenden.
Es werden auch extra streichzarte Buttersorten angeboten,
die im Kühlschrank nicht oder nur sehr wenig verhärten; zu
diesem Zweck werden sie jedoch oft mit Öl vermischt. Halb-
fettbutter wiederum besteht zu einem Großteil aus Wasser
und ist daher nur für die kalte Küche geeignet; zudem wird sie
zur Festigung oft mit Bindemitteln wie Gelatine angereichert.

Lagerung
Lagern Sie Butter stets gut verpackt im Kühlschrank, damit sie
frisch bleibt und keine fremden Gerüche annimmt. Beachten
Sie zudem das Mindesthaltbarkeitsdatum. Wer sie länger lagern
will, kann Butter 5–6 Monate einfrieren.

KÄSE

Zur Käseherstellung wird Milch in Molke und Gallerte aufgespalten. Die Gallerte ist geronnenes Milcheiweiß, das nach dem Aufspalten abgetropft und zerschnitten wird. Sie kann dann erwärmt, gepresst und zum Reifen vorbereitet oder zu Frischkäse verarbeitet werden. Weltweit gibt es mehrere tausend Käsesorten. Hier ist eine kleine Auswahl der bekanntesten, in Deutschland erhältlichen Sorten.

DEUTSCHER KÄSE

Harzer Roller (Handkäse)

Ein unverkennbares Aroma zeichnet diesen mild-pikanten goldgelben bis rötlich-braunen Käse aus. Harzer Käse wird aus entrahmter saurer Milch hergestellt und kommt in Laib- und Stangenform in den Handel. Er schmeckt köstlich frisch und wird vor allem pur zu Brot gegessen.

Tilsiter

Dieser ursprünglich aus Ostpreußen stammende herb-pikante und leicht säuerliche Schnittkäse wird wegen seines intensiven, würzigen Aromas pur oder als Brotbelag genossen, aber auch in Suppen und Saucen verwendet.

ENGLISCHER KÄSE

Cheddar

Ursprünglich stammt diese Käsesorte aus der Ortschaft Cheddar im südwestenglischen Somerset. Er ist recht cremig, von leuchtend gelber Farbe und leicht nussig im Geschmack. Sein Aroma variiert je nach Reifegrad von mild bis kräftig. Junger Cheddar lässt sich gut reiben und eignet sich zum Verfeinern von Saucen und Gratins.

Lancashire

Dieser blassgelbe, leicht bröckelige Käse besitzt ein mildes, aber intensives Aroma. Er macht sich gut auf einer Käseplatte, aber auch zum Kochen ist er geeignet, nicht zuletzt wegen seiner schmelzig bröckeligen Konsistenz.

Stilton

Stilton besitzt ein kräftiges, würziges Aroma, das er dem blaugrünen Edelschimmel verdankt, der ihm zudem eine attraktive Maserung verleiht. In Großbritannien wird Stilton traditionell zu Weihnachten mit einigen Walnüssen und einem Glas Portwein serviert.

Wensleydale

Auch dies ist ein blassgelber, milder Käse von leicht bröckeliger Konsistenz. In seiner Herkunftsregion Yorkshire wird er traditionell zu Apple Pie gereicht.

FRANZÖSISCHER KÄSE

Brie

Dieser große, runde, milde Weichkäse zählt zu den beliebtesten Sorten der Welt. Kaufen Sie ihn am besten frisch vom Stück. Da er rasch austrocknet, sollten Sie ihn innerhalb von 1–2 Tagen verzehren.

Camembert

Camembert schmeckt kräftiger und wird in kleineren Portionen angeboten als Brie. Lassen Sie ihn reifen, bis sich im Inneren ein cremig-zarter Schmelz gebildet hat, und servieren Sie ihn dann mit knusprigem Baguette.

Roquefort

Dieser berühmte Blauschimmelkäse wird aus Schafmilch bereitet. Er schmeckt recht salzig und ist zudem äußerst würzig – die Krönung aller französischer Käsesorten.

HOLLÄNDISCHER KÄSE

Gouda

Der ursprünglich aus Gouda bei Rotterdam stammende Käse wird in drei Altersklassen angeboten: jung (mild und sahnig), mittelalt (kräftig und würzig) und alt (herzhaft und pikant). Gouda passt zu allem und ist ideal zum Überbacken.

Edamer

Ein milder Schnittkäse aus der kleinen Stadt Edam, der mit rotem oder gelbem Paraffin umhüllt in Kugel- oder Brotform in den Handel kommt. Edamer ist ein beliebter Frühstückskäse und eignet sich außerdem zum Kochen.

ITALIENISCHER KÄSE

Parmesan

Die klassische und bis heute beste Variante dieser bekannten Hartkäsesorte ist Parmigiano Reggiano. Kaufen Sie ihn am Stück, und reichen Sie ihn in kleinen Portionen mit etwas Obst als Dessert, reiben Sie ihn über Nudeln sowie über frisch gebackene Gratins, oder hobeln Sie dünne Späne mit einem Sparschäler ab, und streuen Sie diese über einen Salat.

Mozzarella

Dieser weiche, weiße, leicht zäh wirkende Käse wird traditionell aus Büffelmilch zubereitet und schmeckt so auch am besten. Meist kommt er bei uns jedoch als Kuhmilchkäse in den Handel. Um ihn frisch zu halten, wird er in Salzlake eingelegt verkauft. Er schmeckt auf Pizzen ebenso wie mit frischem Basilikum zu Tomatensalat.

Cheddar

Blue Stilton

Lancashire

Wensleydale

Brie

Camembert

Roquefort

Dolcelatte

Der Dolcelatte ähnelt dem Gorgonzola, ist jedoch milder, cremiger und saftiger als sein Verwandter.

Gorgonzola

Reichen Sie diesen cremigen, aber würzigen Blauschimmelkäse zum Dessert oder mit einem fruchtigen Salat als Vorspeise.

Mascarpone

Dieser sahnig-cremige, leicht süßlich schmeckende Weichkäse wird aus Sahne bereitet. Er bildet die Grundlage des klassischen Tiramisù, kann aber auch für Gratins verwendet werden.

Pecorino

Ein aus Schafmilch gewonnener Hartkäse, der ein wenig dem Parmesan ähnelt und auch so verwendet werden kann.

Ricotta

Ricotta ähnelt dem Quark, wird aber nicht direkt aus Milch gewonnen, sondern aus der Molke, die bei der Herstellung anderer Käsesorten anfällt. Frisch erhält man ihn bei uns in einigen Feinkostläden, ansonsten findet man ihn im Kühlregal von gut sortierten Supermärkten.

SCHWEIZER KÄSE

Gruyère

Dieser relativ fettige, würzig-pikante Hartkäse wird von kleinen Löchern durchzogen. Er kann gut zum Kochen verwendet werden, schmeckt aber auch als Tafelkäse hervorragend.

Emmentaler

Emmentaler ähnelt dem Gruyère, weist aber größere Löcher auf. Sein nussiger Geschmack macht ihn mit etwas Obst serviert zu einem köstlichen Dessert, aber auch zum Kochen ist er ideal. Er ist ebenso schmelzfähig wie Gruyère, daher sind beide Sorten ein Muss im klassischen Schweizer Käsefondue.

GRIECHISCHER KÄSE

Feta

Ein salziger, halbfester bis weicher und leicht bröckeliger Weißkäse, je nach Sorte mit recht kräftigem Geschmack. Traditionell serviert man ihn mit Oliven und Tomaten in einem griechischen Salat.

Parmesan

Dolcelatte

Ricotta

Mozzarella

Gorgonzola

Mascarpone

Halloumi

Der feste, salzige Schafskäse wird vor dem Servieren in Scheiben geschnitten, gegrillt und dann zu Salat gereicht.

FRISCHKÄSE

Die Kühlregale unserer Supermärkte füllen sich mehr und mehr mit weichen streichfähigen Käsesorten, die sehr vielseitig verwendbar sind.

Rahm- und Doppelrahmkäse

Dies sind Frischkäsesorten mit einem Fettanteil von mindestens 50 % bzw. mindestens 60 % i. Tr. Sie sind sehr cremig und werden gern für Desserts und Käsekuchen verwendet. Die mit vielerlei Aromagebern wie Kräutern, Knoblauch oder Meerrettich angereicherten Sorten eignen sich vorrangig als Brotaufstrich oder zum Verfeinern von Suppen und Saucen.

Hüttenkäse

Eine feuchte, körnige Frischkäsesorte aus gesäuerter Kuhmilch, der bei uns mit 4 %–20 % Fett i. Tr. angeboten wird. Pur genossen schmeckt er eher fade, daher wird er zum Verzehr oft mit Kräutern oder Gewürzen verfeinert. Besonders beliebt ist er im Rahmen von Fettreduktions-Diäten.

Quark

Diese aus entrahmter, pasteurisierter Milch gewonnene Frischkäsesorte schmeckt leicht säuerlich. Sie ist von mager bis mindestens 40 % Fett i. Tr. in vier verschiedenen Fettstufen erhältlich, die entstehen, indem das magere Grundprodukt mit der entsprechenden Menge Sahne angereichert wird. Verwenden Sie Quark als Brotaufstrich, für Desserts oder Kuchen.

Lagerung

Im Kühlschrank ist es für Käse eigentlich zu kalt. Idealerweise lagert man ihn bei 10 °C, doch kaum jemand besitzt einen entsprechend temperierten Raum, sodass der Kühlschrank die einzige Möglichkeit bleibt. Schlagen Sie den Käse locker in Wachspapier oder einen Plastikbeutel ein; entfernen Sie auf jeden Fall die eng gewickelte Frischhaltefolie, in der er gekauft wurde: Käse schwitzt darin stark, sodass er rasch schimmelt. 2 Stunden vor dem Verzehr sollten Sie Käse aus dem Kühlschrank holen, damit er Zimmertemperatur annehmen kann. Hart- und Schnittkäse können frisch gerieben bis zu 1 Woche im Kühlschrank gelagert werden. Sie lassen sich so auch gut einfrieren, können dann aber nur noch zum Kochen verwendet werden. Frischkäse sollten Sie stets so schnell wie möglich vor Ablauf des Mindesthaltbarkeitsdatums verzehren.

Emmentaler

Hüttenkäse

Doppelrahmkäse

Gruyère

Quark

KÄSE-KARTOFFEL-GRATIN

Für 4 Personen
Vorbereitung: 20–30 Minuten
Garzeit: 30–35 Minuten

ZUTATEN

1 EL Butter

1 EL Olivenöl

1 Zwiebel, geschält und gehackt

1 Knoblauchzehe, geschält und fein gehackt

115 g Schinkenscheiben, gehackt

2 Eier

300 ml Milch

85 g Gruyère, gerieben

2 EL frisch geriebener Parmesan

Salz und Pfeffer

frisch geriebene Muskatnuss

450 g Kartoffeln, geschält

1 EL frisch gehackte Petersilie

Tomatensalat, zum Servieren

Sie benötigen eine ovale Auflaufform (etwa 1,2 l Inhalt), eine Bratpfanne, einen Holzspatel, ein Hackbrett, eine große Schüssel, einen Schneebesen, einen Messbecher, eine Reibe oder eine Küchenmaschine und ein Backblech.

WEINVORSCHLAG

Ein kalifornischer Wein: zum Beispiel ein fassgereifter Chardonnay (weiß) oder ein leichter Pinot Noir (rot)

ZUBEREITUNG

1 Die Auflaufform mit einem Teil der Butter einfetten. Die restliche Butter mit dem Öl bei geringer Hitze in einer Pfanne zerlassen. Zwiebel und Knoblauch darin 10 Minuten weich dünsten. Dann den Schinken zufügen und die gesamte Mischung auf dem Herd warm halten.

2 Den Backofen auf 190 °C vorheizen. Die Eier in einer Schüssel verquirlen, dann die Milch zugießen. Drei Viertel des Käses einrühren, alles mit Salz und Pfeffer sowie reichlich geriebener Muskatnuss würzen.

3 Die Kartoffeln mit einer Reibe oder in einer Küchenmaschine raspeln. Anschließend mit der Hand kräftig ausdrücken, um so viel Flüssigkeit wie möglich auszupressen. Die Kartoffelraspel mit der Schinken-Zwiebel-Mischung und der Petersilie zur Eimasse geben und alles gründlich vermengen.

4 Die fertige Mischung in die vorbereitete Form füllen und mit dem restlichen Käse bestreuen. Die Form auf ein Backblech stellen und das Gratin 30–35 Minuten im vorgeheizten Backofen goldbraun backen.

5 Das fertige Gratin heiß mit einem Tomatensalat als Mittag- oder Abendessen servieren.

HERZHAFTER BROTAUFLAUF MIT KÄSE

Für 4 Personen
Vorbereitung: 15 Minuten, plus 15 Minuten Ruhezeit
Garzeit: 20–30 Minuten

ZUTATEN

6 dicke Scheiben Weißbrot, 1 Tag alt

4 EL weiche Butter

1 EL Olivenöl

3 große Eier

300 ml Milch

150 g griechischer Joghurt

Salz und Pfeffer

1 Knoblauchzehe, geschält und halbiert

175 g junger oder mittelalter Gouda

4–8 Frühlingszwiebeln, in dünnen Ringen

1 EL frisch gehackte Petersilie oder Minze

2 EL frisch geriebener Parmesan

grüner Salat, zum Servieren

Sie benötigen ein Brotmesser, ein Kochmesser, ein großes Backblech, ein Hackbrett, einen Backpinsel, eine Schüssel, einen Schneebesen, einen Messbecher, eine rechteckige Auflaufform (25 cm x 20 cm) und eine Reibe.

ZUBEREITUNG

1 Den Backofen auf 160 °C vorheizen. Das Brot von einer Seite mit der Butter bestreichen. Ein großes Backblech mit einem Teil des Olivenöls bestreichen. Das Brot darauf legen und 5–6 Minuten in den heißen Backofen geben, bis es fast trocken und leicht gebräunt ist, dann herausnehmen. Den Backofen aber nicht ausschalten.

2 Die Eier in einer Schüssel verquirlen. Dann Milch und Joghurt einrühren und alles gut mit Salz und Pfeffer würzen.

3 Die Auflaufform mit dem restlichen Öl einfetten. Die vorgebackenen Brotscheiben in breite Streifen schneiden und mit den Knoblauchhälften einreiben. Anschließend die Hälfte des Brots in die Auflaufform füllen und mit dem Gouda sowie je nach Geschmack reichlich Frühlingszwiebelringen bedecken. Zuletzt Petersilie oder Minze einstreuen.

4 Die Mischung mit dem restlichen Brot abdecken und mit der Eimischung übergießen, dann 15 Minuten ruhen lassen, damit das Brot die Flüssigkeit aufnehmen kann.

5 Den Auflauf mit dem Parmesan bestreuen und im vorgeheizten Backofen 20–30 Minuten backen, bis die Eimasse fast gänzlich gestockt und der Auflauf goldbraun ist. Warm mit einem grünen Salat als Mittag- oder Abendessen servieren.

WEINVORSCHLAG

Ein kräftiger australischer Cabernet Sauvignon (rot) oder ein fassgereifter Chardonnay (weiß)

RUCOLA-SALAT MIT GRATINIERTEM ZIEGENKÄSE

Reichen Sie diesen Salat zum Mittag oder als leichtes Abendessen.

Für 2 Personen
Vorbereitung: 5 Minuten
Garzeit: 25 Minuten

ZUTATEN

225 g Kirschtomaten
4 Knoblauchzehen, ungeschält
1 EL Olivenöl
Salz und Pfeffer
200 g Ziegenkäse mit weicher Rinde, z. B. Saint-Maure
55 g Rucola
2 EL Balsamico-Essig
einige Basilikumblätter, zum Garnieren

Sie benötigen einen kleinen bayrischen Bräter, ein scharfes Messer, ein Hackbrett und eine Auflaufform.

ZUBEREITUNG

1 Den Backofen auf 180 °C vorheizen. Tomaten und Knoblauch in einen kleinen Bräter geben, mit dem Öl beträufeln, mit Salz und Pfeffer würzen und auf der oberen Schiene des vorgeheizten Backofens etwa 20 Minuten rösten.

2 Falls vorhanden, die Rinde des Ziegenkäses entfernen, anschließend den Käse horizontal halbieren.

3 Die Käsescheiben in eine Auflaufform geben und 3–4 Minuten unter dem vorgeheizten Backofengrill grillen, bis sie zu Schmelzen beginnen und sich goldbraun verfärben.

4 Den Rucola auf 2 Serviertellern anrichten. Tomaten und Knoblauch mit einem Schaumlöffel aus dem heißen Bräter heben. Den Bratsud beiseite stellen und das Gemüse am Rand der Servierteller anrichten. Die Käsescheiben in die Mitte geben.

5 Den Balsamico-Essig gründlich mit dem Gemüsesud vermengen. Das so entstandene Dressing über die angerichteten Salatportionen träufeln und diese vor dem Servieren mit den Basilikumblättern garnieren.

WEINVORSCHLAG

Ein nicht im Fass gereifter fruchtiger neuseeländischer Sauvignon oder ein südafrikanischer Chenin (beide weiß)

PENNE CON FUNGHI E DOLCELATTE

Penne (Röhrennudeln) und Dolcelatte, ein italienischer Blauschimmelkäse, bilden die Grundlage für dieses köstliche Nudelgericht.

Für 4 Personen
Vorbereitung: 5 Minuten
Garzeit: 15 Minuten

ZUTATEN

400 g Penne

1 EL Olivenöl

250 g kleine Champignons, in Scheiben

225 g Dolcelatte, zerkrümelt

200 g Crème légère

150 g Rucola oder frischer Spinat

Salz und Pfeffer

55 g Parmesan, gehobelt, zum Garnieren

Sie benötigen einen großen Topf (etwa 3,5 l Inhalt), ein Gemüsemesser, ein Hackbrett, eine Bratpfanne, einen Holzspatel und ein Abtropfsieb.

WEINVORSCHLAG
Ein frischer Châteauneuf-du-Pâpe oder ein schlichterer Côtes de Ventoux (beide rot)

ZUBEREITUNG

1 Die Nudeln in einem Topf mit kochendem Salzwasser bei mittlerer Hitze gemäß Packungsanleitung bissfest kochen.

2 Das Öl bei geringer Hitze in einer Pfanne erwärmen und die Pilze darin 3–4 Minuten sanft sautieren, bis sie gerade weich werden.

3 Den Dolcelatte einrühren und schmelzen lassen, dann die Crème légère zufügen.

4 Rucola oder Spinat in die Pfanne geben und 1–2 Minuten erhitzen, bis die Blätter gerade zusammenfallen. Die Sauce mit Salz und Pfeffer abschmecken.

5 Die Nudeln über einem Abtropfsieb abgießen, auf vorgewärmte Servierteller verteilen und mit der Sauce übergießen. Anschließend mit dem Parmesan garnieren und sofort servieren.

PANNA COTTA

Diesem köstlichen und cremigen Dessert aus Italien verhilft etwas Gelatine zu seiner festen Konsistenz.

Für 6 Personen
Zubereitungszeit: 15 Minuten, plus Kühlzeit

ZUTATEN

1 EL Pflanzenöl
1 Vanillestange
600 g Crème double
4 EL feiner Zucker
2 TL gemahlene Gelatine
3 EL kaltes Wasser

Dekoration
6 frische Minzezweige
etwa 18 Erdbeeren, in Scheiben

Sie benötigen 6 Ramequin-Formen oder kleine Auflaufformen (je 125 ml Inhalt), einen Backpinsel, ein scharfes Messer, einen Topf (am besten mit Antihaftbeschichtung), eine kleine, hitze-beständige Schüssel, die in den Topf gehängt werden kann, ohne hineinzufallen, einen kleinen Topf und einen Holzspatel.

ZUBEREITUNG

1 Die Ramequin- oder Auflaufformen gründlich mit dem Öl einfetten. Die Vanillestange mit einem scharfen Messer aufschlitzen und die Samen herausschaben. Samen und Stange mit der Crème double und dem Zucker in einen Topf geben und bei geringer Hitze unter Rühren kurz aufwallen lassen, dann 2–3 Minuten sanft köcheln lassen. Den Topf vom Herd nehmen und die Mischung leicht abkühlen lassen.

2 Die Gelatine mit dem Wasser in eine hitzebeständige Schüssel geben und einweichen lassen. Dann die Schüssel auf einen Topf mit kochendem Wasser setzen und die Gelatine erhitzen, bis sie sich aufgelöst hat und klar geworden ist.

3 Die Vanillestange entfernen und die Gelatine einrühren. Anschließend die Mischung in die vorbereiteten Formen gießen, mit Frischhaltefolie abdecken und mindestens 3 Stun-den, besser aber über Nacht, kalt stellen, bis sie erstarrt ist.

4 Zum Servieren die gefüllten Formen etwa 2 Sekunden bis zum Rand (aber nicht vollständig) in heißes Wasser tauchen und die erstarrten Panna-cotta-Portionen auf Dessertteller stürzen. Mit Minze und Erdbeeren dekorieren und servieren.

JOGHURT AMBROSIA

Dieses süße, cremige Dessert ist sehr leicht zuzubereiten und schmeckt einfach himmlisch.

Für 6 Personen
Zubereitungszeit: 10 Minuten, plus Kühlzeit über Nacht

ZUTATEN

300 g Crème double
300 g griechischer Joghurt
6 EL Muskovado-Zucker

Sie benötigen eine große Schüssel, einen Schneebesen und eine flache Servierschale (etwa 20 cm Ø) oder 6 kleine Ramequin-Förmchen.

ZUBEREITUNG

1 Die Crème double in einer großen Schüssel mit einem Schneebesen dick und cremig aufschlagen. Den Joghurt zufügen, gründlich untermengen und die fertige Mischung in eine Servierschale füllen oder auf einzelne, kleine Portionsförmchen verteilen.

2 Die Joghurtcreme mit einer relativ dicken Zuckerschicht bedecken, mit Frischhaltefolie abdecken und über Nacht in den Kühlschrank stellen. Der Zucker wird sich unterdessen auflösen und eine köstliche Karamellschicht auf der Joghurtcreme bilden.

ENGLISCHER BROTPUDDING MIT APRIKOSENKONFITÜRE

Für 4 Personen
Vorbereitung: 10 Minuten, plus 15 Minuten Ruhezeit
Garzeit: 30–40 Minuten

ZUTATEN

6 EL weiche Butter

6 dicke Scheiben Weißbrot

2 EL Aprikosenkonfitüre

55 g getrocknete Aprikosen, gehackt

3 große Eier

150 g Crème double

300 ml Milch

85 g feiner Zucker

abgeriebene Schale von 1 Orange

1 EL Demerara-Zucker

125 g Schlagsahne, zum Servieren

Sie benötigen eine rechteckige Auflaufform (25 cm x 20 cm), einen Backpinsel, ein Brotmesser, ein Gemüsemesser, ein Hackbrett, einen Messbecher, eine Schüssel, einen Schneebesen und ein Backblech.

ZUBEREITUNG

1 Die Auflaufform mit etwas Butter einfetten. Mit der restlichen Butter die Brotscheiben bestreichen: 3 davon auf einer Seite, die restlichen 3 Scheiben auf beiden Seiten.

2 Die Aprikosenkonfitüre auf den Scheiben verteilen, die nur einseitig mit Butter bestrichen sind. Diese dann mit je einer beidseitig mit Butter bestrichenen Brotscheibe bedecken.

3 Die so vorbereiteten Brote vierteln, fächerförmig in der Auflaufform anrichten und mit den Aprikosen bestreuen.

5 Den Backofen auf 180 °C vorheizen. Die Brotmischung auf einem Backblech im oberen Drittel des vorgeheizten Backofens 30–40 Minuten backen, bis die Eimasse gestockt und das Brot goldbraun geworden ist.

4 Die Eier gründlich verquirlen und mit Crème double, Milch, feinem Zucker und Orangenschale vermengen. Über die Brotscheiben gießen und alles 15 Minuten ruhen lassen, damit das Brot einen Teil der Flüssigkeit aufsaugen kann. Dann mit dem Demerara-Zucker bestreuen.

6 Den fertigen Pudding aus dem Backofen nehmen und sofort mit etwas Schlagsahne servieren.

FISCH UND MEERESFRÜCHTE

*F*isch ist wieder beliebt. Nach und nach hat er seinen Ruf als fade Fasten-speise überwunden, und seine Zubereitungsarten beschränken sich nicht mehr nur auf Dämpfen und Frittieren. Auch um das Ausnehmen, Schuppen und Filetieren müssen wir uns nicht sorgen, denn diese lästigen Vorberei-tungen übernehmen die Händler für uns.

Die gesundheitlichen Vorzüge von Fisch sind bekannt: Mit wert-vollen Proteinen und Fettsäuren fördert er unsere Vitalität. Daneben haben ihm das Fernsehen und verstärkte Auslands-reisen zu erneuter Popularität verholfen.

Nicht zuletzt deshalb ist die Sortenvielfalt stark gestiegen: Ob Weißfische wie Scholle und Kabeljau, fettreiche Sorten wie Hering, Makrele und Thunfisch oder Süßwasserzucht-fische wie Lachs und Forelle – sie alle werden hier zu Lande in Hülle und Fülle angeboten. Daneben gibt es geräucherten Fisch, eine große Auswahl an Meeresfrüchten und sogar einige exotische Fischsorten wie Hai, Meerbarbe und Seeteufel. Ausreichend Material also für den experimentierfreudigen, gesundheitsbewussten Koch.

Kauf
Auswahl und Zubereitung von Fisch und Meeresfrüchten gehen heute relativ mühelos vonstatten. Fischgeschäfte und spezielle Frischtheken in großen Supermärkten setzen ihre Ware so rasch um, dass die dortigen Angebote garantiert frisch sind. Auch um die Vorbereitung müssen wir uns nicht sorgen. Ebenso wie wir unser Fleisch nicht mehr selbst zer-legen, müssen wir auch Fisch nicht selbst ausnehmen. Diese Aufgabe können Sie getrost den Experten hinter den Verkaufs-tresen überlassen. Speziell geschultes Personal wird Ihre Wünsche überall gern berücksichtigen.

Die beste Qualität und das köstlichste Aroma erhalten Sie von Fischen der Saison. Kabeljau und Schellfisch etwa sind das ganze Jahr hindurch erhältlich, werden zeitweise aber tief-gefroren aus Australien eingeführt. Am besten schmecken jedoch Exemplare aus kälteren, näher liegenden Gewässern wie der Nord- und Ostsee. Ihre Saison beginnt im Mai/Juni und reicht bis zum Februar. Moderne Transportwege ermög-lichen den ganzjährigen Verzehr der meisten Fischsorten, dennoch lohnt es sich besonders bei Meeresfrüchten wie Miesmuscheln, auf das heimische Saisonangebot zu warten.

Lagerung
Besorgen Sie Fisch immer erst zum Ende ihrer Einkäufe. Bitten Sie Ihren Händler unter Umständen darum, ihn mit etwas Eis zu verpacken, damit er wirklich frisch bleibt. An heißen Tagen bietet es sich an, ihn in einer Kühlbox zu transportieren. Zu Hause angekommen, sollten Sie den Fisch sofort aus seiner Verpackung nehmen und mit Küchenpapier trockentupfen. Geben Sie ihn dann in eine Schale, decken Sie ihn mit Frisch-haltefolie ab, und verzehren Sie ihn noch am selben Tag.

Räucherfisch wird sehr oft in Vakuumverpackungen ver-kauft. Lagern Sie auch ihn im Kühlschrank, und verzehren Sie ihn bis zum angegebenen Mindesthaltbarkeitsdatum. Frischer Räucherfisch sollte immer gut eingewickelt und so kurz wie möglich im Kühlschrank gelagert werden, damit er andere Lebensmittel nicht beeinträchtigt.

Tiefkühlware kann bis zu 6 Monate gelagert werden. Sie können kleine Fischfilets oder -steaks im Voraus kaufen und portionsweise einfrieren, um sie jederzeit zur Hand zu haben. Sie sollten sie jedoch immer schonend, für mindestens 8 Stun-den oder über Nacht im Kühlschrank auftauen; nur so behal-ten sie ihr volles Aroma und ihre zarte Konsistenz. Kleine Filets können auch gefroren gegart werden, nur verlängert sich dann ihre Garzeit ein wenig.

FISCHE MIT WEISSEM FLEISCH

Zu ihnen zählen verschiedene Rundfische – darunter Kabel-jau, Schellfisch, Seehecht, Wittling und Köhler, von denen Filets, Steaks und Koteletts erhältlich sind – und die Platt-fische, darunter Seezunge, Scholle, Stein- und Heilbutt.

Kabeljau
Dieser Fisch kann bis zu 6,5 kg schwer werden. Beim Garen wird sein festes Fleisch weich und weiß. Es lässt sich backen, grillen, pochieren, braten und frittieren.

FISCH FILETIEREN

Im Allgemeinen wird heute jeder Fischhändler das Filetieren für seine Kunden gern übernehmen. Wer es dennoch selbst machen möchte, orientiert sich an folgendem Beispiel:

1 Den Fisch unter fließend kaltem Wasser abwaschen und auf einer sauberen Arbeitsfläche trockentupfen.

2 Harte Flossen mit einer Küchenschere abschneiden: Seezungen wie diese haben ein paar kleine Flossen auf jeder Seite, während Lachse und Haie nur eine haben.

3 Zum Auslösen der Filets das Messer auf einer Seite des Fischs unmittelbar hinter dem Kopf ansetzen und oberhalb der Gräten bis zum Schwanzende durchziehen.

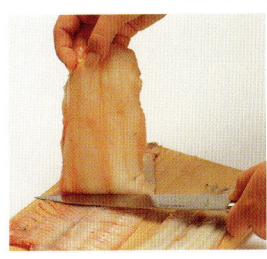

4 Den Fisch wenden und das zweite Filet auf der anderen Seite ebenso ablösen. Kopf und Schwanzflosse bleiben dabei mit der Karkasse verbunden.

Aus Plattfischen können je nach Größe zwei oder vier Filets geschnitten werden. Wie diese müssen auch viele andere Fischarten vor dem Filetieren entweder gehäutet oder geschuppt werden. Für das Häuten zieht man die Haut vom Kopf zum Schwanz (bei Seezunge umgekehrt) hin ab. Zum Entschuppen schabt man die Schuppen mit einem Fischschupper oder einem Messerrücken vom Schwanz zum Kopf hin ab.

Schellfisch

Schellfisch ist im Allgemeinen kleiner und zarter als Kabeljau, zubereitet wird er jedoch auf die gleiche Weise.

Seehecht

Gemessen an seinen Verwandten ein recht schmaler Fisch, aus dem kleine Steaks geschnitten werden. Er lässt sich backen und dämpfen sowie in Suppen und Eintöpfen verarbeiten.

Wittling

Ein sehr saftiger, wohlschmeckender Fisch, den man braten und backen kann.

Köhler/Seelachs

Dieser in rohem Zustand eher unansehnliche Fisch besitzt kein besonders prägnantes Aroma, kann jedoch für Bratlinge, Aufläufe und gut gewürzte Speisen wie Currys verwendet werden.

Seezunge

Dieser besonders auch von Feinschmeckern geschätzte Fisch wiegt zwischen 225 g und 900 g. Kleinere Exemplare können am Stück gebraten oder gegrillt werden. Größere Fische sollte man zuvor filetieren und kann sie dann auch backen oder pochieren. Dank des feinen Geschmacks reicht ein kleiner Spritzer Zitronensaft als Würze vollauf aus.

Flunder/Graubutt

Nahe verwandt mit der Seezunge, aber weitaus weniger aromatisch als diese reicht man Flunder am besten gefüllt, frittiert oder zu kräftig gewürzten Speisen.

Scholle/Goldbutt

Auch dieser nahe Verwandte der Seezunge reicht an deren überragendes Aroma nicht ganz heran. Bevorzugen Sie bei Filets die weiße Unterseite, deren zarte Haut mühelos verzehrt werden kann, wohingegen die der schwarzen Oberseite entfernt werden muss. Scholle kann gebacken, pochiert, gegrillt, gebraten oder zu Goujons verarbeitet werden. Eine kräftige Sauce tartare (siehe Seite 111) als Beilage kann ihren Geschmack etwas aufpeppen.

Steinbutt

Dieser bis zu 6,5 kg schwere Plattfisch besitzt festes, saftiges Fleisch, das durch sein süßliches Aroma besticht. Je größer er ist, desto besser schmeckt er. Steinbuttsteaks können problemlos gegrillt werden, ohne dass ihre Konsistenz leidet. Leider ist dieser edle Fisch auch entsprechend teuer.

Heilbutt

Der größte aller Plattfische kann bis zu 2 Meter lang und 1 Meter breit werden. Er ist teuer, schmeckt jedoch hervorragend und besitzt eine wunderbare Konsistenz. Man kann ihn wie Steinbutt verarbeiten oder gewürfelt am Spieß garen.

VON OBEN Bachforelle, Seezunge, Hering, Makrele, rote Meerbarbe

FETTREICHE FISCHE

Diese köstlichen Arten sind reich an wertvollen Omega-3-Fett-säuren, die den Cholesterinspiegel senken und schweren Herz-erkrankungen vorbeugen sollen. Sie müssen jedoch wegen ihres hohen Fettgehalts immer absolut frisch zubereitet werden.

Heringsfische

Zu ihnen zählen neben Heringen auch Sprotten, Sardinen und Whitebait. Sie sind jeweils ähnlich beschaffen und besitzen leider alle auch zahlreiche kleine Gräten. Die besten Zubereitungsmethoden für Heringsfische sind Grillen und Kurzbraten; dabei wird die Haut knusprig, während das Fleisch saftig bleibt. Whitebait sind die Jungfische der Heringsfamilie. Wenden Sie sie nach gründlichem Waschen in gewürztem Mehl, bevor Sie sie knusprig ausbacken und auf Küchenpapier abtropfen lassen.

Makrele

Die silbergraue Haut der Makrelen besitzt einen wunderbaren blaugrünen Schimmer. Ihr Fleisch schmeckt köstlich, muss jedoch unbedingt am Fangtag verzehrt werden. Kaufen Sie Makrelen daher nur bei seriösen Händlern, oder verzehren Sie sie in den Regionen, wo er gefangen wird. Am besten werden Makrelen schlicht gegrillt oder im Backofen mit einer pikanten Kruste überbacken.

Thunfisch

Die festen Steaks können mühelos gegrillt und gebraten werden. Ihre fleischähnliche Konsistenz macht sie oft auch bei weniger fischbegeisterten Menschen beliebt. Sie schmecken köstlich, dürfen jedoch nicht zu lange garen, da sie sonst austrocknen. Garen Sie sie je nach Dicke 2–3 Minuten pro Seite. In der Mitte sollten sie noch ein wenig rosa sein.

Lachs

Lachs wird heute vielerorts gezüchtet, sodass er günstig und das ganze Jahr über erhältlich ist. Falls Ihnen aber einmal Wildlachs angeboten wird (Saison von Februar bis Oktober), greifen Sie zu, denn er schmeckt vollkommen anders. Lachs kann im Ganzen zubereitet werden oder in Form von Filets, Steaks und Koteletts. Beliebte Garmethoden sind Pochieren, Grillen, Braten, Dämpfen und „en papillote" (in einer Papierhülle gebacken). Servieren Sie ihn schlicht mit Butter oder einer Sauce, oder testen Sie eins der zahlreichen raffinierteren Rezepte. Nur zu lange kochen darf er nicht, da er sonst austrocknet.

Forelle

Wilde Bachforellen sind heute nur noch selten zu finden. Weit verbreitet ist dagegen die gezüchtete Regenbogenforelle. Durchschnittlich groß gewachsen, reicht sie im Ganzen zubereitet für eine Person, ob pochiert, gegrillt, gebraten oder gebacken.

RÄUCHERFISCH

Durch Räuchern erhalten viele Fischsorten ein wunderbares Aroma. Einige, wie Lachs, Forelle oder Makrele, werden heiß geräuchert, wobei sie gleichzeitig auch garen, sodass sie anschließend direkt genossen werden können. Schellfisch, Kabeljau und andere Sorten hingegen werden kalt geräuchert, sodass sie vor dem Verzehr noch gegart werden müssen.

geräucherter Lachs

Dieser klassische Räucherfisch wird in der Regel kalt mit etwas Brot und Butter serviert. Oft werden auch Zitronenspalten und eine Pfeffermühle dazu gereicht, aber wer wirklich hochwertigen Fisch erworben hat, wird damit nur dessen delikates Aroma verdecken. Kaufen Sie Räucherlachs nach Möglichkeit am Stück, um ihn individuell zuschneiden zu können. Vorgeschnittene Scheiben trocknen schnell aus und sollten daher rasch verzehrt werden.

geräucherte Forelle

Servieren Sie den im Ganzen (ohne Kopf) oder in Filetstücken angebotenen Fisch mit einigen Zitronenspalten und einer Schnellen Meerrettich-Sauce (siehe Seite 139).

geräucherte Makrele

Dieser geschmacksintensive und recht fettige Räucherfisch benötigt eine kräftige Sauce als Beilage. Eine Dill-Senf-Sauce oder eine Schnelle Meerrettich-Sauce (siehe Seite 139) sind hier ideal. Mit geräucherter Makrele, viel Zitronensaft, abgeriebener Zitronenschale und etwas Butter lässt sich zudem eine schnelle Räucherfisch-Pastete zaubern.

geräucherter Schellfisch

Die besonders in Großbritannien beliebte, unter dem Namen Haddock bekannte Sorte wird am besten pochiert und mit verlorenen Eiern, gebuttertem Spinat oder Linsen serviert. Ganz klassisch reicht man ihn in Kedgeree, einer britischen Frühstücksspeise aus Reis, Linsen, Zwiebeln, Räucherfisch, hart gekochten Eiern und Sahnesauce.

geräucherter Kabeljau

Er ähnelt dem geräucherten Schellfisch, ist oft aber dicker und grobfaseriger als dieser. Verwenden Sie ihn für Fisch-Pie oder Fischküchlein.

Bückling

Dieser heiß geräucherte Hering kann durch Grillen oder Pochieren rasch aufgewärmt werden. Sie können ihn dazu aber auch in einer Schüssel mit heißem Wasser übergießen und 5 Minuten ziehen lassen. In Großbritannien schätzt man Bückling vor allem zum Frühstück, aber auch abends schmeckt er hervorragend.

BELIEBTE EXOTISCHE FISCHSORTEN

Unter den immer zahlreicher werdenden neuen Fischsorten, die beim Fachhändler und an Frischtheken angeboten werden, sind die beiden folgenden am meisten geschätzt:

Seeteufel

Von diesem Fisch wird nur der Schwanz verarbeitet. Er hat einen milden, leicht süßlichen Geschmack und festes Fleisch, das sich gut auf Spieße stecken und grillen lässt. Von besonderem Vorteil ist das gänzliche Fehlen kleiner Gräten beim Seeteufel. Fertig gehäutet und filetiert kann er umgehend gegart werden.

rote Meerbarbe

Durch seine lebhaft rot schimmernde Haut ist dieser Fisch im Laden leicht zu erkennen. Er lässt sich wunderbar grillen und braten, besitzt festes Fleisch und ein mildes Aroma.

Andere beliebte Exoten sind See- oder Wolfsbarsch, Meerbrasse, roter Schnapper, roter Knurrhahn, Hai und Schwertfisch.

MEERESFRÜCHTE

Heutzutage können wir glücklicherweise aus einer erstaunlich großen Auswahl an frischen wie tiefgefrorenen Meeresfrüchten wählen. Achten Sie beim Kauf unbedingt auf Qualität, denn gerade hier führt verdorbene Ware rasch zu Lebensmittelvergiftungen. Am besten bestellen Sie Meeresfrüchte immer vor. Bringen Sie sie rasch nach Hause, stellen Sie sie in den Kühlschrank, und verzehren Sie sie noch am selben Tag.

Garnelen

Garnelen sind roh oder gekocht, mit Schale oder ausgelöst, frisch oder tiefgefroren erhältlich. Lediglich die kleinsten ihrer Art, die Krabben, kommen ausschließlich gekocht und ausgelöst in den Handel. Für ein schnelles Reisgericht oder zum Verfeinern einiger Fischgerichte bietet es sich an, immer einige tiefgefrorene, ausgelöste und gekochte Garnelen oder ein paar Krabben vorrätig zu haben. Riesengarnelen werden im Allgemeinen roh und ohne Kopf angeboten. Ihre Verwandten, die riesigen Tiger Prawns (Bären- oder Schiffskielgarnelen) sind dagegen auch gekocht und mit Kopf erhältlich. Gekochte Garnelen mit Schale können Sie als Garnierung verwenden oder mit etwas Mayonnaise als Vorspeise reichen.

Jakobsmuscheln

Die weiße Nuss und das orangefarbene Mark (Rogen) haben einen köstlichen Geschmack, der den hohen Preis durchaus wert ist. Das zarte Fleisch muss schonend gegart werden. Braten Sie es am besten 1–2 Minuten pro Seite in der Pfanne.

Miesmuscheln

Sie sind recht günstig und schmecken hervorragend. Kaufen Sie sie nur während der Saison von Oktober bis März, und verzehren Sie sie noch am selben Tag. Vor dem Garen sollten alle Muscheln geschlossen sein, geöffnete Exemplare sollten Sie ebenso aussortieren wie beschädigte. Der Rest wird gründlich abgeschrubbt und entbartet, dann zwei- bis dreimal sorgfältig gewässert und bis zur weiteren Verwendung in klares, kaltes Wasser gelegt. Nach dem Garen werden noch einmal alle jene Exemplare aussortiert, die sich nicht geöffnet haben.

Austern

Die in streng kontrollierten Gewässern gezüchteten Austern werden üblicherweise roh verzehrt und leicht gekühlt mit etwas Zitrone oder Essig serviert. Sie können aber auch gedämpft, gegrillt und gratiniert sowie in Suppen und Eintöpfen verarbeitet werden. Zum Öffnen benötigen Sie ein Austernmesser: Halten Sie die Muschel mit der flacheren Seite nach oben in einem Tuch, um Ihre Hand zu schützen. Zwängen Sie dann die Messerklinge an der dünnsten Stelle zwischen die Schalen, und schieben Sie sie hin und her, um das Scharnier zu lockern. Mit einer leichten Messerdrehung lösen Sie dann die obere Schale ab.

Tintenfisch

Er sieht aus wie ein kleiner Krake, zählt aber wie Muscheln zu den Weichtieren. Oft ist er küchenfertig vorbereitet und sogar schon in Ringe geschnitten erhältlich. Wer ihn im Ganzen kauft, kann nach Belieben auch eine individuellere Formgebung wählen. Dass Tintenfisch oft zäh auf den Tisch kommt, liegt daran, dass viele ihn zu lange garen: Er sollte nur 2–3 Minuten sautiert und dann sofort serviert werden.

Krebse

Diese köstlichen Meerestiere werden meist vorgegart verkauft, doch es ist nicht ganz leicht, das feine Fleisch aus dem Panzer und den Scheren zu lösen. Übung macht hier, wie so oft, den Meister. Bequemer ist der Kauf von fertig ausgelöstem Fleisch; manchmal werden sogar das dunkle und das helle separat angeboten. Sein köstliches Aroma genießt man am besten ganz schlicht mit Brot und Butter. Ansonsten muss man darauf achten, es zu nur sehr dezent gewürzten Speisen zu reichen. Gut passt es zu Nudeln, Salaten und Quiches.

Hummer

Der Hummer ist unbestritten der König unter den Meeresfrüchten. Seinen unübertroffenen Geschmack muss man gekostet haben – man wird ihn nie vergessen. Küchenfertige Hummer können Sie fast überall erwerben, doch sie schmecken lange nicht so gut wie die frisch gefangenen. Alternativ können Sie einen lebenden Hummer bei ihrem Fischhändler bestellen, der speziell für Sie frisch gekocht wird.

Jakobsmuscheln

Garnelen

Tintenfisch

Austern

Muscheln

Hummer

Krebs

KABELJAU MIT KRÄUTERKRUSTE

Für 4 Personen
Vorbereitung: 10 Minuten
Garzeit: 15–20 Minuten

ZUTATEN

4 dicke Filetstücke vom Kabeljau ohne Haut (je etwa 175 g)
2 EL Olivenöl
Salz und Pfeffer
115 g frische Semmelbrösel (aus Weiß- oder Vollkornbrot)
1 Knoblauchzehe, geschält und gehackt
2 EL frisch gehackte Petersilie
abgeriebene Schale von 1 Zitrone
gekochte grüne Bohnen, zum Servieren

Sie benötigen eine flache Auflaufform (mit einem Teil des Olivenöls eingefettet), einen Backpinsel, ein Gemüsemesser, eine Rührschüssel, einen Standmixer, ein Kochmesser, ein Hackbrett und eine Reibe.

ZUBEREITUNG

1 Den Backofen auf 190 °C vorheizen. Die Kabeljaustücke in die eingefettete Auflaufform geben, mit Öl bestreichen und mit Salz und Pfeffer würzen.

2 Semmelbrösel, Knoblauch, Petersilie und Zitronenschale in einer Schüssel vermengen und mit Salz und Pfeffer würzen.

3 Die Semmelbrösel-Mischung auf den Fischstücken verteilen und gut andrücken.

4 Die Auflaufform in die Mitte des vorgeheizten Backofens geben und den Fisch darin 15–20 Minuten backen, bis er gar und die Kruste goldbraun und knusprig geworden ist. Die Stücke auf einem Bett aus grünen Bohnen servieren.

WEINVORSCHLAG
Ein weißer Rioja oder ein ebenfalls weißer australischer Semillon

SAUCE TARTARE

Die Basis dieser Sauce bildet eine Mayonnaise (siehe Seite 80). Statt selbst gemachter können Sie auch ein gutes Fertigprodukt verwenden. Sauce tartare wird traditionell zu Fisch gereicht.

Ergibt 225 ml
Zubereitungszeit: 20 Minuten

ZUTATEN

225 ml Mayonnaise
1 EL gehackte Kapern
1 EL gehackte Essiggurken
1 EL frisch gehackte Petersilie
1 TL frisch gehackter Schnittlauch
1 EL Zitronensaft
Salz und Pfeffer

Sie benötigen ein Kochmesser, ein Hackbrett, eine Schüssel und einen Plastikspatel.

ZUBEREITUNG

1 Die Mayonnaise in eine Schüssel geben. Alle anderen Zutaten einrühren, die Mischung abschmecken und, falls nötig, nachwürzen.

2 Die Schüssel mit Frischhaltefolie abdecken und die Sauce mindestens 30 Minuten in den Kühlschrank stellen. In einem Schraubgefäß im Kühlschrank gelagert ist sie anschließend bis zu 1 Woche haltbar.

EXOTISCH GEFÜLLTE BACKOFENFORELLE

Forellen sind ideal für ein schnelles Abendessen. Sie können in nur 10 Minuten gegrillt oder in der Pfanne gebraten werden. Bereitet man sie für mehr als zwei Personen zu, ist das Garen im Backofen komfortabler. Rechnen Sie mit einer Forelle pro Person.

Für 4 Personen
Vorbereitung: 20 Minuten
Garzeit: 12–15 Minuten

ZUTATEN

2 Schalotten, geschält und fein gehackt

2 EL Butter, zerlassen

1 Knoblauchzehe, geschält und fein gehackt

1 EL fein gehackte Ingwerwurzel

1 Zitronengrasstängel, zerdrückt und fein gehackt

55 g junger Spinat

1 Prise zerstoßene Chillies (nach Belieben)

Salz und Pfeffer

4 frische Forellen (je etwa 350 g), ausgenommen, geschuppt und ohne Flossen

1 EL helle Sojasauce

1 Limette, geviertelt, zum Garnieren

Sauce
2 Frühlingszwiebeln, in Ringen

1 EL Butter, zerlassen

125 ml Weißwein

2 EL Fischsauce

½ EL frisch gehackter Koriander

½ EL frisch gehacktes Basilikum

Sie benötigen ein Gemüsemesser, ein Kochmesser, ein Hackbrett, einen mittelgroßen Topf, einen Holzspatel, ein flaches, mit Alufolie ausgelegtes Backblech und einen kleinen Topf.

WEINVORSCHLAG
Ein fruchtiger neuseeländischer Semillon oder Semillon Chardonnay

1 Die Schalotten mit der Butter in einen mittelgroßen Topf geben und bei mittlerer Hitze 2–3 Minuten weich dünsten. Knoblauch, Ingwer und Zitronengras zufügen und alles weitere 2 Minuten kochen. Den Spinat einrühren und 2–3 Minuten mitdünsten, dann nach Belieben die Chillies zufügen. Alles gut mit Salz und Pfeffer würzen, dann vom Herd nehmen und etwas abkühlen lassen; bei Bedarf Sud abgießen.

2 Den Backofen auf 220 °C vorheizen. Die Forellen mit Küchenpapier trockentupfen und mit einem scharfen Messer von beiden Seiten jeweils fünfmal diagonal einschneiden – auf diese Weise garen sie rascher. Die Fische von innen und außen mit Salz und Pfeffer würzen und mit der Sojasauce einreiben.

3 Die Forellen mit der Spinatmischung füllen. Anschließend zusammenklappen und wieder in Form bringen.

4 Die Fische vorsichtig auf das vorbereitete Backblech geben und im oberen Drittel des vorgeheizten Backofens 12–15 Minuten garen, bis ihre Haut goldbraun und knusprig ist.

5 Frühlingszwiebeln und Butter in einen kleinen Topf geben und bei geringer Hitze 1–2 Minuten weich dünsten, dann Wein und Fischsauce zugießen. Alles mit Salz und Pfeffer würzen, die Hitze erhöhen und die Sauce 1 Minute kochen lassen, bis sie eindickt. Dann die Kräuter einrühren.

6 Die Forellen auf vorgewärmte Teller geben, mit der Sauce übergießen und sofort mit je einer Limettenspalte garniert servieren.

FISCHKÜCHLEIN

*Aus der angegebenen Zutatenmenge lassen sich 4 große oder
8 kleine Kuchen formen. Die kleinen sind jedoch etwas
umständlicher in der Zubereitung.*

Für 4 Personen
Vorbereitung: 30 Minuten, plus 30 Minuten Kühlzeit
Garzeit: 10 Minuten

ZUTATEN

450 g Kartoffeln, geschält

**450 g gemischtes Fischfilet ohne Haut, z. B. Forelle,
Schellfisch und Lachs**

2 EL frisch gehackte Petersilie oder Estragon

abgeriebene Schale von 1 Zitrone

Salz und Pfeffer

1 EL Mehl

1 Ei, verquirlt

**115 g Semmelbrösel, aus 1 Tag altem Weiß- oder
Vollkornbrot**

4 EL Pflanzenöl, zum Braten

Sie benötigen einen großen Topf, einen Sparschäler, ein
Kochmesser, ein Hackbrett, ein Abtropfsieb, einen Kartoffel-
stampfer, eine Bratpfanne, eine Reibe, eine Rührschüssel, ein
Backblech und ein Palettmesser oder einen Fischheber.

ZUBEREITUNG

1 Die Kartoffeln in Stücke schneiden, in einen Topf mit kochendem Salzwasser geben und 15 Minuten garen. Anschließend
gründlich abgießen und mit einem Kartoffelstampfer zu einem
glatten Püree verarbeiten.

2 Die Fischfilets in eine Pfanne geben und mit Wasser bedecken. Das Wasser bei mittlerer Hitze aufkochen, dann die
Pfanne abdecken und den Fisch 5 Minuten köcheln lassen, bis
er gerade gar ist. Die Pfanne vom Herd nehmen und den Fisch
zum Abkühlen auf einen Teller heben. Sobald er abgekühlt ist,
die Filets in kleine Stücke zupfen.

3 Kartoffelpüree, Fischstücke, Kräuter und Zitronenschale in
einer Schüssel vermengen. Die Masse mit Salz und Pfeffer
würzen und zu vier flachen runden Küchlein formen.

4 Die Küchlein zunächst mit Mehl bestäuben, dann im Ei und
zuletzt in den Semmelbröseln wenden. Anschließend auf ein
Backblech legen und mindestens 30 Minuten kühlen.

5 Das Öl in einer Pfanne erhitzen. Die Küchlein zufügen und
bei mittlerer Hitze von jeder Seite 5 Minuten braten. Zum
vorsichtigen Wenden ein Palettmesser oder einen Fischheber
verwenden.

** Zum Einfrieren geeignet. Die Küchlein bis zum Ende von Schritt 4
zubereiten und unverpackt direkt auf dem Backblech einfrieren. Sobald sie
gefroren sind, in Gefrierbeutel füllen. Im Gefrierfach gelagert sind sie nun
bis zu 3 Monate haltbar. Über Nacht im Kühlschrank auftauen und wie
in Schritt 5 beschrieben weiterverarbeiten.*

GEBRATENER TINTENFISCH MIT GEMÜSE

Für 2 Personen
Vorbereitung: 15 Minuten
Garzeit: 8–10 Minuten

WEINVORSCHLAG
Ein amerikanischer
Sauvignon

ZUTATEN

2 EL Olivenöl

3 Zucchini, geputzt und in 1 cm großen Würfeln

400 g küchenfertiger Tintenfisch, in Ringen

4 Eiertomaten, entkernt und gehackt

1 rote Chili, entkernt und sehr fein gehackt

1 Knoblauchzehe, geschält und fein gehackt

Salz und Pfeffer

2 EL Weißwein

2 EL frisch gehackter Koriander, zum Garnieren

warmes knuspriges Brot, zum Servieren

Sie benötigen ein Gemüsemesser, ein Kochmesser, ein
Hackbrett, eine schwere Bratpfanne, einen Holzspatel, einen
Schaumlöffel und eine vorgewärmte Servierschüssel.

ZUBEREITUNG

1 Das Öl in einer Pfanne stark erhitzen. Die Zucchini zufügen
und 3–4 Minuten scharf anbraten, bis sie kräftig goldbraun
geworden sind. Die Zucchini mit einem Schaumlöffel aus der
Pfanne heben und in einer vorgewärmten Schüssel warm halten.

2 Den Tintenfisch in die Pfanne geben und 2 Minuten bei
starker Hitze braten.

3 Die Hitze reduzieren, Tomaten, Chili und Knoblauch zufügen
und alles 1 weitere Minute braten und mit Salz und Pfeffer
würzen. Anschließend den Weißwein zugießen und einige
Sekunden aufwallen lassen.

4 Die Pfanne vom Herd nehmen und den Inhalt auf den Zucchini in der Servierschüssel verteilen. Alles mit Koriander
bestreuen und sofort mit warmem, knusprigem Brot servieren.

KNUSPRIG GEBRATENE
SCHOLLEN-GOUJONS

Für 2 Personen
Vorbereitung: 20 Minuten
Garzeit: 5–6 Minuten

ZUTATEN

2 Schollenfilets ohne Haut (je etwa 175 g)
2 EL Mehl
Salz und Pfeffer
1 Ei, verquirlt
**115 g Semmelbrösel, aus 1 Tag altem Weiß- oder
Vollkornbrot**
1 EL frische, fein gehackte Petersilie
1 Knoblauchzehe, geschält und zerdrückt (nach Belieben)
225 ml Pflanzenöl, zum Braten
1 Zitrone, halbiert, zum Servieren

Sie benötigen ein Kochmesser, ein Hackbrett, einen flachen
Teller, einen Schneebesen, eine flache Schale, einen Gefrierbeutel, eine Bratpfanne und einen Schaumlöffel.

ZUBEREITUNG

1 Die Schollenfilets diagonal in dünne, etwa 1 cm breite
Streifen schneiden.

2 Das Mehl auf einen Teller geben und mit Salz und Pfeffer
würzen. Die Fischstreifen darin wälzen, bis sie rundum
überzogen sind.

3 Das Ei in eine flache Schale geben und die Fischstreifen
darin eintunken.

4 Semmelbrösel, Petersilie und nach Belieben Knoblauch mit
Salz und Pfeffer vermengen. Die Mischung in einen Gefrierbeutel geben, die Schollenstreifen zufügen und den Beutel
schütteln, bis der Fisch rundum von Panade überzogen ist. Die
panierten Fischstreifen anschließend mindestens eine halbe
Stunde in den Kühlschrank stellen.

5 Das Öl in einer Pfanne erhitzen. Die Hälfte der Goujons darin
bei mittlerer Hitze 2–3 Minuten braten; dabei mit einem
Schaumlöffel wenden. Die fertigen Goujons aus der Pfanne
nehmen, auf Küchenpapier abtropfen lassen und warm halten,
während die restlichen Goujons gebraten werden.

6 Die Goujons sofort, pro Portion mit je einer halben Zitrone
zum Beträufeln, servieren.

**Zum Einfrieren geeignet. Die Goujons bis zum Ende von Schritt 5 zube-
reiten, dann kurz abkühlen lassen, mit Frischhaltefolie abdecken und kalt
stellen. Die kalten Goujons unverpackt auf einem Backblech einfrieren,
dann in eine Gefrierbox geben und gut verschließen. Zum Servieren noch
gefroren auf ein Backblech geben und bei 200 °C im vorgeheizten Backofen erhitzen, bis sie heiß, gar und knusprig sind.*

MEDITERRANER MEERESTOPF

Für 6 Personen
Vorbereitung: 25 Minuten
Garzeit: 30 Minuten

ZUTATEN

2 EL Olivenöl

1 rote Zwiebel, geschält und in Ringen

2 Knoblauchzehen, geschält und gehackt

2 rote Paprika

400 g gehackte Tomaten aus der Dose

1 TL frisch gehackter Oregano oder Majoran

einige Safranfäden, 2 Minuten in 1 EL warmem Wasser eingeweicht

450 g Weißfischfilet ohne Haut, z. B. von Kabeljau, Schellfisch oder Seehecht

450 g küchenfertiger Tintenfisch, in Ringen

300 ml Fischfond oder Gemüsebrühe

Salz und Pfeffer

115 g gekochte Garnelen, ausgelöst

Brot, zum Servieren

Garnierung
6 gekochte ungeschälte Garnelen
2 EL frisch gehackte Petersilie

Sie benötigen eine Bratpfanne, ein Gemüsemesser, einen Holzspatel, ein Kochmesser, ein Hackbrett, einen Schmortopf (2 l Inhalt) und einen Messbecher.

ZUBEREITUNG

1 Das Öl in einer Pfanne erhitzen. Zwiebel und Knoblauch darin bei mittlerer Hitze 2–3 Minuten weich dünsten.

2 Die Paprika entkernen und in dünne Streifen schneiden, dann in die Pfanne geben. Alles bei geringer Hitze weitere 5 Minuten kochen, anschließend Tomaten, Kräuter und Safran einrühren.

3 Den Backofen auf 200 °C vorheizen. Die Fischfilets in 3 cm große Stücke schneiden und mit dem Tintenfisch in einen Schmortopf geben. Das gebratene Gemüse zufügen, Fond oder Brühe zugießen, alles gut vermengen und mit Salz und Pfeffer würzen.

4 Den Topf abdecken und den Inhalt auf der mittleren Schiene des vorgeheizten Backofens etwa 30 Minuten garen, bis Fisch und Tintenfisch gar und zart sind. Ganz zum Schluss die Garnelen zufügen, sodass sie nur kurz erhitzt werden.

5 Das fertige Gericht in vorgewärmte Schalen füllen und mit ungeschälten Garnelen und Petersilie garnieren. Zum Auftunken des Bratsuds reichlich Brot als Beilage reichen.

WEINVORSCHLAG
Ein leichter Pinot Grigio (weiß) oder ein etwas kräftigerer Tokay d'Alsace

POCHIERTER LACHS

Ganzer Lachs kann mittlerweile in vielen Supermärkten gekauft werden. Nach dem folgenden Rezept zubereitet, bildet er einen attraktiven Blickfang auf jedem Buffet und kann warm oder kalt serviert werden.

IM KESSEL GEGART

Zum Garen größerer Fische benötigen Sie einen Fischkessel. Erkundigen Sie sich, ob Sie einen solchen von Ihrem Händler leihen können, falls Sie keinen eigenen besitzen.

Für 12 Personen
Vorbereitung: 10 Minuten
Garzeit: 20 Minuten, plus Kühlzeit (wenn kalt serviert), oder 45 Minuten (wenn warm serviert)

ZUTATEN

1 ganzer küchenfertiger Lachs mit Kopf (etwa 2,7–3,6 kg)
3 EL Salz
3 Lorbeerblätter
10 Pfefferkörner
1 Zwiebel, geschält und in Ringen
1 Zitrone, in Scheiben

Sie benötigen ein Kochmesser, ein Hackbrett, eine Pinzette, eine Küchenschere und einen großen Fischkessel (mit einem auf zwei Seiten mit Griffen versehenen Siebeinsatz).

ZUBEREITUNG

1 Den Lachs innen und außen gründlich mit Küchenpapier abtupfen. Eventuelle Schuppen mit dem Rücken eines Kochmessers abschaben. Die Gräten mit einer Pinzette, die Schwanzflosse mit einer Küchenschere entfernen. Wer den Kopf nicht mag, trennt auch ihn ab, aber traditionell wird das Gericht mit Kopf serviert.

2 Den Lachs auf den Siebeinsatz und diesen in den Kessel einhängen. Den Kessel mit so viel kaltem Wasser füllen, dass es den Fisch gut bedeckt. Dann Salz, Lorbeerblätter, Pfefferkörner, Zwiebelringe und Zitronenscheiben zufügen.

3 Den Kessel auf den Herd stellen und bei niedriger Hitze das Wasser sehr langsam aufkochen.

4 Den Kessel abdecken und den Inhalt sanft köcheln lassen. Wird der Lachs kalt serviert, nur 2 Minuten köcheln lassen, dann vom Herd nehmen und den Fisch abgedeckt etwa 2 Stunden in seinem Sud abkühlen lassen. Wird der Lachs warm serviert, 6–8 Minuten köcheln und etwa 15 Minuten im heißen Wasser ruhen lassen, bevor er herausgenommen wird.

> **WEIN**VORSCHLAG
> Ein französischer Sauvignon, nach Möglichkeit ein Sancerre

IM BACKOFEN GEGART

Diese Methode eignet sich nur für Fische bis zu 2,25 kg Gewicht.

Für 8 Personen
Vorbereitung: 10 Minuten
Garzeit: 40 Minuten, plus Kühlzeit (wenn kalt serviert), oder 1 Stunde (wenn warm serviert)

ZUTATEN

1,8 kg ganzer küchenfertiger Lachs
2 EL zerlassene Butter
Salz und Pfeffer
1 Zitrone, in Scheiben
einige frische Petersilienzweige
125 ml Weißwein oder Wasser

Sie benötigen ein Kochmesser, ein Hackbrett, eine Pinzette, eine Küchenschere, einen großen Bräter, Alufolie, einen Backpinsel und einen Messbecher.

ZUBEREITUNG

1 Den Backofen auf 180 °C vorheizen. Den Lachs innen und außen gründlich mit Küchenpapier abtupfen. Eventuelle Schuppen, die sich noch auf der Haut befinden, mit dem Rücken eines Kochmessers abschaben. Die Gräten mit einer Pinzette, die Schwanzflosse mit einer Küchenschere entfernen.

2 Den Bräter mit einer doppelten Lage Alufolie auslegen und diese mit der zerlassenen Butter bestreichen. Den Lachs innen und außen mit Salz und Pfeffer würzen.

3 Den Lachs auf die Folie legen und mit den Zitronenscheiben sowie einigen Petersilienzweigen füllen. Wein oder Wasser zugießen und die Folie über dem Fisch einschlagen, sodass ein lockeres Paket entsteht.

4 Den Lachs 30–40 Minuten in den vorgeheizten Backofen geben. Zur Garprobe mit einer Messerspitze einstechen: Ist der Fisch gar, lässt sich sein Fleisch dabei leicht auseinander pflücken. Für einen warm servierten Lachs den Fisch 15 Minuten in der Folie ruhen lassen. Für einen kalt servierten Lachs den Fisch 1–2 Stunden ruhen lassen, bis er nur noch lauwarm ist.

PAZIFIK-GRATIN

Für 6 Personen
Vorbereitung: 30 Minuten
Garzeit: 45 Minuten

ZUTATEN

675 g kleine Kartoffeln, ungeschält
1 EL Olivenöl
250 g kleine Porreestangen, in dünnen Ringen
115 g kleine Champignons, in Scheiben
450 g weißes Fischfilet ohne Haut, z. B. von Kabeljau oder Schellfisch
600 ml Milch
4 EL Butter
175 g gekochte Garnelen oder Muscheln, ausgelöst (nach Belieben)
1 EL frisch gehackte Petersilie oder Estragon
3 EL Mehl
200 g Gouda, gerieben
Salz und Pfeffer

Sie benötigen ein Gemüsemesser, ein Kochmesser, ein Hackbrett, einen mittelgroßen Topf, ein Abtropfsieb, eine Bratpfanne, einen Holzspatel, eine Auflaufform (1,7 l Inhalt), einen Messbecher, einen Schneebesen und ein Backblech.

ZUBEREITUNG

1 Die Kartoffeln in dicke Scheiben schneiden und 5 Minuten in einem Topf mit kochendem Salzwasser garen. Anschließend gründlich abgießen.

2 Das Öl in eine Pfanne geben und den Porree darin bei geringer Hitze 2–3 Minuten weich dünsten. Dann die Pilze zufügen und etwa 2 Minuten mitgaren.

3 Den Fisch in den ausgespülten Kartoffeltopf geben und mit etwas Milch bedecken. Diese bei geringer Hitze zum Köcheln bringen und den Fisch darin etwa 5 Minuten pochieren, bis er gar ist. Dann abgießen, aber den Sud auffangen.

4 Die Auflaufform mit einem Teil der Butter einfetten. Den Fisch klein zupfen und mit Porree, Pilzen sowie nach Belieben mit Garnelen oder Muscheln in die Form geben. Die Mischung mit Petersilie oder Estragon bestreuen.

5 Den Backofen auf 200 °C vorheizen. Im Fischkochtopf eine weiße Sauce zubereiten. Dazu die restliche Butter in dem Topf zerlassen. Das Mehl einstreuen und bei geringer Hitze 2–3 Minuten anschwitzen. Den Topf vom Herd nehmen und die restliche Milch nach und nach in einem dünnen Strahl zugießen; dabei nach jeder Zugabe gut unterrühren. Wenn die ganze Milch verbraucht und die Sauce glatt gerührt ist, den Topf auf den Herd zurückstellen und den Inhalt bei geringer Hitze unter Rühren eindicken lassen. Weitere 2–3 Minuten kochen, dann 100 g Gouda einrühren und die Sauce mit Salz und Pfeffer würzen.

6 Die Hälfte der Sauce über den Fisch gießen. Die Kartoffelscheiben darauf anrichten und mit der restlichen Sauce bedecken.

7 Das Gratin mit dem restlichen Gouda bestreuen, auf ein Backblech stellen und in der Mitte des vorgeheizten Backofens etwa 45 Minuten goldbraun garen.

WEINVORSCHLAG

Ein gekühlter weißer Viognier

GEBRATENER THUNFISCH

Für 4 Personen
Vorbereitung: 15 Minuten, plus Marinierzeit
Garzeit: 6 Minuten

ZUTATEN

4 Thunfischsteaks (je etwa 140 g)
2 EL Sojasauce
abgeriebene Schale und Saft von 1 Limette
1 EL Olivenöl, plus etwas mehr zum Bestreichen

Salsa
2 Frühlingszwiebeln, fein gehackt
4 Eiertomaten, entkernt und gehackt
1 Prise zerstoßene Chillies
1 EL frisch gezupfte Basilikumblätter
2 EL Olivenöl
1 EL Balsamico-Essig
Salz und Pfeffer

Zum Servieren (nach Belieben)
4 Bagels oder Burger-Brötchen
grüner Salat

Sie benötigen eine flache, metallfreie Schüssel, ein Gemüse-messer, ein Kochmesser, ein Hackbrett, eine kleine Schüssel, eine Grillpfanne oder schwere Bratpfanne, einen Backpinsel und ein Palettmesser oder einen Fischheber.

WEINVORSCHLAG
Ein körperreicher Rotwein,
etwa ein chilenischer Merlot
oder ein australischer Shiraz

ZUBEREITUNG

1 Den Thunfisch in eine flache, metallfreie Schüssel geben. Sojasauce, Limettensaft und -schale zufügen und den Fisch darin 1–2 Stunden, falls möglich auch über Nacht, marinieren.

2 Für die Salsa Frühlingszwiebeln, Tomaten, Chillies, Basilikum, Öl und Essig in einer kleinen Schüssel vermengen und mit Salz und Pfeffer würzen. Anschließend 15–30 Minuten beiseite stellen, damit sich das Aroma der Salsa entfalten kann.

3 Die Pfanne 2–3 Minuten stark erhitzen, bis sie sehr heiß ist. Den Fisch mit Öl bestreichen, in die heiße Pfanne geben und 2–3 Minuten braten; dabei nicht bewegen, damit er gut bräunen kann. Den Fisch von oben erneut mit Öl bestreichen, dann vorsichtig wenden und weitere 2–3 Minuten braten, ohne ihn zu bewegen. Der Thunfisch sollte nun in der Mitte rosa sein.

4 Den fertigen Fisch auf vorgewärmte Teller verteilen und mit der Salsa servieren, nach Belieben in Bagels oder Burger-Brötchen gefüllt. Oder einen schlichten grünen Salat dazu reichen.

FLEISCH

Zahlreiche BSE-Skandale sowie ein hoher Gehalt an Fett und Cholesterin haben Fleisch negative Schlagzeilen beschert. Lassen Sie sich davon jedoch nicht abschrecken: Fleisch ist reich an Proteinen, Vitaminen und Mineralien. Magere Stücke sind relativ kalorienarm und von den anderen kann überschüssiges Fett vor oder nach dem Garen jederzeit entfernt werden.

Die große Auswahl an Teilen von Rind-, Lamm- und Schweinefleisch, die im Handel erhältlich sind, kann verwirrend sein, prinzipiell lassen sie sich jedoch leicht kategorisieren:

Große zarte Stücke sind ideal zum Braten im Backofen, während günstigere und zähere große Fleischstücke geschmort werden sollten. Kleinere magere Stücke wiederum, wie Filets, Koteletts und Steaks, sind rasch zubereitet und enthalten weniger Fett. Sie lassen sich hervorragend grillen – besonders im Sommer über heißer Holzkohle – und können dünn aufgeschnitten mit viel Gemüse für Pfannengerührtes verwendet werden: eine moderne und gesunde Alternative zu klassischen Zubereitungsarten. Darüber hinaus darf man die vielen Einsatzmöglichkeiten von magerem Hackfleisch für zahlreiche schnelle Speisen nicht vergessen.

Im Folgenden finden Sie Erklärungen zu verschiedenen Fleischsorten und deren typische Verwendungsformen. Danach folgen mehrere Rezepte, manche klassisch, andere von neueren Zubereitungsmethoden inspiriert.

Einkauf

Rind- und Lammfleisch sollte frisch und saftig aussehen, aber nicht zu rot sein. Hellrotes Fleisch ist möglicherweise nicht gut genug abgehangen und schmeckt fade. Eine rubin- bis bordeauxrote Färbung ist daher ideal. Gleichzeitig sollte das Fett eher cremefarben als weiß sein. Lassen Sie sich durch die Menge an Fett an einem Stück Fleisch nicht beunruhigen; es hält das Fleisch saftig und schützt es während des Garens. Wer mag, kann es nach dem Kochen ohne Weiteres entfernen. Fleisch mit einer zarten Marmorierung aus dünnen Fettstreifen schmeckt kräftiger und ist saftiger als solches ohne Fett. Das beste Schmorfleisch etwa ist das mit einer ausgeprägten Marmorierung, da diese während des langen, langsamen Garens für ein zartes, aromatisches Ergebnis sorgt. Schweinefleisch sollte geschmeidig und saftig sein, mit einem blassrosa Farbton und einer dichten äußeren Fettschicht. Kommt es aus biologisch artgerechter Haltung ist zwar der Fettgehalt höher als bei anderen Tieren, aber auch der Geschmack besser. Die Schwarte sollte klar und ohne Borsten sein, und die einzelnen Stücke sollte man gleich groß aufschneiden, um ein gleichmäßiges Garen zu gewährleisten.

Kaufen Sie Fleisch immer bei einem Händler Ihres Vertrauens, ganz gleich ob an der Frischtheke eines Supermarkts, in einer Metzgerei oder auf dem Wochenmarkt direkt vom Erzeuger.

Bei einem Braten sollten Sie mit 175 g bis 250 g pro Person rechnen, wenn er entbeint ist. Hängt er noch am Knochen, empfehlen sich 350 g pro Person. Für Schmorfleisch gilt die gleiche Richtmenge wie für entbeinten Braten, bei Steaks und anderen portionierten Stücken entscheidet der jeweilige Appetit.

Lagerung

Bringen Sie Fleisch nach dem Einkauf rasch nach Hause, legen Sie es in eine saubere Schale, und lagern Sie es mit Frischhalte- oder Alufolie abgedeckt im Kühlschrank. Hackfleisch und kleinere entbeinte Stücke sollten noch am Kauftag zubereitet und verzehrt werden. Große Braten halten sich bis zu 3 Tage, Koteletts bis zu 2 Tage. Beachten Sie bei fertig abgepacktem Fleisch die Packungshinweise und das Mindesthaltbarkeitsdatum. Packen Sie diese Stücke nicht aus, wenn Sie sie nicht gleich zubereiten möchten, da sie unter Schutzatmosphäre verpackt wurden und so länger haltbar sind. Generell sollten Fleischstücke zimmerwarm sein, bevor sie gegart werden.

Rindfleisch

Lammfleisch

Schweinefleisch

RIND- UND KALBFLEISCH

REZEPTE

Nicht nur aus gesundheitlichen Gründen haben Rind- und Kalbfleisch an Ansehen verloren, sondern auch wegen Überzüchtung, zu kurzer Abhängzeiten und schlechter Verarbeitung. Wer es so genießen möchte, wie er es von früher kennt – wunderbar zart mit köstlich intensivem Aroma – sollte Stücke aus artgerechter Haltung kaufen. Der gute Geschmack rechtfertigt den höheren Preis allemal. Wir stellen Ihnen im Folgenden die wichtigsten Fleischteile beim Rind vor, die Stücke vom Kalb werden ähnlich verwendet.

STÜCKE ZUM BRATEN IM BACKOFEN

Roastbeef

Zartes Stück des Rinderrückens zwischen der letzten Rippe und der Keule, das in der Regel entbeint angeboten wird. Es kann dann zu der gewünschten Größe aufgeschnitten werden.

Hochrippe (Schmorrippe, hohes Roastbeef)

Das Fleisch von der Rippe lässt sich hervorragend im Ofen braten, am besten am Knochen. Die dicke Fettschicht sorgt beim Garen für ein köstliches Aroma. Für kleinere Braten werden auch entbeinte Stücke angeboten.

Schwanzstück (Unterschale, Frikandeau, Schwanzrolle)

So bezeichnet man den oberen Teil der Rinderkeule, unter der sich die Oberschale (auch Kluft) befindet. Letztere wird oft zum Braten verkauft, sollte jedoch besser braisiert oder geschmort werden. Stücke aus der Unterschale schmecken gut, können aber auch zäh sein. Man kann versuchen, sie langsam zu braten, aber auch hier empfiehlt es sich eher, sie zu braisieren oder zu schmoren.

Garzeiten und -temperaturen

Braten Sie alle Stücke zunächst 15 Minuten bei 230 °C. Fahren Sie dann fort mit:

- 15 Minuten je 450 g Gewicht, plus weitere 15 Minuten bei 190 °C für blutig (engl. *rare,* franz. *saignant*),
- 20 Minuten je 450 g Gewicht, plus weitere 20 Minuten bei 190 °C für rosa (engl. *medium,* franz. *à point*) oder
- 25 Minuten je 450 g Gewicht, plus weitere 25 Minuten bei 190 °C für durchgebraten (engl. *well-done,* franz. *bien-cuit*).

STÜCKE ZUM SCHMOREN

Die Stücke dieser Kategorie müssen in der Regel sehr langsam und lange gegart werden, um wirklich zart zu werden.

Schulter (Bug)

Schulterstücke sind recht mager. Sie werden in der Regel in Scheiben oder Würfel geschnitten und als Schmorfleisch

ausgezeichnet verkauft. Die vordere Schulterspitze wird als Schulterfilet („falsches Filet") angeboten.

Beinfleisch (Hachse, Haxe, Wade, Hesse)

Rinderhachse ist sehr knorpelig und sollte daher nur für Suppen verwendet werden. Beinfleisch hingegen kann geschmort werden, nur dauert es etwa 6–8 Stunden, bis das Bindegewebe zart ist. Das bedeutet hohe Energiekosten; es sei denn, Sie besitzen noch einen alten Kohleofen zum Heizen, in dem Sie auch garen können.

STÜCKE ZUM GRILLEN UND KURZBRATEN

Für diese raschen Garmethoden ist nur das allerzarteste Fleisch geeignet.

Filetsteak

Filet, das erlesenste Stück vom Rind, hat keinen Knochen und ist sehr mager. Es sitzt unterhalb des Roastbeefs und ist sehr teuer. Es kann am Stück im Backofen gebraten werden, wird aber häufig in Scheiben zwischen 100 g und 300 g verkauft.

Entrecôte

Großes Steak aus dem Zwischenrippenstück, das oft aus der Mitte des Roastbeefs geschnitten wird und etwa 3–4 cm dick ist. Entrecôte kann auch in dünnen Streifen für Pfannengerührtes verwendet werden.

Rumpsteak

Das Rumpsteak wird aus der Rinderhüfte, also aus dem verlängerten Roastbeef, geschnitten und schmeckt von allen Steaks am besten. Die typische feste Fettschicht wird eingeschnitten, damit sich das Steak beim Braten oder Grillen nicht wölbt. In der Regel liegt sein Gewicht zwischen 200 g und 350 g.

UNTEN: Verwenden Sie für rohes und gekochtes Fleisch jeweils andere Gerätschaften, und lagern Sie rohes und gekochtes Fleisch getrennt voneinander.

124

LAMMFLEISCH

Der würzig-milde Geschmack und das zarte Fleisch machen Lamm zu einer kulinarischen Köstlichkeit. Fleisch von europäischen Zuchttieren (Schottland, Irland, Frankreich, Nordseeküste, Niederbayern und Schweizer Alpenland), die sich frei laufend auf Weideflächen würziges Fleisch und nur relativ wenig Fett angefressen haben, ist Frühjahr bis Herbst frisch im Handel. Im Winter wird hingegen meist Tiefkühlware aus Neuseeland importiert.

STÜCKE ZUM BRATEN IM BACKOFEN

Keule
Das zarte, magere Fleisch der Lammkeule ist zum Braten in Ofen wahrscheinlich das beliebteste Stück.

Schulter
Die Schulter ist preiswerter als die Keule und schmeckt vielleicht sogar noch milder. Zwar steckt auch etwas mehr Fett darin, doch dies kocht beim Garen aus und kann hinterher leicht abgeschöpft werden. Wer das Stück nicht selbst entbeinen möchte, bittet den Metzger, die etwas knifflige Aufgabe zu übernehmen.

Rücken
Lammrücken wird unterteilt in das vordere Rippen- oder Kotelettstück (auch Karree) und das hintere Nieren- oder Sattelstück, das zwischen dem Rippenstück und der Keule liegt. Das zarte Fleisch des Kotelettstücks kann mühelos portioniert werden, indem man es einfach zwischen den einzelnen Rippen in Scheiben schneidet. Das Sattelstück verwendet man dagegen für einen ganzen Lammrückenbraten. Ein Rücken von etwa 3 kg reicht für 4 bis 6 Personen.

Garzeiten und -temperaturen
Braten Sie alle Stücke zunächst 20 Minuten bei 230 °C. Fahren Sie dann fort mit:
• 25 Minuten je 450 g Gewicht bei 180 °C für rosa (engl. *medium,* franz. *à point*) oder
• 30 Minuten je 450 g Gewicht bei 180 °C für durchgebraten (engl. *well-done,* franz. *bien-cuit*).
Die Schulter benötigt eine etwas längere Garzeit als die Keule, etwa 5 Minuten mehr pro 450 g. Ein Karree sollten Sie nur 10 Minuten bei 230 °C vorbraten. Vor dem Tranchieren sollten alle Stücke zunächst 15 Minuten an einem warmen Ort ruhen.

STÜCKE ZUM SCHMOREN

Keule
Entbeint und in Würfel geschnitten lässt sich Lammkeule wunderbar schmoren. Es ist teurer als andere Stücke des Lamms, wird dafür aber schneller gar und spart somit Energiekosten.

Schulter
Sie kann im Ganzen oder entbeint und gewürfelt geschmort werden. Überschüssiges Fett sollte zuvor entfernt werden.

Hachse (Haxe)
Viele Spitzenrestaurants bieten braisierte Lammhachse, den unteren Teil der Keule und Schulter, an. Praktischerweise reicht eine Hachse genau für eine Person, leider muss sie aber auch recht lange garen – 3 Stunden mindestens.

STÜCKE ZUM GRILLEN UND KURZBRATEN

Gigot-Steak
Für dieses wird das obere Ende der Keule in große runde Scheiben geschnitten, sodass der Knochen in deren Mitte sitzt. Mit etwas Knoblauch und Rosmarin in Rotwein mariniert und anschließend gegrillt schmecken sie einfach köstlich.

Kotelett
Chops sind kleinere Koteletts aus der Keule mit einer Knochenscheibe in der Mitte, die sich zum Grillen und Kurzbraten eignen. Als Doppelkotelett über den ganzen Rücken geschnitten, sind Lendenkoteletts mit dem t-förmigen Knochen zum Grillen besonders ideal. Kleine Karreekoteletts besitzen zartes Fleisch und lange dünne Knochen. Sie werden aus dem Rückenkarree geschnitten und eignen sich hervorragend zum Grillen. Rechnen Sie 2–3 Stück pro Person.

Nacken
Aus Lammnacken lassen sich Fleischstücke herausschneiden, die auf Spieße gesteckt besonders gut schmecken. In Streifen geschnitten, können sie auch pfannengerührt werden.

UNTEN: In Würfel geschnittenes Lammfleisch ist ideal zum Schmoren. Entfernen Sie zuvor jedoch alles sichtbare Fett.

SCHWEINEFLEISCH

Heute züchtet man hauptsächlich Schweine, deren Fleisch fett-ärmer ist als früher. Das beeinträchtigt zum einen den Geschmack des Fleischs, und zum anderen es ist schwer, ihm eine knusprige Kruste zu verleihen. Glücklicherweise gibt es heute Bio-Bauern, die wieder Schweine in freier Natur züchten. Allein zum Schutz müssen sich diese Tiere eine dickere Fettschicht zulegen. So hat ihr Fleisch wieder ein kräftiges Aroma.

STÜCKE ZUM BRATEN IM BACKOFEN

Keule

Das zarte Fleisch der Keule, der Hauptlieferant für Schinken aller Art, kommt bei uns in der Regel zerlegt in Oberschale, Unterschale, Nuss und Hüfte in den Handel. All diese Stücke sind zum Braten ideal.

Lendenbraten (Lummerbraten)

Dieses Stück ist zum Braten die beste Wahl. Es wird aus der hinteren Lende geschnitten, die qualitätsvoller ist als die vor-dere. Sie können sich vom Metzger ein Stück in der von Ihnen gewünschten Größe zuschneiden lassen. Es gibt sie mit Kno-chen oder entbeint, wobei Erstere die bessere Kruste bilden.

Filet

Dieses edle Stück ist sehr mager, daher sind andere Garme-thoden dafür besser geeignet. Wird es dennoch im Ofen gebraten, schlägt man es meist in Speck oder Schinken ein oder füllt es zuweilen auch, damit es saftig bleibt.

Garzeiten und -temperaturen

Braten Sie alle Stücke zunächst 20 Minuten bei 220 °C. Fahren Sie dann fort mit:
- 25 Minuten je 450 g Gewicht bei 180 °C für Lummer-braten, oder
- 35 Minuten je 450 g Gewicht bei 180 °C für Stücke aus der Keule.

Lassen Sie alle Stücke vor dem Tranchieren zunächst 15 Minu-ten an einem warmen Ort ruhen.

STÜCKE ZUM SCHMOREN

Schulter (Bug)

Dieses Stück wird manchmal auch gebraten, am besten schnei-det man es jedoch in Würfel und nutzt es zum Schmoren. Wenn es lange, langsam und in viel Flüssigkeit gegart wird, entfaltet es ein delikates Aroma und wird sehr zart.

Keule

Die oben erwähnten Stücke aus der Keule können in Würfel geschnitten auch zum Schmoren verwendet werden.

Rippchen (Leiterchen, Spareribs)

Sie werden aus dem dicken Ende des Schweinebauchs ge-schnitten und am besten für etwa 2 Stunden bis 2 Stunden 30 Minuten in einer würzigen Sauce im Backofen gegart.

STÜCKE ZUM GRILLEN UND KURZBRATEN

Filet

Dieses vielseitig verwendbare Lendenstück kann zu kleinen, dicken Scheiben (Medaillons) aufgeschnitten und kurzgebra-ten, in Streifen geschnitten und zu Pfannengerührtem verarbeitet oder gewürfelt und auf Spieße gezogen werden.

Kotelett

Lenden- oder Lummerkoteletts sind große magere Koteletts mit kleinen Knochen und angewachsenem Filetteil, die am besten gegrillt werden. Vorher sollten Sie die Schwarte entfernen, da sich das Fleisch sonst beim Erhitzen wölbt. Stielkoteletts kommen aus dem hinteren Teil der Lende und haben größere Knochen und einen breiten Fettrand. Bereiten Sie sie wie Lum-merkoteletts zu. Schnitzel werden aus der Keule geschnitten.

UNTEN: Für eine knusprige Kruste müssen Sie die Schwarte vor dem Braten mit reichlich Salz einreiben und dann mit einem scharfen Messer einkerben.

Lamm-
wurst
mit
Minze

Schweins-
wurst mit
Salbei

Rinds-
wurst

vegeta-
rische
Wurst
(Sojawurst)

SCHINKEN

Schinken wird in der Regel aus der Keule, manchmal auch aus der Schulter des Schweins hergestellt. Meist wird der Knochen vor der Zubereitung entfernt. Nur bei einigen Sorten, etwa Bein- oder Knochenschinken, bleibt er zunächst am Fleisch.

Zubereitung

Schinken kann in einem Topf mit nur leicht köchelndem Wasser gegart werden. Rechnen Sie etwa 20 Minuten je 450 g Fleisch. Servieren Sie den Braten kalt, dann sollten Sie ihn im Sud abkühlen lassen. Sie können aber auch die Schwarte entfernen, den Braten glasieren und ihn weitere 15–20 Minuten bei 200 °C garen.

WURST

Die Zeiten, in denen lediglich Schweins- und Rindswürste auf den Tisch kamen, sind vorbei. Mittlerweile gibt es Würstchen in zahlreichen Geschmacksrichtungen auch aus Geflügelfleisch oder Sojaprodukten. Sie alle sind in hochwertiger Qualität ideal für eine schnelle Mahlzeit. Achten Sie stets auf die Packungshinweise, und kaufen Sie nur Würstchen mit mindestens 80 % Fleischanteil, denn Billigware enthält alle mögliche Dinge, von denen wir nur wenige gern essen würden. Kaufen Sie direkt

beim Metzger, sollten Sie tagesfrische Ware wählen. Fertig abgepackte Würstchen enthalten meist Konservierungsstoffe und können einige Tage im Kühlschrank gelagert werden. Sehr würzige Würste sollten Sie gut verpackt lagern, damit sie ihr Aroma nicht auf andere Nahrungsmittel übertragen.

Brühwürste sollten Sie nicht in kochendem Wasser garen, damit sie nicht aufplatzen. Bratwürste sollten Sie bei mittlerer Hitze vollständig durchbraten oder -grillen.

HACKFLEISCH

Erhältlich ist Hackfleisch hier zu Lande vor allem vom Rind und Schwein. Wer Lamm-, Kalb-, Wild- oder Geflügelhack haben möchte, muss es meistens bestellen oder selbst durch den Fleischwolf drehen. Der Anteil von Fett und Sehnen in Hackfleisch ist zwar nicht mehr gesetzlich geregelt, doch gelten auch heute noch folgende Richtwerte: Tatar, die magerste aller Hackfleischsorten, enthält höchstens 6 % Fett. Rinderhack darf höchstens 20 % Fett enthalten, Lammhack 25 % Fett und Schweinehack nicht mehr als 35 % Fett. Seien Sie vorsichtig bei Sonderangeboten, sie können übermäßig viel Fett und Sehnen enthalten. Zu den beliebtesten Hackfleischgerichten zählen Fleischbällchen, Hackbraten, Frikadellen und Burger, Spaghetti alla bolognese und Chilli con carne. Daneben wird Hackfleisch auch für Füllungen sehr geschätzt.

RINDFLEISCH IN GUINNESS-SAUCE

Schmortöpfe wie dieser profitieren davon, wenn man sie einen Tag im Voraus zubereitet. Kühlen Sie das fertige Gericht in diesem Fall so schnell wie möglich ab, und lagern Sie es über Nacht im Kühlschrank oder an einem anderen kalten Ort.

Für 6 Personen
Vorbereitung: 20–25 Minuten
Garzeit: 2 Stunden 30 Minuten – 3 Stunden

ZUTATEN

3 EL Olivenöl
2 Zwiebeln, geschält und in dünnen Ringen
2 Knoblauchzehen, geschält und gehackt
1 kg Rinderschmorbraten
2 EL Mehl
Salz und Pfeffer
300 ml Guinness oder ein anderes Schwarzbier, z. B. Köstritzer
1 Bouquet garni (siehe Seite 50)
150 ml Rindfleischbrühe, Gemüsebrühe oder Wasser
1 EL frisch gehackte Petersilie, zum Garnieren

Zum Servieren
Kartoffelpüree
gekochtes grünes Gemüse, z. B. Grünkohl oder Spinat

Sie benötigen ein Kochmesser, ein Hackbrett, eine große Bratpfanne, einen Holzspatel, einen Schaumlöffel, einen Schmortopf (etwa 1,7 l Inhalt) und einen Messbecher.

ZUBEREITUNG

1 Den Backofen auf 150 °C vorheizen. 1 Esslöffel Öl in einer großen Pfanne erhitzen. Zwiebeln und Knoblauch darin bei mittlerer Hitze 4–5 Minuten goldgelb und weich garen, anschließend mit einem Schaumlöffel aus der Pfanne heben und in einen Schmortopf geben.

2 Das Fleisch in breite Streifen schneiden. Das restliche Öl in die Pfanne geben und das Fleisch darin bei starker Hitze etwa 5 Minuten scharf anbraten, bis es rundum gut gebräunt ist. Das Mehl einstreuen und, damit sich keine Klümpchen bilden, unter Rühren kurz anschwitzen. Dann alles gut mit Salz und Pfeffer würzen.

3 Die Hitze auf mittlere Stufe reduzieren. Das Bier zugießen und so lange unter Rühren erhitzen, bis es kocht.

4 Die Pfanne vom Herd nehmen und den Inhalt vorsichtig in den Schmortopf umfüllen. Das Bouquet garni zufügen, Brühe oder Wasser zugießen, den Topf abdecken und den Inhalt im vorgeheizten Backofen 2 Stunden 30 Minuten bis 3 Stunden garen.

5 Den Topf aus dem Backofen nehmen und das Bouquet garni entfernen. Das Gericht eventuell nachwürzen. Dann mit Petersilie garnieren und sofort mit Kartoffelpüree und grünem Gemüse servieren.

* Zum Einfrieren geeignet. Das Gericht bis zum Ende von Schritt 4 zubereiten, das Bouquet garni entfernen, dann schnell abkühlen lassen und in einer Gefrierdose bis zu 3 Monate einfrieren. Zum Servieren das Gericht über Nacht im Kühlschrank auftauen lassen und entweder auf dem Herd oder bei 180 °C im vorgeheizten Backofen 30–40 Minuten erhitzen.

WEINVORSCHLAG
Ein klassischer roter Cabernet Sauvignon, zum Beispiel ein australischer Barossa oder Coonawarra

GEFÜLLTE SCHWEINELENDE

Keule und Lende sind zum Braten im Backofen die besten Stücke vom Schwein. Die Lende ist für eine kleinere Personenzahl ideal und bildet die beste Kruste.

Für 4 Personen
Vorbereitung: 20 Minuten
Garzeit: 1 Stunde 20 Minuten

ZUTATEN

1 kg Lummerkotelett vom Schwein als ganzes Stück, an der Schwarte vom Metzger eingekerbt
1 EL Mehl
300 ml trockener Cidre, Apfelsaft, Hühner- oder Gemüsebrühe
Bratkartoffeln und gekochtes Gemüse, zum Servieren

Füllung
1 EL zerlassene Butter
½ Zwiebel, geschält und fein gehackt
1 Knoblauchzehe, geschält und fein gehackt
1-cm-Stück frische Ingwerwurzel, geschält und fein gehackt
1 Birne, entkernt und gehackt
6 frische Salbeiblätter, gehackt
55 g frische Semmelbrösel (aus Weiß- oder Vollkornbrot)
Salz und Pfeffer

Sie benötigen ein Gemüsemesser, ein Kochmesser, ein Hackbrett, einen kleinen Topf, einen Holzspatel, Fleischerfaden, Alufolie, einen hochwertigen schweren Bräter, einen Messbecher und einen Schneebesen.

ZUBEREITUNG

1 Den Backofen auf 220 °C vorheizen. Für die Füllung die Butter in kleinen Topf erwärmen. Zwiebel und Knoblauch darin bei mittlerer Hitze 3 Minuten weich dünsten. Dann Ingwer und Birne zufügen und 1 weitere Minute dünsten.

2 Den Topf vom Herd nehmen. Salbei und Semmelbrösel einrühren und alles gut mit Salz und Pfeffer würzen.

3 Die Füllung in die Kerbe geben, das Fleischstück zusammenklappen und mit Fleischerfaden fixieren; für das ganze Stück benötigt man etwa 4–5 ausreichend lange Kordelstücke. Die Füllung am Rand mit Alufolie abdecken, damit sie nicht anbrennt.

4 Das Fleisch gründlich würzen; vor allem die Schwarte reichlich salzen, damit sie schön knusprig wird. Dann in einen Bräter geben und im vorgeheizten Backofen 20 Minuten braten.

5 Die Backofentemperatur auf 180 °C reduzieren und das Fleisch 1 weitere Stunde braten, bis klarer Bratensaft austritt, wenn man es einsticht, und die Schwarte knusprig ist.

6 Das Fleisch herausheben und auf eine Servierplatte geben. Mit Alufolie abdecken, beiseite stellen und warm halten.

7 Den Großteil des Fetts aus dem Bräter abgießen, sodass nur noch etwas Bratensaft und Bratensatz übrig bleibt. Das Mehl einstreuen, unter Rühren anschwitzen und einige Minuten kochen, dann nach und nach Cidre, Saft oder Brühe zugießen, bis eine glatte Mehlschwitze entsteht. Diese 2–3 Minuten kochen, dann mit Salz und Pfeffer würzen und in eine Sauciere füllen.

8 Die Fäden entfernen und die Schwarte ablösen. Das Fleisch in Scheiben schneiden und mit je etwas Schwarte auf Teller verteilen. Mit etwas Sauce übergießen und mit Bratkartoffeln und Gemüse servieren.

WEINVORSCHLAG
Ein italienischer Sangiovese (rot), etwa ein Chianti

GRIECHISCHER LAMMTOPF

Für 6 Personen
Vorbereitung: 25 Minuten
Garzeit: 1 Stunde – 1 Stunde 30 Minuten

ZUTATEN

3–4 EL Olivenöl

1 kleine Aubergine (etwa 225 g), in Scheiben

2 Zwiebeln, geschält und gehackt

1 Knoblauchzehe, geschält und gehackt

900 g Lammfleisch (Keule oder Schulter), gewürfelt

1 TL gemahlener Koriander

1 Muskatnuss

Salz und Pfeffer

400 g gehackte Tomaten aus der Dose

2 EL Tomatenmark

300 ml Gemüsebrühe

400 g Aprikosenhälften aus der Dose im eigenen Saft, abgetropft, den Saft dabei aufgefangen

3 Lorbeerblätter

1 Portion Pistazien-Pilaw (siehe Seite 190), zum Servieren

Garnierung

1 Orange

1 EL frisch gehackter Koriander

Sie benötigen eine Bratpfanne, ein Gemüsemesser, ein Kochmesser, ein Hackbrett, einen Holzspatel, eine Reibe, einen Messbecher, einen Schmortopf (etwa 1,7 l Inhalt), ein kleine Auflaufform, Alufolie und ein Kanneliermesser oder einen Zestenschneider.

ZUBEREITUNG

1 3 Esslöffel Öl in einer großen Pfanne erhitzen. Die Aubergine darin bei starker Hitze von jeder Seite 3 Minuten scharf anbraten, bis sie gebräunt ist. Dann aus der Pfanne heben und auf Küchenpapier abtropfen lassen.

2 Zwiebeln und Knoblauch in die Pfanne geben und (eventuell mit 1 weiterem Esslöffel Öl) bei mittlerer Hitze 3–4 Minuten glasig dünsten.

3 Das Fleisch zufügen und bei weiterhin starker Hitze scharf anbraten, bis es rundum gut gebräunt ist. Dann den Koriander zufügen, ein gutes Viertel der Muskatnuss in die Pfanne reiben und alles mit Salz und Pfeffer würzen.

4 Den Backofen auf 180 °C vorheizen. Tomaten und Tomatenmark in die Pfanne geben, die Brühe sowie den aufgefangenen Aprikosensaft zugießen.

5 Die Lorbeerblätter zufügen und alles aufkochen. Anschließend die Lammfleisch-Mischung mit den Auberginen in einen Schmortopf umfüllen, abdecken und im vorgeheizten Backofen 60–90 Minuten schmoren, bis das Fleisch gar ist.

6 Die Aprikosen in eine kleine Auflaufform geben, mit Alufolie abdecken und 10 Minuten vor Ende der Garzeit zum Erhitzen mit in den Backofen geben.

7 Für die Garnierung die Schale der Orange mit einem Kanneliermesser oder Zestenschneider in langen Streifen abschaben.

8 Das fertige Gericht in eine tiefe Servierschüssel füllen. Die Aprikosen am Rand der Schüssel anrichten und alles mit Koriander sowie Orangenschale bestreuen.

9 Das fertige Gericht sofort servieren, solange es noch heiß ist. Dazu ein fruchtiges Pilaw (siehe Seite 190) reichen.

WEINVORSCHLAG

Ein körperreicher Rotwein, etwa ein chilenischer Malbeck oder ein kräftiger spanischer Rioja

FILETSCHNITZEL VOM SCHWEIN IN APFEL-ZWIEBEL-SAUCE

Für 4 Personen
Vorbereitung: 25 Minuten
Garzeit: 25–30 Minuten

ZUTATEN

550 g Schweinefilet

Salz und Pfeffer

2 EL Olivenöl

2 EL Butter, zerlassen

1 kleine Zwiebel, geschält und fein gehackt

1 Knoblauchzehe, geschält und fein gehackt

2 Tafeläpfel, entkernt und in 1 cm großen Würfeln

1 EL brauner Zucker

225 ml halbtrockener Cidre

125 ml Apfelessig

2 EL Crème fraîche

1 EL frisch gehackte Petersilie, zum Garnieren

Kartoffelpüree, zum Servieren

Sie benötigen ein Kochmesser, ein Hackbrett, Frischhaltefolie oder einen Gefrierbeutel, eine Teigrolle, eine große Bratpfanne, ein Gemüsemesser und einen Messbecher.

WEINVORSCHLAG
Ein Cidre oder ein
Gewürztraminer

ZUBEREITUNG

1 Das Filet in 1 cm breite Scheiben schneiden. Diese zwischen je zwei Stücke Frischhaltefolie legen oder in einen Gefrierbeutel geben und mit einer Teigrolle flach klopfen, bis sie etwa doppelt so groß sind wie zuvor. Dann gut mit Salz und Pfeffer würzen.

2 Die Hälfte von Öl und Butter in einer Pfanne erhitzen. Das Fleisch darin portionsweise bei starker Hitze auf beiden Seiten 2–3 Minuten scharf anbraten. Dann aus der Pfanne nehmen, auf eine vorgewärmte Platte geben und warm halten.

3 Den Rest von Öl und Butter in die Pfanne geben. Zwiebel und Knoblauch zufügen und bei mittlerer Hitze etwa 5 Minuten weich dünsten.

4 Die Äpfel mit dem Zucker zufügen und bei starker Hitze 4–5 Minuten braten, bis sie karamellisiert und goldbraun geworden sind.

5 Die Hitze reduzieren, Cidre und Essig zugießen und alles 5 Minuten sanft köcheln lassen, bis eine dickflüssige, glänzende Sauce entstanden ist.

6 Das Fleisch in die Pfanne zurückgeben und gut mit der Sauce mischen. Alles abschmecken und bei Bedarf nachwürzen, dann die Crème fraîche einrühren. Das fertige Gericht auf vorgewärmte Teller verteilen, mit Petersilie garnieren und mit Kartoffelpüree als Beilage servieren.

KNUSPRIGER SENFROSTBRATEN

In Fachkreisen wird viel darüber diskutiert, ob Schinken besser gekocht oder gebraten werden soll. Wer sich nicht entscheiden kann, schließt mit diesem Rezept einen Kompromiss und tut beides.

Für 6 Personen
Vorbereitung: eventuell Einweichzeit (siehe Schritt 1)
und 10 Minuten zum Glasieren
Garzeit: 1 Stunde 20 Minuten

ZUTATEN

1,3 kg entbeinter Räucherschinken
2 EL Dijon-Senf
85 g Demerara-Zucker
½ TL Zimt
½ TL Ingwerpulver
18 Gewürznelken
1 Portion Aprikosensauce (siehe Seite 139), zum Servieren

Sie benötigen einen großen Topf mit Deckel, ein Kochmesser, ein Hackbrett, einen Teller und einen Bräter.

WEINVORSCHLAG
Ein französischer Tavel Rosé oder ein Riesling aus dem Elsass

1 Beim Metzger nachfragen oder auf der Verpackung nachsehen, ob und wie lange der Schinken eingeweicht werden muss. Dies eventuell tun, dann den Schinken in einem großen Topf mit kaltem Wasser bedecken und bei geringer Hitze sanft zum Kochen bringen. Das Wasser abgießen und frisches Wasser zufügen (um allen Schaum zu entfernen). Erneut aufkochen, den Topf abdecken und den Schinken 1 Stunde sanft köcheln lassen.

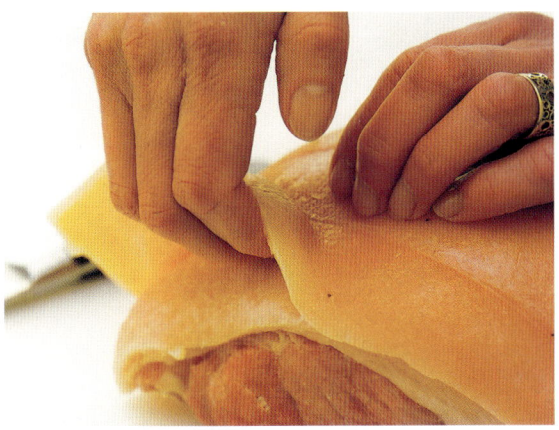

2 Den Schinken aus dem Topf nehmen und abtropfen lassen. Dann die Schwarte ablösen und das darunter liegende Fett mit einem scharfen Messer rautenförmig einschneiden.

3 Den Backofen auf 200 °C vorheizen und den Senf auf dem Schinkenfett verstreichen. Zucker, Zimt und Ingwer auf einem Teller mischen und den Schinken darin wälzen; dabei gut andrücken, damit eine gleichmäßig gewürzte Kruste entsteht.

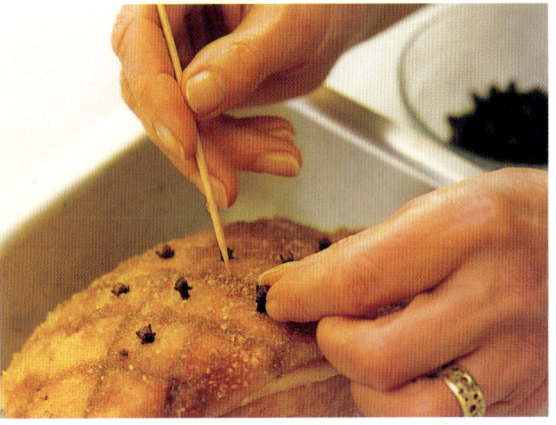

4 Die einzelnen Fettrauten mit den Gewürznelken spicken. Den Schinken in einen Bräter geben und im vorgeheizten Backofen etwa 20 Minuten braten, bis er eine glänzend goldbraune Kruste gebildet hat. Wird er warm serviert, den Schinken vor dem Tranchieren 20 Minuten ruhen lassen; dann mit Aprikosensauce als Beilage reichen. Wird er kalt serviert, kann der Schinken einen Tag im Voraus zubereitet werden und bis zum Verzehr mit Frischhaltefolie abgedeckt im Kühlschrank gelagert werden.

GEFÜLLTE LAMMSCHULTER

Eine Lammschulter zu entbeinen kann mühselig sein. Bitten Sie Ihren Metzger, diese Aufgabe für Sie zu übernehmen, dann wird das Tranchieren zu einem Kinderspiel.

Für 6–8 Personen
Vorbereitung: 20 Minuten
Garzeit: 1 Stunde 30 Minuten

ZUTATEN

1,8 kg Lammschulter, entbeint

Salz und Pfeffer

1 EL Olivenöl, zum Bestreichen

225 ml Rotwein

Füllung

1 EL Butter, zerlassen

1 Zwiebel, geschält und fein gehackt

1 Knoblauchzehe, geschält und fein gehackt

115 g Kalbs- oder Schweinehack

115 g frische Semmelbrösel (aus Weiß- oder Vollkornbrot)

abgeriebene Schale und Saft von 1 Zitrone

1 EL frisch gehackte Petersilie

1 EL frisch gehackter Rosmarin

Zum Servieren

Flageolet-Bohnen, gekocht mit 1 zerdrückten Knoblauch-zehe und 1 Esslöffel frisch gehackter Petersilie

Sie benötigen einen kleinen Topf, einen Holzspatel, ein Gemüsemesser, ein Hackbrett, eine große Schüssel, eine Dressiernadel, Fleischerfaden, eine Reibe, einen Bräter, einen Backpinsel, Alufolie und einen Messbecher.

WEINVORSCHLAG

Ein kräftiger Rotwein, beispielsweise ein französischer Cahors aus der Dordogne

1 Den Backofen auf 200 °C vorheizen. Das Fleisch mit
Küchenpapier abtupfen und von innen und außen kräftig mit
Salz und Pfeffer würzen. Für die Füllung die Butter in einen
kleinen Topf geben. Zwiebel und Knoblauch darin bei mittlerer
Hitze etwa 3 Minuten weich und glasig dünsten. Dann in eine
große Schüssel geben und mit Hackfleisch, Semmelbröseln,
Zitronenschale und -saft sowie Kräutern vermengen.

2 Die Mischung gut mit Salz und Pfeffer würzen. Anschließend
die Lammschulter vorsichtig damit füllen.

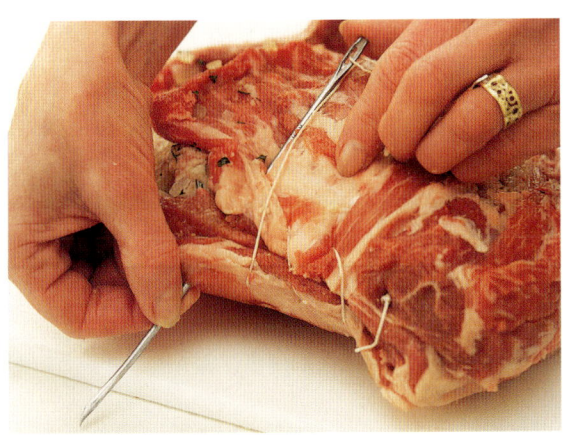

3 Die Schulteröffnung mit Fleischerfaden so zunähen, dass
sich eine schöne Form ergibt; möglichst nur einen einzelnen
Faden verwenden (so kann er später leichter entfernt werden).

4 Das Fleisch in einen Bräter geben und mit dem Öl bestreichen. Erneut mit Salz und Pfeffer würzen und im Backofen
90 Minuten braten; dabei mit dem Bratensaft bestreichen.

5 Den Bräter aus dem Backofen nehmen, das Fleisch herausheben und auf eine vorgewärmte Servierplatte geben. Den
Fleischerfaden entfernen, das Fleisch mit Alufolie abdecken und
warm stellen.

6 Überschüssiges Fett abgießen. Aus dem restlichen Bratensaft
eine Sauce herstellen: Den Rotwein zugießen; angebackenen
Bratensatz am Boden des Bräters lösen und die Flüssigkeit 2–3 Minuten sprudelnd kochen, bis sie stark reduziert ist. Dann in eine
Sauciere füllen. Das Fleisch in breite Scheiben schneiden und mit
der Sauce sowie einigen Flageolet-Bohnen servieren.

ASIATISCHE RINDFLEISCHPFANNE

Dies ist ein vollständiges Gericht. Wer mag, kann jedoch auch etwas Reis oder asiatische Nudeln dazu reichen.

Für 4 Personen
Vorbereitung: 35 Minuten, inklusive Marinierzeit
Garzeit: 15–20 Minuten

ZUTATEN

450 g Rindersteak (Rumpsteak oder Entrecôte)

2 EL helle Sojasauce

2 EL Reiswein oder trockener Sherry

2 EL Tomatenmark

1 Prise chinesisches Fünf-Gewürze-Pulver

1 Knoblauchzehe, geschält und fein gehackt

2 kleine Pak Choi, in Streifen

1 rote Paprika, entkernt und in Stiften

2 Karotten, geschält und in Stiften

2 Zucchini, in Stiften

4 Frühlingszwiebeln, in schrägen Ringen

100 g Bohnensprossen

2 EL Pflanzenöl

3 EL Sesamöl

Salz und Pfeffer

2 EL Sesamsaat, geröstet

gekochte asiatische Nudeln oder gekochter Reis, zum Servieren (nach Belieben)

Sie benötigen ein Kochmesser, ein Hackbrett, eine flache metallfreie Schale, ein Gemüsemesser, einen Wok oder eine große, tiefe Bratpfanne, einen Holzspatel, einen Schaumlöffel und Alufolie.

ZUBEREITUNG

1 Das Fleisch in sehr dünne Streifen schneiden – jeweils etwa 5 cm lang und 1 cm breit.

2 Die Streifen mit Sojasauce, Reiswein oder Sherry, Tomatenmark und Fünf-Gewürze-Pulver in eine flache metallfreie Schale geben. Alles gut vermengen und 30 Minuten zum Marinieren beiseite stellen.

3 In der Zwischenzeit das Gemüse vorbereiten.

4 Das Pflanzenöl in einer Pfanne oder einem Wok stark erhitzen. Die Pfanne schwenken, das Fleisch zufügen und etwa 3 Minuten pfannenrühren. Anschließend mit einem Schaumlöffel in eine vorgewärmte Servierschüssel umfüllen, mit Alufolie abdecken und warm stellen.

5 2 Esslöffel Sesamöl in der Pfanne erhitzen. Knoblauch, Pak Choi, Paprika, Karotten, Zucchini und Frühlingszwiebeln darin bei starker Hitze etwa 2 Minuten pfannenrühren; sie sollten anschließend noch reichlich Biss haben. Zuletzt die Bohnensprossen zufügen und nur kurz erhitzen. Das Gemüse mit Salz und Pfeffer würzen und auf 4 Servierschalen verteilen. Das Fleisch darauf anrichten und eventuellen Bratsud aus der Pfanne darüber gießen.

6 Das fertige Gericht mit dem restlichen Sesamöl beträufeln und mit der Sesamsaat garniert servieren.

WEINVORSCHLAG

Ein australischer Barossa Shiraz oder ein französischer Syrah aus dem Pays D'Oc

ROASTBEEF

Roastbeef muss innen noch rosa sein, wenn es aus dem Backofen kommt. Das beste Roastbeef erhält man aus einem am Knochen gebratenen Zwischenrippenstück, das jedoch recht groß ist. Für weniger Personen reicht auch ein entbeiner, gerollter Lendenbraten.

Für 8 Personen
Vorbereitung: 5 Minuten
Garzeit: 2 Stunden 35 Minuten

ZUTATEN

2,7 kg bestes Zwischenrippenstück vom Rind
Salz und Pfeffer
2 TL Senfpulver
3 EL Mehl
600 ml Rindfleischbrühe, Rotwein oder Cidre
2 TL Worcestersauce (nach Belieben)

Zum Servieren
eine Auswahl an Beilagen, z. B. Bratkartoffeln (siehe Seite 173), Yorkshire Puddings (siehe Seite 138), gekochte Karotten und Blumenkohl

Sie benötigen einen hochwertigen, stabilen Bräter, einen Backpinsel, Alufolie, einen Holzspatel, einen kleinen Schneebesen, einen Messbecher und ein Tranchiermesser.

ZUBEREITUNG

1 Den Backofen auf 230 °C vorheizen. Das Fleisch mit Salz und Pfeffer würzen und mit dem Senfpulver sowie 1 Esslöffel Mehl einreiben. Dann in einen ausreichend großen Bräter geben.

2 Das Fleisch im vorgeheizten Backofen 15 Minuten braten, dann die Temperatur auf 190 °C reduzieren. Das Fleisch nun weitere 15 Minuten und dann pro 450 g Gewicht jeweils erneut 15 Minuten braten, um ein blutiges Stück *(rare)* zu erhalten, oder das Fleisch weitere 20 Minuten und dann pro 450 g Gewicht jeweils erneut 20 Minuten braten, um es halb durch *(medium)* zu garen.

3 Dabei das Fleisch von Zeit zu Zeit mit dem austretenden Bratensaft bestreichen. Sollte beim Braten zu viel Flüssigkeit verdunsten, einige Esslöffel Brühe oder Rotwein zugießen.

4 Das Fleisch herausheben, auf eine vorgewärmte Servierplatte geben, mit Alufolie abdecken und warm stellen.

5 Überschüssiges Fett aus dem Bräter abgießen. Aus dem verbleibenden Bratsud und Bratensatz eine Sauce bereiten. Dazu den Bräter bei mittlerer Hitze auf den Herd stellen und den Bratensatz vom Boden schaben. Das restliche Mehl einstreuen und rasch mit einem kleinen Schneebesen einrühren. Sobald eine glatte Paste entstanden ist, nach und nach Brühe, Wein oder Cidre zugießen; dabei ständig rühren. Die Sauce mit Salz und Pfeffer abschmecken, nach Belieben die Worcestersauce zufügen, dann alles aufkochen, eindicken lassen und glatt rühren.

6 Das Fleisch zum Servieren in mitteldicke Scheiben schneiden und mit den gewählten Beilagen auf Tellern anrichten.

7 Die Sauce in eine vorgewärmte Sauciere gießen und separat dazu reichen.

WEINVORSCHLAG

Ein guter roter Claret aus Bordeaux, beispielsweise St. Emilion

E
Z
E
P
T
E

YORKSHIRE PUDDINGS

Diese englische Spezialität aus Eierkuchenteig ist eine klassische Beilage zu Roastbeef.

Ergibt 12 Stück
Vorbereitung: 5 Minuten
Garzeit: 25–30 Minuten

ZUTATEN

150 ml Milch
150 ml Wasser
100 g Mehl
1 Prise Salz
1 Ei, verquirlt
Pfeffer
3 EL Rinderschmalz, Gänseschmalz oder Olivenöl

Sie benötigen eine Rührschüssel, ein elektrisches Handrührgerät oder einen Schneebesen, einen Messbecher, ein Muffin- oder Pastetenblech mit 12 Vertiefungen und eine Schöpfkelle.

ZUBEREITUNG

1 Den Backofen auf 220 °C vorheizen. Milch und Wasser mischen. Das Mehl mit 1 Prise Salz in eine Rührschüssel geben. Eine Vertiefung in die Mitte drücken und das Ei sowie die Hälfte des Milch-Wasser-Gemischs hineingeben. Die flüssigen Zutaten verquirlen, dann nach und nach das Mehl einarbeiten. So lange weiterrühren, bis eine glatte, klümpchenfreie Masse entstanden ist, dann die restliche Flüssigkeit einarbeiten und den Teig mit Pfeffer würzen.

2 Jede Vertiefung des Muffin- oder Pastetenblechs mit etwas Schmalz oder Öl einfetten. Die Bleche im oberen Drittel des vorgeheizten Backofens 3–4 Minuten erhitzen, bis sie sehr heiß sind. Dann aus dem Backofen nehmen und den Teig mit einer Kelle vorsichtig in die Vertiefungen füllen. Anschließend das Blech in den Ofen zurückgeben.

3 Die Puddings 20–20 Minuten backen, bis sie gut aufgegangen und goldbraun geworden sind.

4 Die fertigen Puddings sofort zu Roastbeef (siehe Seite 137) oder auch zu jedem anderen Fleisch servieren.

APRIKOSENSAUCE

Für 6 Personen
Vorbereitung: 5 Minuten
Garzeit: 4–5 Minuten

ZUTATEN

400 g Aprikosenhälften in Sirup aus der Dose
150 ml Gemüsebrühe (aus Instantpulver)
125 ml Marsala
½ TL Ingwerpulver
½ TL Zimt
Salz und Pfeffer

Sie benötigen einen Standmixer, einen kleinen Topf, einen Holzspatel und einen Messbecher.

ZUBEREITUNG

1 Die Aprikosen mit ihrem Sirup in einen Mixer geben und glatt pürieren.

2 Das Aprikosenpüree in einem Topf gründlich mit allen anderen Zutaten vermengen. Bei geringer Hitze 4–5 Minuten sanft erwärmen, dann mit Salz und Pfeffer abschmecken.

3 Den Topf vom Herd nehmen und die fertige Sauce in eine Sauciere umfüllen. Sie passt hervorragend zu Schinken.

SCHNELLE MEERRETTICH-SAUCE

Klassische Meerrettich-Sauce wird aus frisch geriebenem Meerrettich gemacht. Diese schnelle Variante besteht aus einer mit Crème fraîche gemischten Fertigsauce.

Für 6–8 Personen
Zubereitungszeit: 2 Minuten

ZUTATEN

6 EL Sahne-Meerrettich
6 EL Crème fraîche

ZUBEREITUNG

1 Die beiden Zutaten in einer kleinen Schale mischen. Die fertige Sauce zu Roastbeef oder Räucherfisch, wie Forelle oder Makrele, reichen.

MINZESAUCE

Für 6–8 Personen
Zubereitungszeit: 10 Minuten, plus 30 Minuten Ruhezeit

ZUTATEN

1 kleiner Bund frische Minze
2 TL feiner Zucker
2 EL heißes Wasser
2 EL Weißweinessig

Sie benötigen ein Kochmesser, ein Hackbrett und eine Schüssel.

ZUBEREITUNG

1 Die sauberen Minzeblätter von den Stielen zupfen. Sollten die Blätter verschmutzt sein, die Minze vorsichtig abspülen und vor dem Zupfen gründlich trockentupfen.

2 Die Blätter auf ein Hackbrett legen und mit dem Zucker bestreuen. Anschließend sehr fein hacken (der Zucker wirkt dabei unterstützend) und in eine kleine Schüssel geben. Das heiße Wasser zugießen und rühren, um den Zucker aufzulösen.

3 Den Essig zugießen und die Sauce 30 Minuten ziehen lassen. Sie passt hervorragend zu gebratenem Lammfleisch.

GEFLÜGEL UND WILD

Geflügel und Wild zählen zu den gesündesten Proteinquellen. Sie haben nur wenig Fett und sind gleichzeitig reich an wertvollen Vitaminen und Mineralien. Wer küchenfertig zubereitetes Geflügel oder Wild bei seinem Metzger oder im Supermarkt erhalten kann, ist in der Lage, viele schnelle und leichte Gerichte zuzubereiten, insbesondere Gebratenes und Geschmortes.

Hühnerfleisch wird frisch oder tiefgefroren von Tieren aus Käfig-, Boden-, Freiland- oder Öko-Haltung angeboten. Ihr gesamtes Fleisch ist essbar – im Ganzen gebraten, in Stücke zerteilt und geschmort, Brust und Keulen auch gegrillt –, und aus der übrig gebliebenen Karkasse kann eine Suppe bereitet werden. Daneben gibt es Pute bzw. Truthahn, ein klassisches Weihnachtsessen, dem nur die Gans noch Konkurrenz macht, und natürlich Ente – am Stück oder nur die Brust gebraten – sowie Perlhuhn und Wachtel. Zum essbaren Wildgeflügel zählen Fasane, Tauben und Wildenten. Sie können wie Hühnerfleisch gegart, sollten jedoch, wenn ihr Alter ungewiss ist, am besten geschmort werden. Zu den klassischen Haarwildsorten zählen Kaninchen, Hirsch- und Rehwild.

HUHN

Hühnerfleisch ist die begehrteste Proteinquelle. Auf der ganzen Welt wird es in großen Mengen verzehrt. Küchenfertig vorbereitet, wird es bei uns frisch oder tiefgefroren angeboten. Die Art und Weise, wie das Tier, von dem es stammt, aufgezogen wurde, trägt viel zu seiner Qualität bei. Die verfemte Käfighaltung soll zwar in den nächsten Jahren abgeschafft werden, doch auch dann gibt es Qualitätsunterschiede.

Käfighaltung

Die Tiere leben auf sehr beengtem Raum, ohne die Möglichkeit, ihren natürlichen Verhaltensweisen nachzugehen. Die übliche Käfiggröße umfasst weniger Fläche als ein Din-A4-Blatt.

Bodenhaltung

Die Hühner werden in Ställen gehalten, wo sie sich frei bewegen und viele ihrer typischen Verhaltenweisen ausüben können. Auch hier kommen jedoch auf einen Stall 1000 bis 5000 Tiere, die zu sieben, acht oder mehr Tieren gerade einmal 1 m² Fläche zur Verfügung haben.

Freilandhaltung

Freilandhühner haben neben einem Stall mit Sitzstangen und Nestern tagsüber Auslauf im Freien. Dabei stehen jedem Huhn mindestens 4 m² Fläche zur Verfügung, wo es seine natürlichen Verhaltensweisen ungehindert ausleben kann.

ökologische Haltung

Hühner aus ökologischer Haltung profitieren nicht nur von der Freilandhaltung sondern unter anderem auch von Futtermitteln, die aus ökologischer Landwirtschaft stammen.

Maishühner

Im Unterschied zu anderen Hühnern werden sie zu mindestens 50 % mit Mais gefüttert, daher ist ihr leicht erkennbares Fleisch auch maisgelb gefärbt.

Einkauf

Kaufen Sie Hühnerfleisch stets bei einem zuverlässigen Händler, etwa einem Metzger, einem Geflügelhändler oder in einem Supermarkt mit gutem Umsatz an Geflügel. Zum Braten sollten Sie nur frische Tiere verwenden, zum Schmoren hingegen sind Tiefkühlware und einzelne Hühnerteile ideal. Frische Tiere sollten weich, fleischig und zart rosa sein, niemals hager oder verfärbt und mit Prellungen. Ein ganzes, in einzelne Teile zerlegtes Huhn ist oftmals günstiger als separat angebotene Teile; zudem ist die Auswahl an Fleischstücken dann vielfältiger, als wenn Sie lediglich Bruststücke und Keulen kaufen würden.

Bei tiefgefrorenem Fleisch sollten Sie auf Markenware zurückgreifen und immer das Mindesthaltbarkeitsdatum beachten. Kaufen Sie keine Tiefkühlware mit beschädigter Verpackung.

Hühnerteile aller Art sind in verschiedenen Größen leicht erhältlich – ob ganze Keulen, Unterschenkel, Oberschenkel, Flügel oder Brustfilets.

GEFLÜGEL FÜLLEN

1 Die Füllmasse an der Halsöffnung des Tieres locker einfüllen. Wird sie zu fest eingefüllt, gart das Fleisch nicht richtig durch, und es besteht die Gefahr von Salmonellenbefall. Nach dem Füllen die Haut über die Öffnung ziehen und mit einem Spieß fixieren. Dann Flügel und Keulen mit Küchengarn zusammenbinden.

GEFLÜGEL ZERLEGEN

1 Das Tier mit der Brust nach oben auf ein Hack-brett legen. Eine Keule mit einem scharfen Messer abtrennen. Anschließend die zweite Keule, dann auch beide Flügel abschneiden.

2 Die Brust mit einer Geflügel- oder Küchen-schere am Brustbein entlang teilen und dann die Brust-stücke vom Rücken trennen.

Arten

Die kleinsten Hühner sind die Stubenküken (3–5 Wochen alt). Mit einem Gewicht von bis zu 400 g bieten sie genug Fleisch für eine Person. Die bis zu 1 kg schwer werdenden Hähnchen (etwa 7 Wochen alt), die traditionell als Brathähnchen verkauft wer-den, reichen bereits für 2–3 Personen. Noch etwas größer sind die bis zu 2,5 kg wiegenden Poularden (10–12 Wochen alt), die Fleisch für bis zu 4 Personen bieten. Das ebenso schwer wer-dende Suppenhuhn (12–15 Monate alt) hat etwas zäheres Fleisch und ist daher nur für Suppen und Frikassees geeignet.

Lagerung

Bringen Sie Hühnerfleisch nach dem Einkauf schnell nach Hause, und lagern Sie es locker in Frischhaltefolie eingeschla-gen im Kühlschrank. Eventuelles Hühnerklein (Innereien) muss sofort aus der Leibhöhle entfernt und innerhalb von 24 Stunden verarbeitet werden. Das restliche Fleisch sollte im Zeitraum von 1–2 Tagen verzehrt werden. Frische Hühnerteile können Sie portionsweise bis zu 3 Monate einfrieren.

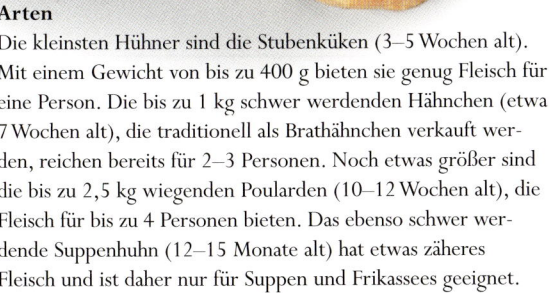

Tiefkühlware sollte nach dem Kauf so rasch wie möglich in die Gefriertruhe gegeben werden. Vor dem Verzehr taut man es am besten im Kühlschrank auf. Achten Sie darauf, dass es wirklich völlig aufgetaut ist, bevor Sie es garen, und frieren Sie einmal aufgetautes Fleisch nicht wieder ein.

HÜHNERFLEISCH GAREN

Garen im Backofen (Gewicht inklusive Füllung)
- 25 Minuten je 450 g Gewicht bei 190 °C für Hühner mit einem Gesamtgewicht zwischen 900 g und 1,3 kg.
- 20 Minuten je 450 g Gewicht, plus zusätzliche 20 Minuten bei 190 °C für Hühner mit einem Gesamtgewicht zwischen 1,3 kg und 1,8 kg.
- 20 Minuten je 450 g Gewicht bei 190 °C für Hühner mit einem Gesamtgewicht zwischen 1,8 g und 2,7 kg.

Falls ein Vogel während des Garens zu schnell bräunt, decken Sie ihn gegen Ende der Garzeit mit Alufolie ab. Übergießen Sie ihn halbstündlich mit Bratsud, und stechen Sie zur Garprobe an der dicksten Stelle mit einer scharfen Messerspitze ein: Wenn klarer Bratensaft herausrinnt, ist der Vogel gar. Gleichzeitig sollten sich die Keulen leicht vom Körper lösen lassen. Verzehren Sie wegen der Salmonellengefahr niemals Geflügel, das nicht richtig gar ist.

Kurzbraten und Grillen
Keulen und Bruststücke sind hierfür besonders geeignet. Brustfleisch sollte zum Grillen mit Öl oder Butter bestrichen werden, damit es nicht austrocknet. Bei den natürlich fettreichen Keulen ist das nicht notwendig. Würzen Sie das Fleisch vor dem Garen gründlich, und verwenden Sie zum Braten eine Mischung aus Butter und Olivenöl, um Bräunung und Geschmack zu fördern.

Zum Grillen über heißer Holzkohle eignen sich alle Hühnerteile. Brustfleisch sollte jedoch am Knochen belassen werden, damit es saftig bleibt. Aus diesem Grund können auch die anderen Teile vor dem Garen mariniert werden; dadurch erhalten sie zusätzlich mehr Geschmack.

PUTE (TRUTHAHN)

Ganze Puten bzw. Truthähne sind frisch meist nur zur Weihnachtszeit erhältlich. Zu anderen Zeiten kommen sie tiefgefroren in den Handel. Ihr Fleisch ist sehr gesund, da es nur etwa halb so viel Fett enthält wie das von Hühnern. Das Gewicht variiert stark, am gefragtesten sind Vögel zwischen 2,7 kg und 7,2 kg. Da ihr Fleisch sowohl warm als auch kalt gegessen werden kann, ist es eine ideale Universalzutat für die ganzen Feiertage.

Wie Hühner werden auch Puten bzw. Truthähne oft auf sehr beengtem Raum gezüchtet. Mittlerweile wird aber auch Fleisch von frei laufenden und ökologisch gehaltenen Tieren verkauft.

Einkauf
Wie bei Hühnerfleisch sollten Sie auch hier einen vertrauensvollen Händler wählen, der Ware anbietet, mit der Sie zufrieden sind. Greifen Sie bei tiefgefrorenem Fleisch auf Markenware zurück, die vor dem Garen gründlich aufgetaut werden sollte. Rechnen Sie dazu mit 10–12 Stunden pro Kilogramm Fleisch im Kühlschrank oder 4–6 Stunden für das gleiche Gewicht bei Zimmertemperatur – wobei die Zeit hier je nach tatsächlicher Raumtemperatur natürlich variieren kann. Auch in Anbetracht der Salmonellengefahr ist das Auftauen im Kühlschrank daher wohl die sicherere Methode.

Putenteile sind das ganze Jahr über erhältlich. Ob Oberschenkel, Unterschenkel, Brustfleisch oder Schnitzel, sie alle sind eine günstige und gesunde Alternative zu fettreicherem Rind-, Lamm- und Schweinefleisch.

Lagerung
Lagern Sie Truthähne und Putenfleisch nach dem Kauf sofort im Kühlschrank. Falls es kalt ist, können Sie es notfalls auch eine Nacht im Kofferraum lagern. Zuvor müssen Sie jedoch die Innereien entfernen und das Fleisch locker in Frischhalte- oder Alufolie einschlagen. Tiefkühlware sollte nach dem Kauf so rasch wie möglich in die Gefriertruhe gegeben werden. Wie Frischware muss es vor dem Garen auf Zimmertemperatur gebracht werden. Für Putenteile gilt dasselbe wie umseitig für Hühnerteile beschrieben.

PUTE BZW. TRUTHAHN GAREN
Eine genaue Garzeit für Puten ist schwer zu benennen. Sie hängt von Rasse, Aufzucht, Alter und Größe des Tieres ab. Beginnen Sie in jedem Fall mit einer hohen Temperatur, damit das Fett austritt und die Haut knusprig braun wird.

Garen im Backofen
Den Vogel zunächst 30 Minuten bei 220 °C braten. Dann mit Alufolie abdecken und bei 180 °C weitere 15 Minuten je 450 g Gewicht plus zusätzliche 15 Minuten bei der gleichen Temperatur garen. Wurde der Vogel gefüllt, fallen eventuell weitere 15–30 Minuten Garzeit an.

Unterdessen das Tier halbstündlich mit Bratsud übergießen, damit es saftig bleibt. 30 Minuten vor Ende der Garzeit die Folie entfernen, um eine schöne Bräunung zu erzielen. Zur Garprobe eine Keule mit einem Spieß einstechen: Rinnt klarer Bratensaft heraus, ist der Vogel gar.

Decken Sie ihn dann mit Frischhaltefolie ab, und lassen Sie ihn vor dem Tranchieren 30 Minuten an einem warmen Ort ruhen.

Kurzbraten und Grillen
Dünne Putenbruststreifen sind ideal für Pfannengerührtes, sie können Hühnerfleisch in jedem entsprechenden Rezept ersetzen.

Wachtel

Maishuhn

Perlhuhn

Barbarie-Ente

ENTE

Ente ist ein sehr fettreiches Geflügel. Ganze Vögel sind in der Regel zu jeder Jahreszeit erhältlich. Daneben sind regelmäßig einzelne Entenbrüste und -keulen im Angebot. Rechnen Sie mit 700 g pro Person, wenn sie einen ganzen Vogel kaufen. Wenn Sie für mehr als vier Personen kochen, bietet es sich eher an, zwei kleinere Jungenten zu kaufen als eine große, da deren Fleisch zarter ist.

Einkauf

Auch hier ist ein vertrauenswürdiger Händler gefragt. Ein frischer Vogel ist die beste Wahl, aber auch gegen Tiefkühlware ist nichts einzuwenden. Achten Sie darauf, dass sie vor der Verwendung gründlich aufgetaut und trockengetupft wird. Hausenten werden auch in Deutschland gezüchtet, doch zu den besonders guten Zuchtrassen zählen andere, etwa die Aylesbury-Ente aus England und die berühmte Barbarie-Ente aus Frankreich.

Lagerung

Für die Lagerung von Entenfleisch gilt dasselbe wie für die Aufbewahrung von Hühnerfleisch (siehe Seite 141).

ENTENFLEISCH GAREN

Das fettreiche Entenfleisch muss bei sehr hohen Temperaturen gegart werden, damit es goldbraun und knusprig wird. Garen Sie Ente daher am besten auf einem Rost über einem Bräter, damit das austretende Fett ablaufen kann und auch die Unterseite des Vogels schön knusprig wird. Das gut gewürzte Tier brät man 15 Minuten bei 220 °C. Anschließend fährt man mit 30 Minuten Garzeit je 450 g Gewicht bei 180 °C fort. Gießen Sie von Zeit zu Zeit abgelaufenes Fett aus dem Bräter ab – wer mag, kann es bis zu 1 Monat in einem Schraubglas im Kühlschrank lagern und zum Braten von Kartoffeln verwenden.

Falls die Ente während des Bratens zu stark bräunt, decken Sie sie mit Alufolie ab. Den fertigen Vogel sollten Sie gut abtropfen lassen und mit einer Geflügel- oder Küchenschere vierteln oder mit einem Tranchiermesser in dünne Scheiben schneiden. Da Ente relativ wenig Fleisch besitzt, ist dies allerdings eine eher knifflige und langwierige Aufgabe. Servieren Sie die fertige Ente mit Orangen- oder Aprikosensauce (siehe Seite 139). Entenbrüste lassen sich recht gut grillen. Keulen sind eher zäh und sollten vor dem Braten in köchelnder Brühe vorgegart werden. Für Schmortopfgerichte eignen sie sich hingegen hervorragend.

UNTEN: Stechen Sie die Haut einer Ente vor dem Braten mehrfach ein, damit das Fett ablaufen kann. Weil sie sehr fettreich ist, sollte sie nicht gefüllt werden. Jedoch können gehackte Zwiebeln oder Äpfel als Füllung köstliche Aromageber sein.

UNTEN: Garen Sie Ente am besten immer auf einem Rost, damit das Fett gut ablaufen kann, so wird auch die Unterseite des Vogels schön knusprig.

GANS

Gans ist sogar noch fetthaltiger als Ente, besticht aber durch ihr köstliches dunkles Fleisch. Pro Person rechnet man mit 675 g Rohgewicht. Frische Gänse sind von Herbst bis zur Weihnachtszeit erhältlich, obwohl einige Großstadthändler sie vielleicht auch zu anderen Zeiten besorgen können. Im Allgemeinen werden Gänse auf kleineren Höfen in Freilandhaltung gezüchtet. Ihr Alter kann anhand der Krallen bestimmt werden: Die von Jungtieren sind weich und gelb, die von älteren Vögeln trockener und fester. Tiefgefrorene Gänse sind ganzjährig erhältlich. Da sich Gänse gut einfrieren lassen, sind diese ein guter Ersatz für frische Tiere. Auch hier ist jedoch darauf zu achten, dass sie vor der Verarbeitung gründlich und schonend aufgetaut werden.

GÄNSEFLEISCH GAREN

Wie Enten gart man Gänse am besten auf einem Rost und zwar zunächst mit der Unterseite nach oben, damit auch diese eine schöne Bräunung erhält. Erst danach wird die Brust gegart. Füllen sollte man Gänse nicht, denn eine Füllung würde das beim Garen austretende Fett aufsaugen und dann sehr fettig werden. Sie können jedoch etwas gehackte Zwiebel und gehackten Apfel in die Leibhöhle geben, um dem Vogel mehr Aroma zu verleihen. Vor dem Garen stechen Sie die Haut mehrfach ein, dann braten Sie das Tier 30 Minuten bei 220 °C. Anschließend das Tier wenden und abgelaufenes Fett aus dem Bräter abgießen – wer mag, kann es wie Entenfett bis zu 1 Monat in einem Schraubglas im Kühlschrank lagern und bei Bedarf zum Braten von Kartoffeln verwenden. Die Gans nach dem Wenden zunächst weitere 15 Minuten bei gleicher Temperatur braten, dann die Backofentemperatur auf 180 °C reduzieren und erneut abgeflossenes Fett abgießen. Von nun an den Vogel je 450 g Gewicht weitere 15 Minuten garen. Sollte er unterdessen zu stark bräunen, decken Sie ihn einfach mit Alufolie ab. Die fertig gegarte Ente vorsichtig tranchieren und mit Brokkoli oder Apfel-Rotkohl (siehe Seite 168) servieren.

WILD

Traditionell werden mit dem Begriff „Wild" alle wild lebenden, jagdbaren Tiere bezeichnet. Mittlerweile werden einige dieser Tiere jedoch auch speziell zum Verzehr gezüchtet, denn ihr Fleisch hat stark an Popularität gewonnen, weil es weniger fettreich und gesünder ist, als das anderer Tiere. Lange Zeit war Wild nur in Feinkostgeschäften oder bei Fachhändlern erhältlich, mittlerweile wird es jedoch auch in einigen Supermärkten angeboten. Achten Sie beim Verzehr auf Schrotkugeln, die noch im Fleisch stecken können, denn darauf zu beißen ist eine eher unangenehme Erfahrung.

Fasan

Frischen Fasan erhalten Sie in Deutschland von Oktober bis Januar, der hiesigen Jagdzeit für Fasane. Die im Supermarkt angebotenen Vögel sind normalerweise nicht so gut abgehangen wie jene, die der Fachhändler anbietet, daher schmecken sie meist etwas milder. Fleisch von weiblichen Tieren ist zudem oft zarter als das der Männchen, das darüber hinaus oft auch fettiger ist. Junger Fasan schmeckt gebraten hervorragend, doch wenn man das Alter nicht kennt, sollte man einen Fasan besser schmoren.

Kaninchen

Kaninchen werden üblicherweise zum Verzehr gezüchtet, aber manchmal sind auch Wildkaninchen erhältlich, die ein weitaus intensiveres Aroma besitzen. Zuchtkaninchen schmecken ein wenig wie Hühnerfleisch. Am besten werden sie geschmort, da ihr Fleisch relativ trocken sein kann. Mancherorts ist entbeintes Kaninchenfleisch erhältlich, das für Einsteiger eine gute Möglichkeit bietet, das Fleisch zu testen.

Reh und Hirsch

Diese typischen Wildtiere werden vor allem im Herbst gejagt. Mittlerweile werden aber Hirsche auch für den Verzehr gezüchtet, sodass ihr Fleisch nunmehr ganzjährig erhältlich ist. Reh- und Hirschfleisch werden ähnlich zugeschnitten wie das vom Rind und können ähnlich verwendet werden. Es beinhaltet jedoch weniger Cholesterin und ist somit gesünder als Rindfleisch. Das beste Fleisch kommt von weniger als zwei Jahre alten männlichen Tieren. Erhältlich ist es als ganzer Braten (Keule und Rücken) sowie fertig zubereitet zum Braisieren und Schmoren (Schulter und Nacken). Da es relativ trocken ist, bietet sich im Allgemeinen das Schmoren an. Falls Sie jedoch einmal die Chance haben, das Fleisch frisch gejagter Jungtiere zu erwerben, sollten Sie unbedingt auch einmal einen gebratenen Rehrücken testen.

BRATHÄHNCHEN

Mit viel Thymian und Knoblauch gebraten, verwandelt sich Hühnerfleisch in eine kulinarische Köstlichkeit für viele Gelegenheiten. Wer eine gehaltvollere Sauce wünscht, bereitet sie mit kräftigem Geflügelfond (siehe Seite 61) wie auf Seite 152–153 für den gebratenen Truthahn beschrieben zu.

Für 6 Personen
Vorbereitung: 15 Minuten
Garzeit: 2 Stunden 15 Minuten

ZUTATEN

1 küchenfertige Poularde aus Freilaufhaltung (2,25 kg)
4 EL Butter
2 EL frisch gehackter Thymian (möglichst Zitronenthymian)
3 Knoblauchzehen, geschält und zerdrückt
Salz und Pfeffer
1 Zitrone, geviertelt
125 ml Weißwein
6 frische Thymianzweige, zum Garnieren

Zum Servieren
1 Portion Brotsauce (siehe Seite 157)
gekochte neue Kartoffeln
grüner Salat

Sie benötigen einen kleinen Bräter, eine Schüssel, eine Gabel, ein Kochmesser, ein Hackbrett, einen Backpinsel, einen Messbecher, ein spitzes Messer oder einen Spieß, Alufolie und einen Holzspatel.

ZUBEREITUNG

1 Den Backofen auf 220 °C vorheizen. Die Poularde innen und außen gründlich waschen, mit Küchenpapier trockentupfen und in einen Bräter geben.

2 Die Butter mit einer Gabel in einer Schüssel geschmeidig rühren. Thymian und Knoblauch untermischen und alles gut mit Salz und Pfeffer würzen.

3 Die Poularde innen und außen rundum mit der Kräuterbutter bestreichen. Die Zitronenspalten in die Körperhöhlung füllen.

4 Die Poularde im vorgeheizten Backofen 20 Minuten braten, dann die Temperatur auf 190 °C reduzieren, die Hälfte des Weins zugießen und die Poularde erneut 1 Stunde und 15 Minuten braten; dabei regelmäßig mit Bratsud bestreichen. Falls während des Bratens zu viel Flüssigkeit verdunstet, zusätzlich 2–3 Esslöffel Wasser oder Wein zufügen.

5 Als Garprobe die Poularde an der dicksten Stelle mit einem spitzen Messer oder einem Spieß einstechen: Wenn klarer Bratensaft aus der Einstechstelle rinnt, ist sie gar. In diesem Fall den Bräter aus dem Backofen nehmen.

6 Die Poularde aus dem Bräter heben, auf eine vorgewärmte Servierplatte geben, mit Alufolie abdecken und vor dem Tranchieren 10 Minuten ruhen lassen.

7 Den Bräter auf den Herd stellen, den restlichen Wein zugießen und mit dem Bratsud vermengen. Den Sud bei geringer Hitze 2–3 Minuten köcheln lassen, bis er eindickt und glänzt. Dann abschmecken und eventuell nachwürzen.

8 Die Poularde mit Thymianzweigen garnieren und mit dem Bratsud sowie etwas Brotsauce, neuen Kartoffeln und grünem Salat servieren.

WEINVORSCHLAG

Ein halbtrockener roter Burgunder, wie Nuits St. Georges

HÄHNCHEN À LA DAUPHINE

Für 4 Personen
Vorbereitung: 25 Minuten
Garzeit: 1 Stunde – 1 Stunde 30 Minuten

ZUTATEN

675 g Porree, geputzt

280 g kleine fest kochende Kartoffeln

1 EL Olivenöl

1 Knoblauchzehe, geschält und gehackt

200 g Frischkäse mit Knoblauch und Kräutern

125 ml Weißwein

175 ml Hühnerbrühe

2 TL Speisestärke

4 Hähnchenbrustfilets

Salz und Pfeffer

2 EL Butter, zerlassen

2 EL frisch gehackte Petersilie, zum Garnieren

Sie benötigen ein Gemüsemesser, ein Hackbrett, ein Kochmesser, eine Bratpfanne, einen Holzspatel, eine große, flache
Auflaufform (etwa 1,7 l Inhalt), einen Messbecher, einen Standmixer und einen Backpinsel.

WEINVORSCHLAG
Ein neuseeländischer
Chardonnay (weiß) oder ein
gekühlter Beaujolais (rot)

ZUBEREITUNG

1 Den Backofen auf 180 °C vorheizen und den Porree in breite
Ringe schneiden.

2 Die Kartoffeln schälen und in hauchdünne Scheiben
schneiden.

3 Das Öl bei mittlerer Hitze in einer Pfanne erwärmen. Porree
und Knoblauch darin 3–4 Minuten weich dünsten, dann die
Pfanne vom Herd nehmen und das Gemüse in eine Auflaufform
füllen.

4 Käse, Wein, Brühe und Speisestärke in einem Mixer zu einer
glatten Sauce verarbeiten.

5 Die Hähnchenbrüste auf dem Porreebett verteilen, gut mit
Salz und Pfeffer würzen und mit der Käsesauce übergießen.

6 Die Kartoffelscheiben über das Fleisch schichten, mit Salz und
Pfeffer würzen und mit der zerlassenen Butter bestreichen.

7 Das so vorbereitete Gericht 60–90 Minuten im vorgeheizten
Backofen garen, bis die Kartoffeln gar und gut gebräunt
sind. Anschließend mit Petersilie bestreuen und sofort servieren.

KLASSISCHER GÄNSEBRATEN

Durch den hohen Fettgehalt wurde Gänsebraten in den letzten Jahren etwas geschmäht. Da das Fleisch beim Garen recht viel Fett abgibt, verzichtet man besser auf eine Füllung, da diese sonst zu fettig würde. Wer mag, füllt die Gans mit Aromagebern wie Zwiebeln und Zitronen und gart die Füllung separat dazu. Pro Person rechnet man mit 675 g unentbeintem Fleisch.

Für 6 Personen
Vorbereitung: 15 Minuten
Garzeit: 2 Stunden 30 Minuten

ZUTATEN

1 küchenfertige Gans (4 kg)
Salz und Pfeffer
1 Zwiebel, geschält und grob gehackt
1 Apfel, entkernt und grob gehackt
1 Zitrone, geviertelt
2 frische Salbeizweige
1 EL Mehl
350 ml kräftiger Geflügelfond (siehe Seite 61)

Zum Servieren
Salbei-Zwiebel-Füllung (siehe Seite 159)
Apfelmus
Bratkartoffeln (siehe Seite 173)
Apfel-Rotkohl (siehe Seite 168)
gekochtes Gemüse der Saison, z. B. Brokkoli

Sie benötigen ein Gemüsemesser, ein Kochmesser, ein Hackbrett, einen großen, stabilen Bräter mit Bratrost, einen Spieß, einen Backpinsel, Alufolie, einen Holzspatel oder einen kleinen Schneebesen und einen Messbecher.

ZUBEREITUNG

1 Den Backofen auf 200 °C vorheizen. Die Gans innen und außen gründlich waschen und mit Küchenpapier trockentupfen. Überschüssiges Fett aus der Körperhöhle entfernen und die Gans mit Salz und Pfeffer einreiben. Zwiebel, Apfel, Zitrone und Salbei in die Körperhöhle füllen.

2 Die Gans mit der Brust nach unten auf einen Bratrost legen. Den Rost in einen Bräter hängen und die Haut der Gans mehrmals mit einem Spieß einstechen, damit das Fett während des Bratens austreten kann.

3 Die Gans im vorgeheizten Backofen 15 Minuten braten, bis die Haut knusprig wird. Den Vogel wenden und weitere 15 Minuten braten. Überschüssiges Fett abgießen und beiseite stellen. Die Gans mit ausgetretenem Bratsud bestreichen, dann die Backofentemperatur auf 180 °C reduzieren und die Gans weitere 2 Stunden braten; dabei regelmäßig bestreichen und überschüssiges Fett abgießen – mit diesem können später Bratkartoffeln zubereitet werden. Die Gans eventuell mit Alufolie abdecken, falls sie während des Bratens zu stark bräunt.

4 Als Garprobe die Gans an der dicksten Stelle mit einer Messerspitze oder einem Spieß einstechen: Tritt klarer Bratensaft aus der Einstichstelle, ist sie gar.

5 Die fertige Gans auf eine vorgewärmte Servierplatte heben, mit Alufolie abdecken und beiseite stellen.

6 Überschüssiges Fett aus dem Bräter bis auf etwa 2 Esslöffel abgießen, dann den Bräter bei geringer Hitze auf den Herd stellen. Das Mehl einstreuen und 1 Minute unter Rühren mit einem kleinen Schneebesen oder einem Holzspatel anschwitzen; dabei den angebackenen Bratensatz vom Bräterboden lösen. Nach und nach den Geflügelfond zugießen; dabei ständig rühren, bis eine glatte Sauce entsteht. Diese 3–4 Minuten bei mittlerer Hitze aufkochen, bis sie leicht eingedickt ist. Die fertige Sauce abschmecken und bei Bedarf nachwürzen.

7 Die Sauce in eine vorgewärmte Sauciere füllen und mit den Beilagen zur Gans servieren.

WEINVORSCHLAG

Ein italienischer Barolo oder ein Merlot (beide rot)

SALAT MIT WARMER ENTENBRUST

Für 4 Personen
Vorbereitung: 10 Minuten
Garzeit: 15–20 Minuten

ZUTATEN

4 Entenbrustfilets (je etwa 175 g)
1-cm-Stück frische Ingwerwurzel, geschält und fein gehackt
2 EL Sojasauce
2 EL flüssiger Honig
2 EL Zitronensaft
Salz und Pfeffer
115 g gemischte Salatblätter, darunter Rucola und Brunnenkresse
115 g Zuckererbsen, 1 Minute blanchiert

Sie benötigen ein scharfes Messer, eine schwere Schmorpfanne oder eine einfache Bratpfanne und einen bayrischen Bräter, Alufolie und einen Holzspatel.

ZUBEREITUNG

1 Den Backofen auf 230 °C vorheizen. Die Fettschicht auf den Entenbrüsten in einem Abstand von je etwa 1 cm mit einem scharfen Messer diagonal einschneiden. Die Schnitte in die andere Richtung wiederholen, um ein Rautenmuster zu erhalten. So kann das Fett beim Garen austreten und die Haut knusprig werden.

WEINVORSCHLAG
Ein kalifornischer Zinfandel oder ein Rotwein aus Australien

2 Die Pfanne ohne Fett stark erhitzen. Die Entenbrüste mit der Fettschicht nach unten hineingeben und 4–5 Minuten goldbraun anbraten, anschließend wenden und die Pfanne in den vorgeheizten Backofen geben. Oder die Entenbrüste in einen Bräter umfüllen.

3 Die Entenbrüste im oberen Drittel des vorgeheizten Backofens je nach gewünschtem Gargrad 10–15 Minuten braten.

4 Das fertige Fleisch auf einen vorgewärmten Teller heben, mit Alufolie abdecken und warm stellen.

5 Für die Sauce überschüssiges Fett aus Pfanne oder Bräter bis auf etwa 2 Esslöffel abgießen. Pfanne oder Bräter auf den Herd stellen und den Ingwer einrühren; dabei angebackenen Bratensatz vom Boden des Kochgeschirrs lösen. Dann Sojasauce, Honig und Zitronensaft einrühren. Die Sauce kurz aufkochen, bis sie eindickt, dann mit Salz und Pfeffer würzen.

6 Die Entenbrüste in dünne Scheiben schneiden und in die Mitte einer großen Servierplatte legen. Die Salatblätter am Rand der Platte anrichten und die Sauce über das Fleisch gießen. Alternativ alle Zutaten auf 4 Portionsteller verteilen.

7 Die Zuckererbsen zufügen und den fertigen Salat sofort servieren.

COQ AU VIN

Für dieses Gericht werden Hähnchenteile mit Perlzwiebeln und Champignons in Rotwein gegart. Wie alle Schmortöpfe bereitet man auch diesen idealerweise einen Tag im Voraus zu. Danach kühlt man ihn rasch ab und erwärmt ihn bei Bedarf.

Für 8 Personen
Vorbereitung: 40 Minuten
Garzeit: 1 Stunde 30 Minuten

ZUTATEN

2 EL Mehl

Salz und Pfeffer

1 küchenfertige Poularde (1,8 kg), in 8 Stücke geteilt, oder 8 Hähnchenteile

2 EL Olivenöl

2 EL Butter

225 g küchenfertige Speckstreifen oder durchwachsener Speck, in Streifen

450 g Perlzwiebeln, geschält

750 ml Rotwein

2 Knoblauchzehen, geschält und zerdrückt

1 Bouquet garni (siehe Seite 50)

350 g kleine Champignons

2 EL frisch gehackte Petersilie

Sie benötigen einen Gefrierbeutel, einen Schmortopf (etwa 3,5 l Inhalt), einen Holzspatel, ein Gemüsemesser, ein Kochmesser, ein Hackbrett, ein Messbecher und einen Schaumlöffel.

WEINVORSCHLAG
Ein würziger roter Burgunder, etwa ein Côte de Beaume

1 Den Backofen auf 180 °C vorheizen. Das Mehl salzen, pfeffern und in einen Gefrierbeutel geben. Die Hähnchenteile zufügen und durch kräftiges Schütteln rundum mit Mehl überziehen. Öl und Butter in einem Schmortopf erhitzen. Das Fleisch darin bei starker Hitze in zwei Portionen je 5–6 Minuten rundum braun anbraten, aus dem Topf nehmen und warm halten. Dann den Speck im Topf 3–4 Minuten goldbraun und knusprig braten, herausnehmen und warm halten.

2 Die Zwiebeln bei starker Hitze 4–5 Minuten anbräunen, bis sie gerade braun werden. Dann den Wein zugießen und gut umrühren, um am Topfboden angebackenen Bratensatz loszuschaben.

3 Speck und Hähnchenteile in den Topf zurückgeben. Knoblauch und Bouquet garni zufügen, dann alles aufkochen, abdecken und im vorgeheizten Backofen 75 Minuten schmoren.

4 Die Pilze zufügen und 15 Minuten mitgaren. Dann das Bouquet garni entfernen. Hähnchenteile, Speck, Zwiebeln und Pilze mit einem Schaumlöffel aus dem Topf heben, in einer Servierschüssel beiseite stellen und warm halten.

5 Den Topf mit dem Kochsud bei geringer Hitze auf den Herd stellen und abschmecken. Dann den Sud sprudelnd aufkochen, bis er eindickt und glänzt. Die fertige Sauce über die beiseite gestellten Zutaten gießen, das fertige Gericht mit Petersilie garnieren und sofort servieren.

Zum Einfrieren geeignet. Das Gericht bis zum Ende von Schritt 5 zubereiten, abkühlen lassen, in eine stabile Gefrierdose füllen und bis zu 3 Monate einfrieren. Vor dem Verzehr auftauen und auf dem Herd oder bei 180 °C im vorgeheizten Backofen 40–45 Minuten erwärmen.

KLASSISCHER TRUTHAHNBRATEN

Nichts geht über einen traditionellen Truthahnbraten — die weit verbreitete Festtagsspeise ist sehr beliebt. Oft kommt es zu Diskussionen über die Frage, ob er gefüllt werden soll oder nicht. Hier wird eine leichte Sellerie-Walnuss-Füllung für die Körperhöhlung verwendet, die das Fleisch saftig hält, und eine klassische Maronenfüllung für den Hals. Beide Massen sollten nicht zu fest eingefüllt werden, da das Fleisch sonst nicht einwandfrei gart. Als Beilagen eignen sich eine Brot- oder Preiselbeersauce (siehe Seite 157).

Für 10 Personen

WEINVORSCHLAG

Ein Riesling (weiß) oder ein
leichter Bordeaux Claret
(rot), etwa aus dem Médoc

Vorbereitung: 20 Minuten

Garzeit: 3 Stunden 30 Minuten – 4 Stunden

ZUTATEN

1 küchenfertiger Truthahn (5,5 kg)

Salz und Pfeffer

1 Portion Sellerie-Walnuss-Füllung (siehe Seite 158)

1 Portion Maronenfüllung (siehe Seite 158)

115 g weiche Butter

10 dünne Scheiben durchwachsener Speck

2 EL Mehl

1 l kräftiger Geflügelfond (siehe Seite 61)

125 ml Rotwein

Sie benötigen Metallspieße, Fleischerfaden, einen Backpinsel, einen großen, stabilen Bräter, einen Löffel, einen Holzspatel, einen Messbecher und Alufolie.

1 Den Backofen auf 220 °C vorheizen. Den Truthahn gründlich waschen und innen wie außen mit Küchenpapier trockentupfen. Anschließend innen und außen mit Salz und Pfeffer einreiben. Die Körperhöhlung mit der Sellerie-Walnuss-Füllung, die Halsöffnung mit der Maronenfüllung füllen. Die Halsöffnung mit Metallspießen verschließen und die Keulen mit Fleischerfaden zusammenbinden.

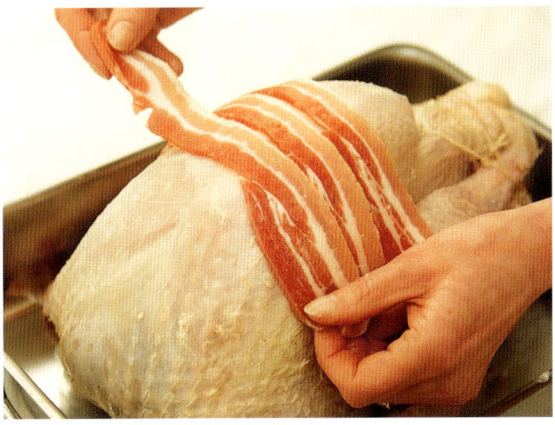

2 Den Truthahn rundum mit Butter bestreichen; einen Teil davon auch unter die Brusthaut drücken. Den Truthahn in den eingefetteten Bräter geben, erneut salzen, pfeffern und die Brust mit den Speckscheiben abdecken. Dann den Truthahn mit Alufolie abdecken und 30 Minuten in den vorgeheizten Backofen geben. Die Temperatur auf 180 °C reduzieren und den Vogel weitere 2 Stunden 30 Minuten bis 3 Stunden braten.

3 Das Fleisch alle 30 Minuten mit dem austretenden Bratensaft übergießen. 45 Minuten vor Ende der Garzeit die Folie entfernen. Dabei von Zeit zu Zeit erneut übergießen. Den Speck entfernen, wenn er knusprig genug ist, beiseite stellen und warm halten.

5 Überschüssiges Fett abgießen, dann den Bräter bei geringer Hitze auf den Herd stellen. Das Mehl einstreuen, zu einer glatten Paste verrühren und 1 Minute kochen, dann unter ständigem Rühren den Fond zugießen. Den Wein zugießen und die Sauce 3–4 Minuten aufkochen, bis sie etwas eingedickt ist.

4 Als Garprobe den Truthahn an der dicksten Stelle mit einem Spieß einstechen: Tritt klarer Bratensaft aus der Einstichstelle, ist er gar. Auch sollten die Keulen nur noch locker am Brustkorb sitzen. Den fertigen Truthahn auf eine Servierplatte heben, mit Alufolie abdecken und bis zu 1 Stunde ruhen lassen.

6 Die Sauce abschmecken und eventuell nachwürzen. Bratensaft, der beim Tranchieren des Truthahns austritt, später noch zufügen. Die fertige Sauce in eine vorgewärmte Sauciere füllen und mit dem Truthahn servieren.

WILD-SCHMORTOPF

Bereiten Sie diesen Schmortopf einen Tag im Voraus zu, damit sich seine Aromen voll entfalten können. Kühlen Sie ihn nach der Zubereitung rasch ab, und lagern Sie ihn über Nacht abgedeckt im Kühlschrank. Vor dem Servieren sollten Sie ihn langsam aufwärmen, entweder auf dem Herd oder 35–40 Minuten bei 180 °C im vorgeheizten Backofen.

Für 6 Personen
Vorbereitung: 30 Minuten
Garzeit: 2 Stunden 30 Minuten

ZUTATEN

3 EL Olivenöl

1 kg Schmorfleisch vom Reh oder Hirsch, in 3 cm großen Würfeln

2 Zwiebeln, geschält und in dünnen Ringen

2 Knoblauchzehen, geschält und gehackt

350 ml Rindfleisch- oder Gemüsebrühe

2 EL Mehl

2 EL Gelee von roten Johannisbeeren

125 ml Port- oder Rotwein

6 Wacholderbeeren, zerstoßen

4 Gewürznelken, zerstoßen

1 Prise Zimt

1 Prise frisch geriebene Muskatnuss

Salz und Pfeffer

Ofenkartoffeln oder Kartoffelpüree, zum Servieren

Sie benötigen eine Bratpfanne, einen Holzspatel, einen Schmortopf (etwa 1,7 l Inhalt), ein Kochmesser, ein Hackbrett, einen Messbecher und einen Schaumlöffel.

ZUBEREITUNG

1 Den Backofen auf 180 °C vorheizen. Das Öl in einer großen Pfanne erhitzen und das Wildfleisch darin, am besten portionsweise, 2–3 Minuten bei starker Hitze scharf anbraten, bis es rundum gebräunt ist. Das angebratene Wild aus der Pfanne heben und in einen Schmortopf umfüllen.

2 Zwiebeln und Knoblauch in die Pfanne geben und bei mittlerer Hitze etwa 3 Minuten goldbraun anbraten, anschließend zum Wild geben.

3 Nach und nach die Brühe in die Pfanne gießen und aufkochen; dabei gut rühren, um angebackenen Bratensatz vom Pfannenboden loszuschaben.

4 Das Mehl über das Wild im Schmortopf streuen und gut untermengen.

5 Die heiße Brühe zugießen und einrühren; dabei darauf achten, dass das Wild gerade von der Flüssigkeit bedeckt wird.

6 Das Johannisbeergelee glatt rühren, dann zusammen mit Wein und Gewürzen zufügen.

7 Alles gut mit Salz und Pfeffer würzen, abdecken und im vorgeheizten Backofen 120–150 Minuten schmoren.

8 Den Topf aus dem Backofen nehmen. Das Gericht abschmecken, bei Bedarf nachwürzen und sehr heiß mit Ofenkartoffeln oder Kartoffelpüree servieren.

* Zum Einfrieren geeignet. Dazu das Gericht bis zum Ende von Schritt 7 zubereiten. Dann abkühlen lassen, in eine Gefrierdose umfüllen und bis zu 3 Monate einfrieren. Vor dem Verzehr 5–6 Stunden oder über Nacht bei Zimmertemperatur auftauen und bei Bedarf sanft erhitzen.

WEINVORSCHLAG

Ein körperreicher Claret, etwa ein Pomerol, oder ein australischer Shiraz

KANINCHEN IN SENFSAUCE

Auch dieser Schmortopf wird idealerweise einen Tag im Voraus zubereitet, damit sich seine Aromen voll entfalten können. Kühlen Sie ihn nach der Zubereitung rasch ab, und lagern Sie ihn über Nacht abgedeckt im Kühlschrank oder an einem anderen kalten Ort. Vor dem Servieren sollten Sie ihn 35–40 Minuten sanft erwärmen.

Für 4 Personen
Vorbereitung: 20 Minuten
Garzeit: 1 Stunde – 1 Stunde 30 Minuten

ZUTATEN

2 EL Mehl
Salz und Pfeffer
1 küchenfertiges Kaninchen (etwa 900 g), zerlegt
1 EL Olivenöl
1 EL Butter
100 g durchwachsener Speck, in Streifen
4 Schalotten, geschält und gehackt
1 Knoblauchzehe, geschält und gehackt
150 ml trockener Weißwein
225 ml Hühner- oder Gemüsefond
3 EL körniger Senf
115 g kleine Champignons, in dünnen Scheiben
125 g Crème double
2 EL frisch gehackte Petersilie, zum Garnieren

Sie benötigen einen großen Gefrierbeutel, eine große Bratpfanne, einen Holzspatel, einen Schmortopf (etwa 2 l Inhalt), ein Kochmesser, ein Hackbrett, ein Gemüsemesser, einen Messbecher und einen Schaumlöffel.

ZUBEREITUNG

1. Das Mehl mit Salz und Pfeffer würzen und in einen Gefrierbeutel füllen. Die Kaninchenteile zufügen, und den Beutel gut schütteln, um sie gleichmäßig mit Mehl zu überziehen.

2. Öl und Butter in einer Pfanne erhitzen. Die Kaninchenteile darin bei starker Hitze 4–5 Minuten rundum braun anbraten, dann mit einem Schaumlöffel in einen Schmortopf umfüllen.

3. Den Backofen auf 160 °C vorheizen. Den Speck in die Pfanne geben und bei mittlerer Hitze 3–4 Minuten knusprig braun braten, dann ebenfalls in den Schmortopf geben.

4. Schalotten und Knoblauch 2–3 Minuten in der Pfanne sautieren, bis sie weich und leicht gebräunt sind.

5. Den Wein zugießen und den angebackenen Bratensatz vom Pfannenboden lösen. Dann den Fond zugießen, alles aufkochen und 2 Minuten köcheln lassen.

6. Den Senf einrühren und die fertige Mischung zum Kaninchen in den Schmortopf gießen.

7. Alles gut mit Salz und Pfeffer würzen und im Backofen 60–90 Minuten schmoren, bis das Kaninchen gar ist.

8. Die Pilze 15 Minuten vor Ende der Garzeit unterrühren. Die fertig gegarten Kaninchenteile mit einem Schaumlöffel aus dem Topf heben, in eine Schüssel geben und beiseite stellen.

9. Den Topf auf den Herd stellen und die Sauce darin so lange köcheln lassen, bis sie die gewünschte Konsistenz annimmt. Dann abschmecken und eventuell nachwürzen.

10. Die Crème double einrühren. Die Sauce über das Fleisch gießen, mit Petersilie garnieren und sofort servieren.

* Zum Einfrieren geeignet. Dazu das Gericht bis zum Ende von Schritt 8 zubereiten. Dann abkühlen lassen und zusammen mit der Sauce bis zu 3 Monate einfrieren. Über Nacht im Kühlschrank auftauen und dann 35–40 Minuten bei 170 °C im vorgeheizten Backofen erhitzen. Dann Crème double und Petersilie zufügen.

WEINVORSCHLAG

Ein körperreicher italienischer Montalcino (rot)

FASAN MIT SÜSS-SAURER MARONENSAUCE

Den Schmortopf einen Tag im Voraus zubereiten. Kühlen Sie ihn nach der Zubereitung rasch ab, und lagern Sie ihn über Nacht abgedeckt im Kühlschrank. Vor dem Servieren sollten Sie ihn auf dem Herd oder bei 180 °C im vorgeheizten Backofen 35–40 Minuten sanft erwärmen.

Für 4 Personen
Vorbereitung: 30 Minuten
Garzeit: 1 Stunde 30 Minuten – 2 Stunden

ZUTATEN

1 EL Olivenöl
2 EL Butter
1 großer küchenfertiger Fasan, zerlegt
175 g durchwachsener Speck, in Streifen
225 g vakuumverpackte geschälte Maronen
2 Zwiebeln, geschält und in dünnen Ringen
1 Knoblauchzehe, geschält und gehackt
2 EL Mehl
425 ml Wild- oder Gemüsefond
150 ml Rotwein
abgeriebene Schale und Saft von 1 Orange
2 EL Gelee von roten Johannisbeeren
Salz und Pfeffer

Garnierung
1 Orange, in Scheiben
1 kleines Bund frische Brunnenkresse

Sie benötigen eine große Bratpfanne, einen Holzspatel, einen Schaumlöffel, einen Schmortopf (etwa 2 l Inhalt), ein Kochmesser, ein Hackbrett, einen Messbecher und eine Küchenzange.

ZUBEREITUNG

1 Öl und Butter in einer großen Pfanne erhitzen. Die Fasanteile zufügen und bei starker Hitze 4–5 Minuten rundum braun anbraten. Dann mit einem Schaumlöffel in einen Schmortopf umfüllen.

2 Den Speck bei mittlerer Hitze in der Pfanne goldbraun und knusprig braten, dann ebenfalls in den Schmortopf geben.

3 Den Backofen auf 180 °C vorheizen. Die Maronen in die Pfanne geben und bei geringer Hitze 3–4 Minuten leicht anbräunen, dann auch sie in den Schmortopf füllen.

4 Zwiebeln und Knoblauch in der Pfanne bei mittlerer Hitze 2–3 Minuten sautieren, bis sie weich und gebräunt sind.

5 Das Mehl einstreuen und unter Rühren anschwitzen, damit sich keine Klümpchen bilden. Nach und nach die Brühe einrühren und aufkochen; dabei den am Pfannenboden angebackenen Bratensatz lösen. Zuletzt den Wein zugießen.

6 Den Pfanneninhalt in den Schmortopf gießen.

7 Orangenschale und -saft sowie den glatt gerührten Johannisbeergelee zufügen, alles gut mit Salz und Pfeffer würzen, abdecken und in der Mitte des vorgeheizten Backofens 90–120 Minuten schmoren, bis der Fasan gar ist. Die einzelnen Teile nach der Hälfte der Garzeit einmal wenden.

8 Das fertige Gericht aus dem Backofen nehmen, abschmecken und bei Bedarf nachwürzen.

9 Den Fasan mit Orangenscheiben und ein wenig frischer Brunnenkresse garniert servieren.

* Zum Einfrieren geeignet. Dazu das Gericht bis zum Ende von Schritt 8 zubereiten. Dann abkühlen lassen, in eine Gefrierdose umfüllen und bis zu 3 Monate einfrieren. Vor dem Verzehr über Nacht bei Zimmertemperatur auftauen und bei Bedarf sanft erhitzen.

WEINVORSCHLAG
Ein kräftiger kalifornischer Pinot Noir (rot) oder ein australischer Riesling (weiß)

BROTSAUCE

Diese klassische Beilage für den britischen Weihnachts-Truthahnbraten kann auch zu kaltem Hühnerfleisch oder Schinken gereicht werden.

Für 6–8 Personen
Vorbereitung: 10 Minuten
Garzeit: 1 Stunde 5 Minuten

ZUTATEN

1 große Zwiebel
12 Gewürznelken
1 Lorbeerblatt
6 schwarze Pfefferkörner
600 ml Milch
115 g frische Weißbrot-Semmelbrösel
2 EL Butter
Salz und Pfeffer
frisch geriebene Muskatnuss
2 EL Crème double (nach Belieben)

Sie benötigen ein kleines, spitzes Messer oder einen Spieß, einen Topf (am besten antihaftbeschichtet), einen Holzspatel und eine Reibe.

ZUBEREITUNG

1 Mit einem kleinen spitzen Messer oder einem Spieß 12 Löcher in die Zwiebel bohren und die Gewürznelken hineindrücken.

2 Zwiebel, Lorbeerblatt, Pfefferkörner und Milch in einen Topf geben. Alles aufkochen, dann den Topf vom Herd nehmen und den Inhalt 1 Stunde ziehen lassen.

3 Die Milch abseihen, um Zwiebel, Lorbeerblatt und Pfefferkörner zu entfernen. Anschließend die Milch in den gesäuberten Topf zurückgeben und die Semmelbrösel zufügen.

4 Die Mischung bei geringer Hitze 4–5 Minuten erhitzen, bis die Semmelbrösel aufquellen und eine dickflüssige Sauce entsteht.

5 Die Butter einrühren und alles mit Salz, Pfeffer und einer guten Prise Muskat würzen. Vor dem Servieren nach Belieben die Crème double einrühren.

PREISELBEERSAUCE

Für 6–8 Personen
Vorbereitung: 2 Minuten
Garzeit: 10 Minuten

ZUTATEN

225 g frische Preiselbeeren
85 g brauner Zucker
150 ml Orangensaft
½ TL Zimt
½ TL frisch geriebene Muskatnuss

Sie benötigen einen Topf und einen Holzlöffel.

ZUBEREITUNG

1 Preiselbeeren, Zucker, Orangensaft und Gewürze in einem Topf verrühren.

2 Den Topf abdecken und den Inhalt bei geringer Hitze langsam aufkochen.

3 Die Mischung 8–10 Minuten sanft köcheln lassen, bis die Beeren geplatzt sind. Vorsicht, ihr Saft kann dabei weit spritzen!

4 Die Sauce in eine Servierschale füllen und bis zum Verzehr abdecken. Warm oder kalt servieren.

SELLERIE-WALNUSS-FÜLLUNG

Diese schmackhafte Füllung ist für Truthähne gedacht, passt aber auch gut zu Hühnerfleisch und Ente. Wenn Sie ein Brathähnchen damit füllen, benötigen Sie nur die Hälfte der angegebenen Menge.

Ausreichend für einen Truthahn von 5,5 kg
Vorbereitung: 15 Minuten
Garzeit: 35–45 Minuten

ZUTATEN

2 EL Butter
2 Zwiebeln, geschält und fein gehackt
115 g frische Vollkorn-Semmelbrösel
4 Selleriestangen, gehackt
2 Tafeläpfel (Cox Orange), entkernt und grob gehackt
115 g getrocknete Aprikosen, gehackt
115 g Walnusskerne, gehackt
Salz und Pfeffer
2 EL frisch gehackte Petersilie

Sie benötigen einen kleinen Topf, ein Kochmesser, ein Hackbrett, ein Gemüsemesser, eine Rührschüssel und einen Holzspatel.

ZUBEREITUNG

1 Die Butter bei geringer Hitze in einem Topf zerlassen. Die Zwiebeln zufügen und 2–3 Minuten weich dünsten, aber nicht bräunen.

2 Semmelbrösel, Sellerie, Äpfel, Aprikosen und Walnüsse in einer Schüssel vermengen. Die Zwiebeln zufügen und alles mit Salz und Pfeffer würzen.

3 Die Petersilie einrühren und die Masse in einen Truthahn füllen. Falls nicht die gesamte Masse benötigt wird, den Rest in eine Auflaufform geben und bei 180 °C im vorgeheizten Backofen 30–40 Minuten backen oder mit Frischhaltefolie abdecken und 3–4 Tage im Kühlschrank aufbewahren.

MARONENFÜLLUNG

Dies ist eine klassische Truthahnfüllung.

Ausreichend für einen Truthahn von 5,5 kg
Vorbereitung: 15 Minuten
Garzeit: 5 Minuten

ZUTATEN

2 EL Butter
115 g durchwachsener Speck, in Streifen
1 Zwiebel, geschält und fein gehackt
115 g kleine Champignons, in Scheiben
225 g Maronenpüree
50 g frische Vollkorn-Semmelbrösel
2 EL frisch gehackte Petersilie
abgeriebene Schale von 2 Zitronen
Salz und Pfeffer

Sie benötigen eine Bratpfanne, ein Kochmesser, ein Hackbrett, einen Holzspatel, ein Gemüsemesser, eine Rührschüssel, eine Gabel und eine Reibe.

ZUBEREITUNG

1 Die Butter bei geringer Hitze in einer Pfanne zerlassen. Speck und Zwiebel darin 2–3 Minuten weich dünsten, bis sie gerade zu bräunen beginnen.

2 Die Pilze zufügen und 1–2 Minuten mitgaren, dann die Pfanne vom Herd nehmen.

3 Das Maronenpüree in einer Schüssel mit einer Gabel auflockern. Dann Semmelbrösel, Petersilie und Zitronenschale einrühren.

4 Den Pfanneninhalt zufügen und gut unterrühren. Dann alles mit Salz und Pfeffer abschmecken.

5 Die Masse abkühlen lassen, dann die Halsöffnung eines Truthahns damit füllen.

SALBEI-ZWIEBEL-FÜLLUNG

Salbei ist ein hervorragendes Würzkraut, wenn es frisch ist und in Maßen verwendet wird. Die Füllung passt hervorragend zu fettreichem Geflügel wie Ente und Gans oder zu Schweinefleisch. Sie kann aber nach Belieben auch für Hühnerfleisch verwendet werden.

Ausreichend für ein Brathähnchen oder einen kleineren Schweinebraten
Vorbereitung: 10 Minuten
Garzeit: 50 Minuten

ZUTATEN

2 EL Butter
2 Zwiebeln, geschält und fein gehackt
115 g frische Weißbrot-Semmelbrösel
1 EL frisch gehackte Salbeiblätter
Salz und Pfeffer

Sie benötigen einen Topf, ein Kochmesser, ein Hackbrett, einen Holzspatel und eine Rührschüssel.

ZUBEREITUNG

1 Die Butter bei geringer Hitze in einem Topf zerlassen. Die Zwiebeln darin 2–3 Minuten weich dünsten, aber nicht bräunen.

2 Semmelbrösel und Salbei in einer Schüssel vermengen. Die Zwiebeln zufügen und die Masse mit Salz und Pfeffer abschmecken.

3 Die Masse zum Füllen von Brathähnchen oder Schweinebraten verwenden. Soll sie zu Gans oder Ente gereicht werden, die Masse in eine Auflaufform füllen und bei 180 °C im vorgeheizten Backofen 30–45 Minuten backen.

GEMÜSE UND SALAT

Die meisten Gemüse- und Salatsorten sind ganzjährig erhältlich, werden aber oft importiert. Um höchste Qualität zu erhalten, sollten Sie stets nur frische Saisonware kaufen.

Wurzelgemüse wie Pastinaken, Karotten und Kohlrüben haben im Winter Saison und sind ideal für Eintöpfe, Suppen und Schmorgerichte. Die bekannteste ganzjährige Wurzelknolle, die Kartoffel, schmeckt gebraten, gebacken, zerstampft oder auch einfach nur gekocht.

Kohlgewächse wie Brokkoli, Wirsing, Blumen- und Rosenkohl sind hauptsächlich Wintergemüse, die oft als Beilage gereicht werden. Hülsenfrüchte wie Erbsen, Bohnen und Linsen schmecken zu Fleisch, Fisch und Wild ebenso wie in Risottos und Nudelgerichten.

Besonders vielseitig verwendbar sind Blattgemüse: Spinat etwa kann gegart oder roh in Salaten genossen werden. Ähnliches gilt für Rucola, Pak Choi und Mizuma, einen asiatischen Blattsalat, der bei uns mittlerweile auch erhältlich ist.

Daneben gibt es viele verschiedene Tomatensorten sowie Pilze, Knoblauch, Paprika und Chillies. Sie alle verleihen heißen wie kalten Gerichten einen wunderbaren Geschmack. Ganzjährige Aromageber sind Zwiebeln und Porree.

Noch immer wird das meiste Gemüse vor dem Servieren schlicht gekocht. Viel besser kann sich sein Aroma jedoch beim Braten und Grillen entfalten, und auch die Nährstoffe bleiben dabei besser erhalten. Rohes Gemüse ist darüber hinaus eines der gesündesten Nahrungsmitteln überhaupt. Wer den echten Geschmack spezieller Sorten erleben möchte, sollte Gemüse aus biologischem Anbau probieren.

WURZELGEMÜSE

Streng genommen zählen einige der folgenden Gemüse zu den Knollengewächsen, doch wir fassen hier ausnahmsweise alle Sorten zusammen, die unter der Erde wachsen.

Kartoffeln

Pellkartoffeln schmecken mit Kräutern und etwas Butter serviert am besten. Ältere Kartoffeln können gekocht, gestampft, gebacken oder gebraten werden. Fest kochende Sorten wie Hansa, Sieglinde, Linda, Nicola, Romana und Cilena eignen sich gut für Salate und Bratkartoffeln, mehlig kochende wie Bintje, Irmgard und Likaria wählt man für Suppen, Ofenkartoffeln und Püree. Vorwiegend fest kochende Sorten wie Désirée, Granola und Hela eignen sich für Pommes frites, Aufläufe, Pell- und Salzkartoffeln. Neue Kartoffeln muss man rasch verzehren, Spätkartoffeln lassen sich einige Wochen kühl und dunkel lagern.

Karotten

Junge Karotten haben nur kurzzeitig Saison, die älteren sind ganzjährig erhältlich. Sie alle schmecken roh, gekocht, gedämpft und gebraten.

Pastinaken

Kaufen Sie mittelgroße Exemplare mit glatter Haut. Sie können gekocht und gebraten, in Suppen und zu Püree verarbeitet werden.

weiße Rüben und Kohlrüben

Große Exemplare müssen großzügig geschält werden; am besten sind sie gekocht oder gestampft. Junge weiße Rüben schmecken aber auch gebraten.

Knollensellerie

Die runzelige Knolle hat eine sehr dicke Haut. Schälen Sie sie großzügig ab, bevor Sie sie kochen und eventuell zerstampfen.

Rote Bete

Nach dem Schälen kann Rote Bete roh für Salate verwendet, gekocht, gebacken oder gebraten werden.

Topinambur

Dank neuer Züchtungen lässt sich diese Knolle recht gut schälen. Sie schmeckt gebraten und in Suppen köstlich.

Radieschen

Das kleinste aller Wurzelgemüse kann in Salaten, zum Knabbern oder aufgeschnitten als Garnierung verwendet werden.

Prinzess

Sieglinde

Romano

neue
Kartoffeln
oder Früh-
kartoffeln

Karotten

Pastinaken

Radieschen

Rote Bete

gelbe Haushalts- oder
Küchenzwiebel

Schalotten

rote Zwiebel

frischer Knoblauch

Frühlingszwiebeln

Porree

3

REZEPTE

ZWIEBEL- UND LAUCHGEWÄCHSE

Kaufen Sie immer feste und kräftige Exemplare, und lagern Sie sie an einem dunklen, luftigen Ort. Gekeimte Exemplare oder solche mit Verfärbungen sollten Sie meiden.

Zwiebeln

Zum Kochen verwendet man in der Regel gelbe Zwiebeln: Gehackt und angebraten gibt man sie in Suppen, Eintöpfe und Füllungen, in Ringe geschnitten und gedünstet bereichern sie Zwiebelkuchen. Auch im Ganzen gebacken schmecken sie köstlich. Weiße und rote Zwiebeln bringen Farbe und Geschmack in die Gerichte. Die süßlich milden roten Zwiebeln schmecken roh in Salaten oder gegrillt. Weiße Zwiebeln sind etwas kräftiger.

Schalotten

Diese kleinen Zwiebeln schmecken sehr mild und werden daher immer dann verwendet, wenn nur ein zarter Zwiebelgeschmack erwünscht ist. Daneben können sie zusammen mit anderem Gemüse im Ganzen gebacken werden.

Perlzwiebeln

Die kleinste aller Zwiebelsorten wird speziell zum Einlegen gezüchtet. Perlzwiebeln können aber auch in Gerichten verwendet werden, die nach kleinen ganzen Zwiebeln verlangen, etwa Coq au vin. Daneben sind sie ideal für Grillspieße, ganz gleich ob vegetarische oder solche mit Fleisch.

Porree

Kaufen Sie kleine bis mittelgroße Stangen – die größeren können recht hartfaserig sein –, und reinigen Sie sie vor der Verarbeitung gründlich. In Ringe geschnitten und gekocht ergeben sie eine schlichte Beilage, oder sie verfeinern Gerichte anstelle von Zwiebeln mit einem leichten Zwiebelgeschmack. Daneben können sie pur mit Käsesauce oder in Schinken gewickelt serviert werden.

Frühlingszwiebeln

Diese jungen Zwiebelpflanzen werden im Allgemeinen roh in Salate gegeben. Sie bilden aber auch eine attraktive Garnierung, schmecken hervorragend zu Pfannengerührtem und in Suppen. Kaufen Sie sie in kleinen Mengen, und verarbeiten Sie sie innerhalb von 2–3 Tagen.

Knoblauch

Verwenden Sie Knoblauch immer dann, wenn ein kräftig pikanter Geschmack dominieren soll. Knoblauch wird normalerweise gehackt und gebraten, kann aber auch zerdrückt für Dressings und Füllungen verwendet oder mit anderem Gemüse im Ganzen gebacken werden. Beim Kauf sollten Sie auf feste, fleischige Knollen achten.

KOHL- UND BLATTGEMÜSE

Kohl

Ganz gleich ob weiß, grün oder rot: Kaufen Sie feste und kräftige Köpfe, die schwer in der Hand liegen, und meiden Sie verfärbte oder angestoßene Exemplare. Kohl wurde früher oft zu lange gekocht und daher viele Jahre gemieden. In feine Streifen geschnitten, leicht gewürzt und schonend gedämpft, gekocht oder pfannengerührt, schmeckt er jedoch köstlich und ist zudem noch gesund. Einige Sorten können auch roh als Salat verzehrt werden.

Rosenkohl

Kochen Sie Rosenkohl nicht zu lange, sonst zerstören Sie seinen zarten Geschmack und die knackige Konsistenz. Gut schmeckt er auch klein geschnitten in Pfannengerührtem und in Salaten.

Blumenkohl

Achten Sie beim Kauf auf wirklich weiße, unversehrte Köpfe. In Röschen zerteilt, schmeckt Blumenkohl gedämpft oder sanft gekocht, er kann aber auch roh in Salaten verzehrt werden. Oft wird Blumenkohl mit Käsesauce zum Abendessen serviert oder auch mit Brokkoli gemischt. Probieren Sie ihn darüber hinaus auch zu Pfannengerührtem und in Gemüse-Currys, oder machen Sie eine Suppe daraus.

Brokkoli

Der ursprüngliche Brokkoli ist violett und nur für kurze Zeit erhältlich. Gedämpft oder schonend gekocht, mit Butter und einer Prise Muskat serviert, schmeckt er köstlich. Grüner Brokkoli ist das ganze Jahr über erhältlich. Kaufen Sie keine Exemplare, die sich stellenweise gelb verfärben. In Röschen geteilt, können sie gedämpft, gekocht, pfannengerührt oder für Suppen verwendet werden.

Spinat

Um seine maximale Frische auszunutzen, sollten Sie Spinat noch am Kauftag zubereiten. Junger Spinat kann roh für Salate verwendet werden. Wie bei älteren Blättern sollte er beim Kauf keine gelb verfärbten Stellen aufweisen. Spülen Sie Spinat unter fließend kaltem Wasser ab, und lassen Sie ihn dann in einem heißen Topf unter Rühren kurz zusammenfallen. Dann gut würzen und mit Butter und Muskat servieren. Auch Spinatsuppe schmeckt sehr gut.

Chinakohl

Chinakohl ist ganzjährig erhältlich. Er kann sowohl als Kohl wie auch als Salat verwendet werden. Achten Sie beim Kauf auf feste, kräftige Blätter, dann hält er sich 3–4 Tage im Kühlschrank. In dünne Streifen geschnitten, schmeckt er gedämpft, pfannengerührt oder roh als Salat serviert.

Rosenkohl

Brokkoli

Wirsing

Spinatblätter

Chinakohl

Blumenkohl

Stangensellerie

Endiviensalat

Kopfsalat

Pak Choi

Ein ganzjährig erhältliches asiatisches Blattgemüse. Es kann wie Spinat als Salat oder Gemüse zubereitet werden.

Stangensellerie

Auch dieses Gemüse ist das ganze Jahr durch erhältlich. Kaufen Sie feste, kräftige Stangen. Stangensellerie schmeckt roh in Salaten, kann aber auch gehackt in Suppen und Eintöpfe gegeben werden. Gut schmecken auch braisierte Sellerieherzen.

Blattsalate

Frische Salatköpfe sind fest und kräftig gefärbt. Üblicherweise werden ihre Blätter roh verzehrt, doch Salatherzen schmecken auch kurz gegrillt oder gebraten recht gut. Zu den beliebtesten Sorten zählen Kopfsalat, Romana-, Eisberg-, Endivien- und Eichblattsalat sowie Lollo rosso, Lollo bianco und Radicchio. Besonders knackig und aromatisch sind sie direkt am Kauftag. Aber in einem Plastikbeutel im Kühlschrank gelagert, sind einige Sorten auch 1–2 Tage haltbar. Zarte, empfindliche Salatsorten wie Feldsalat, Rucola, Sauerampfer und Mizuma, ein asiatischer Blattsalat, sollten möglichst rasch verzehrt werden.

HÜLSENFRÜCHTE UND MAIS

Erbsen

Auch Pflück- oder Gartenerbsen genannt, zählen Erbsen zu den beliebtesten Hülsenfrüchten, die unausgepalt den ganzen Sommer hindurch erhältlich sind. Ausgepalte Tiefkühlware ist ganzjährig zu haben. Frische Erbsen sind schlicht mit etwas Butter serviert eine wirkliche Köstlichkeit. Achten Sie beim Kauf auf feste, kräftige Hülsen, die sie dem Geschmack zuliebe erst kurz vor dem Garen auspalen sollten. Tiefkühlware kann sehr gut als Beilage gereicht oder zu Suppen verarbeitet werden.

Zuckererbsen

Eine spezielle Erbsensorte sind Zuckererbsen bzw. Kaiserschoten, die nicht ausgepalt, sondern mit der Hülse verzehrt werden. Das unreif geerntete, leicht süßliche Gemüse kann sowohl roh genossen als auch kurz blanchiert, gedünstet oder sautiert werden. Eine besondere Delikatesse sind „Petit pois", sehr feine ausgepalte Zuckererbsen.

grüne Bohnen

Achten Sie beim Kauf auf feste, glatte Bohnen von kräftiger Farbe; sie können 2–3 Tage im Kühlschrank gelagert werden. Die verbreitetsten Sorten sind die langen Schnittbohnen, die vor dem Kochen klein geschnitten werden und einen herrlichen Geschmack haben, und Prinzessbohnen, kleine, dünne Bohnen mit zartem Geschmack, die im Ganzen gegart werden. Beide sind tiefgefroren nicht so gut wie frisch.

dicke Bohnen

Kleinere Schoten sind hier die bessere Wahl, da diese die zarteren Bohnen enthalten. Sie sind bis zu 1 Woche haltbar, schmecken jedoch frisch am besten. Verwenden Sie sie als Beilage, in Risottos, Suppen oder als Püree. Tiefkühlware ist ein guter Ersatz, wenn frische Bohnen nicht erhältlich sind.

Mais

Mais ist ein von Hüllblättern umgebenes Süßgras. Kaufen Sie frische Zuckermaiskolben, um sie im Ganzen gekocht mit Butter zu servieren. Wer nur die Körner benötigt, etwa für Salate, Suppen oder Eintöpfe, greift besser auf Tiefkühl- oder Dosenware zurück. Frische Babymaiskolben werden kurz blanchiert oder roh gegessen.

KÜRBISGEWÄCHSE

Aus praktischen Gründen teilt man Speisekürbisse in Sommer- und Winterkürbisse ein.

Sommerkürbisse

Zu dieser Gruppe zählen alle Zucchiniarten und ebenso Salatgurken. Sie zeichnen sich durch weiche Schale und Kerne sowie durch helles, festes Fruchtfleisch aus.

Wer Zucchini selbst anbaut, hat meist im Überfluss davon. Wer dieses Gemüse kaufen muss, nimmt möglichst kleine Exemplare, da diese das bessere Aroma haben. Sie sollten fest und kräftig gefärbt sein (es gibt grüne und gelbe). Sie schmecken roh in Salaten, aber auch pfannengerührt, gebraten und gegrillt. Markkürbisse sind große Zucchini, die vor dem Garen geschält werden müssen.

Die ganzjährig erhältliche Salatgurke ist im Kühlschrank bis zu 1 Woche haltbar. In der Regel wird sie für Salate verwendet, sie macht sich aber auch gut als Garnierung für kalten Lachs, als Brotbelag und kurz gedünstet oder pfannengerührt.

Winterkürbis

Kürbissorten mit dicker, harter Schale und weichem, meist faserigem Fruchtfleisch zählen zu den Winterkürbissen. Ab Herbst sind sie in verschiedenen Größen erhältlich. Früher wurden aus den großen Kürbissen lediglich Halloween-Masken geschnitzt; zum Kochen verwendet man sie erst seit kurzem. Sie lassen sich nur schwer schälen, doch man kann sie in Scheiben schneiden, backen und dann die Haut abziehen. Schlicht gebacken oder in Suppen und Eintöpfen schmecken sie hervorragend. Winterkürbisse sind beispielsweise Gelber Zentner, Acorn und Butternuss- bzw. Butternut-Kürbis. Der Gelbe Zentner kann enorm groß werden. Acorn zeichnet sich durch ein mild-süßliches Nussaroma aus, Butternuss hat cremiges Fruchtfleisch und ist leicht an seiner typischen Birnenform erkennbar.

Maiskolben

Erbsen

Zuckererbsen

grüne Bohnen

Zucchini

Butternusskürbis

Salatgurke

Eiertomate

Kirschtomaten

Salattomate

Fleischtomate

Aubergine

Avocado

gelbe und rote Paprika

Chillies

**Feld- oder
Wiesenchampignon**

braune Champignons

weiße Champignons

getrocknete Shiitake-Pilze

FRUCHTGEMÜSE

Folgende Gemüse wachsen als Früchte an ihren Pflanzen.

Tomaten

Tomaten sind das ganze Jahr über im Handel und werden in allen Größen und Formen angeboten. Üblicherweise werden sie roh verzehrt, doch sie schmecken auch gekocht sehr gut, ob pfannengerührt, gegrillt, gebacken, gefüllt oder zu Suppen und Saucen verarbeitet. Kaufen Sie Tomaten am besten nur zur Wachstumszeit; sie sollten von kräftiger gleichmäßiger Farbe und vor allem druckfest sein. Verzehren Sie sie so rasch wie möglich, um ihren vollen Geschmack zu genießen.

Kirschtomaten

Die kleinsten und süßlichsten aller Tomaten. Verwenden Sie sie als Snack, für Salate oder als Garnierung.

Strauch- oder Rispentomaten

Dies sind Tomaten, die beim Verkauf noch an ihren Rispen hängen. Sie sind teurer, aber auch aromatischer als andere.

Salattomaten

Salattomaten variieren stark im Hinblick auf ihre Qualität. Falls Sie sie direkt vom Erzeuger kaufen können, werden sie unübertrefflich sein. Ansonsten landet leider oft genug unreif geerntete Importware im Handel, die vom Geschmack wie von der Konsistenz her stark zu wünschen übrig lässt.

Eiertomaten

Diese Sorte ist an ihrer ovalen Form leicht erkennbar. Eiertomaten besitzen ein intensives Aroma und weniger Kerne als andere Arten, daher eignen sie sich hervorragend zum Kochen.

Fleischtomaten

Diese Riesen unter den Tomaten können manchmal wässrig sein. Zum Füllen und Backen sind sie ideal.

Auberginen

Kaufen Sie kleine bis mittelgroße Exemplare mit glatter, glänzender Außenhaut. Auberginen können nicht roh verzehrt werden. Sie schmecken sehr mild, nehmen den Geschmack anderer Nahrungsmittel an und werden daher meist mit kräftigen Zutaten wie Zwiebeln, Knoblauch und Chillies gegart.

Avocados

Avocados im richtigen Reifestadium zu kaufen ist eine knifflige Aufgabe, doch unreife Exemplare sind ebenso wenig genießbar wie überreife. Ein freundlicher Gemüsehändler wird Ihnen bei der Auswahl sicher gern zur Seite stehen. Kaufen Sie Avocados am besten einige Tage im Voraus, und lassen Sie sie auf der Fensterbank nachreifen. Angestoßene Exemplare sollten Sie meiden, da die Druckstellen nach dem Aufschneiden rasch dunkel werden. Reichen Sie Avocados halbiert mit Vinaigrette, in Scheiben geschnitten im Salat oder püriert als Dip.

Paprika

Es gibt sie in Gelb, Orange, Rot und Grün. Die grünen schmecken leicht bitter; während der Reife färben sie sich rot und werden dabei süßlicher. Kaufen Sie immer nur glatte und druckfeste Exemplare. In einem Plastikbeutel im Kühlschrank gelagert, sind sie einige Tage haltbar. Verzehren kann man sie roh im Salat oder gefüllt und gegrillt.

Chillies

Die kleinen Früchte sind enge, aber scharfe Verwandte der Paprika. Als Faustregel gilt: je kleiner, desto schärfer. Sie sind in Grün und Rot erhältlich. Tragen Sie bei der Verarbeitung am besten Gummihandschuhe, denn ihr Saft löst länger anhaltendes Brennen aus, wenn er in die Augen oder an empfindliche Hautstellen gerät. Entfernen Sie vor dem Garen alle Kerne, es sei denn, Sie mögen es richtig scharf.

Pilze

Speisepilze sind kein Gemüse, sondern essbare Vertreter der Fungi. Dennoch werden sie in der Küche wie Gemüse behandelt. Grob lassen sie sich in Zucht- und Wildpilze unterteilen, wobei letztere das intensivere Aroma aufweisen. Zu den verbreitetsten Zuchtpilzen zählen weiße und braune Champignons, Austern- und Shiitake-Pilze. Letztere stammen aus der asiatischen Küche. Sie erhalten beim Garen eine fast seidige Konsistenz und schmecken sehr delikat. Der große Feld- oder Wiesenchampignon mit den dunklen Lamellen zählt zu den Wildpilzen und schmeckt aromatischer als seine gezüchteten Verwandten.

Auch Steinpilze, Morcheln und Pfifferlinge sind Wildpilze. Sie sind nur schwer zu finden und entsprechend teuer. Oft sind sie auch getrocknet erhältlich. Auch dann sind sie nicht wirklich preiswert, doch es lohnt sich, eine kleine Menge vorrätig zu haben, um Gerichten mit Zuchtpilzen ein kräftigeres Aroma zu verleihen.

Frische Pilze erkennen Sie an der trockenen Außenhaut und dem frischen erdigen Duft. Lagern Sie sie nach dem Kauf höchstens 1–2 Tage in einer Papiertüte im Kühlschrank. Da Wasser ihren Geschmack ausschwemmt, werden sie am besten nur mit einem weichen Tuch vorsichtig abgewischt.

Pilze können im Ganzen gegart oder in Scheiben geschnitten in Eintöpfe, Aufläufe, Suppen, Reis- und Nudelgerichte gegeben oder schlicht gebraten auf Toast zum Abendbrot gereicht werden. Kleine Champignons können in Scheiben geschnitten roh in den Salat gegeben werden. Auch in Saucen machen sie sich gut, etwa zu Steaks. Große Exemplare lassen sich gefüllt hervorragend backen oder grillen. Getrocknete Pilze weicht man vor dem Garen 30 Minuten in etwas warmem Wasser ein.

APFEL-ROTKOHL

*Zögern Sie nicht, dieses köstliche Gemüse zuzubereiten, selbst
wenn Sie nicht für eine große Gesellschaft kochen. Der fertige
Rotkohl ist 2–3 Tage im Kühlschrank haltbar und mit Würstchen oder Nudeln wird daraus ein rasches Mittagsmahl.*

Für 8 Personen
Vorbereitung: 20 Minuten
Garzeit: 1 Stunde – 1 Stunde 30 Minuten

ZUTATEN

1 Rotkohl (etwa 750 g)
2 Zwiebeln, geschält und in dünnen Ringen
1 Knoblauchzehe, geschält und gehackt
2 kleine Kochäpfel, geschält, entkernt und in Spalten
2 EL Muskovado-Zucker
½ TL Zimt
1 Muskatnuss
2 EL Rotweinessig
Saft und abgeriebene Schale von 1 Orange
Salz und Pfeffer
2 EL Gelee von roten Johannisbeeren

Sie benötigen ein scharfes Messer, ein Hackbrett, einen
Schmortopf (etwa 2,8 l Inhalt) und eine Reibe.

ZUBEREITUNG

1 Den Backofen auf 150 °C vorheizen. Den Rotkohl vierteln, den
Strunk entfernen und den Rest in dünne Streifen schneiden.

2 Rotkohlstreifen, Zwiebeln, Knoblauch und Apfelspalten im
Schmortopf abwechselnd übereinander schichten. Zucker
und Zimt über die letzte Schicht streuen und etwa ein Viertel der
Muskatnuss darüber reiben.

3 Essig und Orangensaft zugießen, dann die Orangenschale in
den Topf streuen.

4 Alles gut verrühren und mit Salz und Pfeffer würzen. Der
Kohl fällt beim Garen noch zusammen.

5 Den Kohl im Backofen 60–90 Minuten garen; dabei von Zeit
zu Zeit umrühren. Wer wenig Zeit hat, gart den Kohl bei
mittlerer Hitze 20–30 Minuten auf dem Herd, bis er gerade weich
geworden ist. Im Backofen behält er jedoch mehr Biss.

6 Das Johannisbeer-Gelee einrühren, den Kohl abschmecken
und bei Bedarf nachwürzen. Noch heiß zu Fleisch- oder
Wildgerichten aller Art servieren.

OFENKARTOFFELN

Ofenkartoffeln sind nahrhaft und schmecken zu jeder Gelegenheit — ob als Snack oder Beilage. Zum Gelingen benötigen Sie große, mehlig kochende Kartoffeln, etwa der Sorten Bintje, Irmgard oder Likaria.

Für 4 Personen
Vorbereitung: 2 Minuten
Garzeit: 1 Stunde – 1 Stunde 30 Minuten

ZUTATEN

4 mehlig kochende Kartoffeln (je etwa 200 g)
Salz und Pfeffer
4 EL Butter, zum Servieren

Sie benötigen ein spitzes Messer, einen dünnen Spieß und einen sauberen Topflappen oder Topfhandschuh.

ZUBEREITUNG

1 Den Backofen auf 200 °C vorheizen. Die Kartoffeln gründlich abbürsten und trockentupfen, anschließend mit einer Messerspitze oder einem dünnen Spieß rundum mehrmals einstechen, damit die Schale beim Backen nicht aufplatzt. (Damit sehr große Kartoffeln garantiert durchgaren, können Sie diese zusätzlich mittig mit einem Metallspieß durchstehen, der erst nach dem Garen wieder entfernt wird.)

2 Die Kartoffeln im oberen Drittel des vorgeheizten Backofens 60–90 Minuten garen. Sie sollten nun innen weich und außen knusprig sein. Zur Garprobe einen dünnen Spieß in die Mitte einer Kartoffel stechen und so deren Konsistenz prüfen.

3 Jede Kartoffel von oben kreuzweise einschneiden. Dann mit einem sauberen Topflappen oder -handschuh an den Unterkanten zusammendrücken, bis sich das Innere leicht aus der Schale wölbt. Alternativ die Kartoffeln halbieren.

4 Die fertigen Ofenkartoffeln großzügig mit Salz und Pfeffer würzen und mit je 1 Esslöffel Butter belegt servieren.

Variationen

Probieren Sie auch einmal einige der folgenden Füllungen. Die angegebenen Mengen reichen für jeweils eine Kartoffel.

Käse: 25 g geriebenen Käse über die heißen Kartoffeln streuen.

Schnittlauch: 1 zerdrückte Knoblauchzehe mit 1 Esslöffel saurer Sahne und 2 Teelöffel frischen Schnittlauchröllchen vermengen.

Speck: Die Kartoffel mit einer knusprig gebratenen dünnen Speckscheibe belegen.

Zwiebel: 1 Frühlinszwiebel hacken und mit 1 Esslöffel Crème fraîche vermengen.

SPINATSALAT MIT SPECK UND PILZEN

Für 4 Personen
Vorbereitung: 15 Minuten
Garzeit: 10–15 Minuten

ZUTATEN

225 g frischer junger Spinat
225 g durchwachsener Speck, in 1 cm breiten Streifen
2 Knoblauchzehen, geschält und fein gehackt
225 g kleine Champignons
2 EL Olivenöl
4 dicke Scheiben Vollkornbrot, in 2 cm großen Würfeln
4 EL frisch geriebener Parmesan, zum Garnieren

Dressing
2 EL Balsamico-Essig
4 EL natives Olivenöl extra
1 TL Dijon-Senf
½ TL Zucker
1 EL frisch gehackte Petersilie
Salz und Pfeffer

Sie benötigen ein Gemüsemesser, ein Kochmesser, ein Hack-brett, eine Bratpfanne, einen Holzspatel, einen kleinen bayrischen Bräter, ein Brotmesser, ein Gefäß mit Schraubverschluss und eine Reibe.

WEINVORSCHLAG
Ein gekühlter Pouilly Fuissé
(weiß)

ZUBEREITUNG

1 Den Spinat waschen, gründlich trockenschleudern oder abtropfen lassen und trockentupfen und auf 4 Servier-schalen verteilen.

2 Den Speck ohne Fett mit dem Knoblauch in die Pfanne geben und bei mittlerer Hitze 3–4 Minuten rundum gold-braun und knusprig braten. Die Pilze zufügen und etwa 2 Minu-ten mitgaren, bis sie gerade weich sind. Dann alles im Bräter beiseite stellen und im Backofen warm halten.

3 Für die Croûtons das Olivenöl in die Pfanne geben, stark erhitzen und die Brotwürfel darin 4–5 Minuten goldbraun und knusprig braten; dabei regelmäßig wenden, damit sie gleichmäßig bräunen.

4 Das Speck-Pilz-Gemisch über den Spinat verteilen und die fertigen Croûtons darüber streuen.

5 Für das Dressing alle Zutaten in ein kleines Schraubgefäß geben. Das Gefäß gut verschließen und gründlich schütteln, bis Essig und Öl vermengt sind. Das fertige Dressing über die Salate gießen und diese mit dem Parmesan garniert servieren.

KROSS GEBACKENES WINTERGEMÜSE

Gebackenes Gemüse ist sehr beliebt, wohl auch, weil auf diese Weise verschiedene Sorten ohne großen Aufwand zusammen gegart werden können. Stellen Sie sich Ihre Mischung je nach Geschmack und Angebot selbst zusammen, schneiden Sie nur das gesamte Gemüse ungefähr gleich groß auf.

Für 6 Personen
Vorbereitung: 25 Minuten
Garzeit: 45 Minuten – 1 Stunde

ZUTATEN

3 rote Zwiebeln

3 mittelgroße Pastinaken

4 kleine weiße Rüben

3 mittelgroße Karotten

350 g geschälter Winterkürbis (z. B. Butternut), in 5 cm großen Stücken

350 g geschälte Süßkartoffeln, in 5 cm großen Stücken

2 Knoblauchzehen, geschält und gehackt

2 EL frisch gehackter Rosmarin

1 EL frisch gehackter Thymian

2 TL frisch gehackter Salbei

3 EL Olivenöl

Salz und Pfeffer

2 EL frisch gehackte gemischte Kräuter (z. B. Petersilie, Thymian und Rosmarin), zum Garnieren

Sie benötigen ein scharfes Messer, ein Hackbrett, einen Holzspatel und einen großen bayrischen Bräter.

ZUBEREITUNG

1 Die Zwiebeln schälen und vierteln. Die Wurzeln dabei intakt lassen, damit die Zwiebeln beim Garen nicht auseinander fallen.

2 Die Pastinaken schälen und in etwa 5 cm große Stücke schneiden.

3 Die weißen Rüben gründlich säubern. Anschließend wie die Zwiebeln vierteln.

4 Die Karotten abbürsten oder eventuell schälen und wie die Pastinaken in etwa 5 cm große Stücke schneiden. Das ganze Gemüse, auch Kürbis und Süßkartoffeln, nebeneinander in einen bayrischen Bräter legen, dann mit Knoblauch und Kräutern bestreuen.

5 Das Gemüse mit Olivenöl beträufeln und gut mit Salz und Pfeffer würzen.

6 Das Gemüse vermengen, bis es gut gemischt und rundum vom Öl überzogen ist. (Wer mag, kann es nun noch 1–2 Stunden marinieren, um den Geschmack zu intensivieren.)

7 Den Backofen auf 220 °C vorheizen. Den Bräter hineingeben und das Gemüse im oberen Drittel 45–60 Minuten braten, bis es gar und gut gebräunt ist; einmal wenden.

8 Das fertige Gemüse gleichmäßig mit den gemischten Kräutern bestreuen und vor dem Servieren noch eine kleine Prise Salz und etwas frisch gemahlenen Pfeffer darüber geben.

3

KARTOFFELPÜREE

Für 4 Personen
Vorbereitung: 15 Minuten
Garzeit: 20–25 Minuten

ZUTATEN

900 g mehlig kochende Kartoffeln (z. B. der Sorte Bintje, Irmgard oder Likaria)
4 EL Butter
3 EL heiße Milch
Salz und Pfeffer

Sie benötigen einen Sparschäler, einen großen Topf mit Deckel, ein Abtropfsieb, einen kleinen Milchtopf und einen Kartoffelstampfer.

ZUBEREITUNG

1 Die Kartoffeln mit einem Sparschäler dünn schälen. Fertig geschälte Kartoffeln bis zur weiteren Verwendung in kaltes Wasser legen, damit sie sich nicht braun verfärben.

2 Die geschälten Kartoffeln in gleich große Stücke schneiden und bei mittlerer Hitze in köchelndem Salzwasser abgedeckt in 20–25 Minuten weich garen. Zur Garprobe die Kartoffeln mit einer Messerspitze einstechen: Es ist wichtig, dass sie auch in der Mitte wirklich weich sind, da sich ansonsten Klumpen im Püree bilden. Die fertig gegarten Kartoffeln vom Herd nehmen und über einem Abtropfsieb abgießen.

3 Die Kartoffeln in den heißen Topf zurückgeben und mit einem Kartoffelstampfer glatt stampfen. Die Butter zufügen und so lange weiter stampfen, bis sie gründlich untergemengt ist. Dann die Milch zugießen (sie sollte heiß sein, weil die Kartoffeln sie dann besser aufnehmen und cremiger werden).

4 Das fertige Püree mit Salz und Pfeffer abschmecken. Danach sofort servieren.

Variationen

Kräuterpüree: 3 Esslöffel frisch gehackte Petersilie, Minze oder frisch gehackten Thymian unter das Püree rühren.

Senfpüree: Das Püree mit 2 Esslöffel körnigen Senf verfeinern.

Meerrettich-Püree: 2 Esslöffel küchenfertigen Meerrettich aus dem Glas untermengen.

Pesto-Püree: 4 Esslöffel frischen Pesto unter das Püree rühren.

PERFEKTE BRATKARTOFFELN

*Wirklich krosse Bratkartoffeln zuzubereiten ist schon eine
kleine Kunst. In der Pfanne werden sie oft zu fettig oder
brennen an. Der Trick ist, die richtigen Kartoffeln zu wählen und sie im Backofen zu garen. Am besten nehmen Sie
mehlig kochende Sorten, wie Bintje, Irmgard oder Likaria.*

Für 6 Personen
Vorbereitung: 15 Minuten
Garzeit: 50–60 Minuten

ZUTATEN

1,3 kg große, mehlig kochende Kartoffeln
3 EL Olivenöl
Salz und Pfeffer

Sie benötigen einen Sparschäler, ein spitzes Messer, einen
Topf mit Deckel, einen bayrischer Bräter, ein Abtropfsieb und
einen Pfannenwender.

ZUBEREITUNG

1 Den Backofen auf 220 °C vorheizen. Die Kartoffeln mit
einem Sparschäler dünn schälen. Fertig geschälte Kartoffeln
bis zur weiteren Verwendung in kaltes Wasser legen, damit sie
sich nicht braun verfärben.

2 Die geschälten Kartoffeln in gleich große Stücke schneiden
und bei mittlerer Hitze in köchelndem Salzwasser abgedeckt
5–7 Minuten garen. Sie werden danach noch fest sein.

3 Unterdessen das Öl in einen Bräter gießen und diesen in
den heißen Backofen stellen.

4 Die halb gegarten Kartoffeln vom Herd nehmen, über einem
Abtropfsieb abgießen und in den Topf zurückgeben. Den
Topf abdecken und kräftig schütteln, damit die äußere Schicht
der Kartoffeln aufgeraut wird (sie werden dadurch knuspriger).

5 Den heißen Bräter vorsichtig aus dem Backofen nehmen.
Die Kartoffeln hineingeben und behutsam darin wenden, bis
sie rundum vom Öl überzogen sind.

6 Den Bräter in das obere Drittel des Backofens schieben
und die Kartoffeln 45–50 Minuten goldbraun und knusprig
braten; dabei nur einmal wenden, damit sich eine wirklich krosse
Kruste bilden kann.

7 Die fertigen Bratkartoffeln in eine Servierschüssel füllen,
salzen, pfeffern und sofort servieren. Sollte
unerwarteterweise etwas übrig bleiben, schmecken die
Kartoffeln auch kalt hervorragend.

3

GRATINIERTER BLUMENKOHL

Für 4 Personen
Vorbereitung: 15 Minuten
Garzeit: 30 Minuten

ZUTATEN

1 Blumenkohl, geputzt und in Röschen (Gewicht der geputzten Röschen etwa 675 g)

1 EL Olivenöl

1 Zwiebel, geschält und in dünnen Ringen

1 Knoblauchzehe, geschält und fein gehackt

115 g durchwachsener Speck, in 1 cm breiten Streifen

3 EL Butter

3 EL Mehl

450 ml Milch

115 g Gouda, fein gerieben

1 großzügige Prise frisch geriebene Muskatnuss

Salz und Pfeffer

1 EL frisch geriebener Parmesan

Zum Servieren
grüner Salat oder Tomatensalat
knuspriges Brot

Sie benötigen ein Gemüsemesser, ein Kochmesser, ein Hackbrett, einen mittelgroßen Topf, eine Bratpfanne, einen Holzspatel, einen Messbecher, eine Reibe und eine flache Auflaufform (1,4 l Inhalt).

WEINVORSCHLAG

Ein kräftiger Merlot (rot) oder ein fassgereifter australischer Chardonnay (weiß)

1 Die Auflaufform vorwärmen. Den Blumenkohl 8–10 Minuten in einem Topf mit Salzwasser kochen (er sollte anschließend noch bissfest sein), dann abgießen, in die vorgewärmte Form geben und warm stellen.

2 Das Olivenöl bei mittlerer Hitze in einer Pfanne erwärmen. Zwiebel, Knoblauch und Speck zufügen und alles 5–6 Minuten braten, bis die Zwiebel goldbraun und der Speck knusprig ist.

3 Den Backofengrill vorheizen. Unterdessen die Butter bei mittlerer Hitze in einem Topf zerlassen. Das Mehl zufügen und 1 Minute unter Rühren anschwitzen. Dann den Topf vom Herd nehmen. Nach und nach die Milch zugießen und die Mischung glatt rühren. Den Topf wieder auf den Herd stellen und den Inhalt bei geringer Hitze unter Rühren aufkochen, bis die Masse eindickt. Dann die Sauce 3 Minuten unter Rühren köcheln lassen, bis sie glatt und cremig ist. Den Topf vom Herd nehmen, Gouda und Muskat einrühren und die Sauce mit Salz und Pfeffer abschmecken.

4 Die Zwiebel-Speck-Mischung auf dem warmen Blumenkohl verteilen, dann die heiße Sauce zugießen. Die Mischung mit Parmesan bestreuen und unter dem heißen Grill goldbraun gratinieren. Anschließend sofort mit einem kleinen Salat und etwas knusprigem Brot servieren.

NEUE KARTOFFELN MIT KRÄUTERN

Kartoffeln sind hier zu Lande ein traditionelles Grundnahrungsmittel und werden je nach Zubereitungsart als Beilage oder Hauptgericht serviert. Achten Sie beim Kauf auf Sorten, die dem gewählten Verwendungszweck entsprechen. Das folgende Gericht schmeckt ohne Butter auch kalt als Salat.

Für 4 Personen
Vorbereitung: 5 Minuten
Garzeit: 15–20 Minuten

ZUTATEN

900 g neue Kartoffeln (z. B. der Sorte Sieglinde oder Gloria)
1 frischer Minzezweig
1 EL Butter
Salz und Pfeffer
2 EL frisch gehackte gemischte Kräuter (z. B. Petersilie, Schnittlauch und Minze), zum Garnieren

Sie benötigen einen Topf mit Deckel, ein kleines, spitzes Messer, ein Abtropfsieb ein Kochmesser und ein Hackbrett.

ZUBEREITUNG

1 Die Kartoffeln abwaschen oder, falls sie nicht schmutzig sind, nur kurz abwischen. Anschließend mit der Minze in einen Topf mit kochendem Salzwasser geben und darin je nach Größe 15–20 Minuten garen, bis sie weich sind. Zur Garprobe die Kartoffeln mit einer Messerspitze einstechen und so ihre Konsistenz überprüfen.

2 Die Kartoffeln abgießen und die Minze entfernen. Anschließend die Kartoffeln auf den Herd zurückstellen. Die Butter zufügen, zerlassen und die Kartoffeln darin wenden, bis sie rundum überzogen sind.

3 Die Kartoffeln in eine Servierschüssel geben, salzen, mit frisch gemahlenem Pfeffer würzen, mit den gemischten Kräutern bestreuen und sofort servieren.

Tipp: Neue Kartoffeln können auch leicht zerdrückt serviert werden. Brechen Sie sie dazu noch im Topf grob mit einer Gabel auf und geben Sie mehr Kräuter zu oder einige Spinat- oder Rucola-Blätter, die vor dem Servieren leicht zusammenfallen sollten.

GEGRILLTES SOMMERGEMÜSE

Gegrilltes Gemüse besitzt ein besonders intensives Aroma. Es kann warm als Beilage zu Fisch oder Fleisch oder auch kalt mit einem Kräuterdressing als Salat verzehrt werden. Zu diesem Zweck lässt es sich gut im Voraus zubereiten. Garen können Sie es unter dem Backofengrill, über heißer Holzkohle oder in einer Grillpfanne.

Für 6–8 Personen
Vorbereitung: 25 Minuten
Garzeit: 30 Minuten – 1 Stunde

ZUTATEN

2 rote Paprika, entkernt und geviertelt
2 gelbe Paprika, entkernt und geviertelt
2 rote Zwiebeln, geschält und in dicken Scheiben
3 Zucchini, längs in 3–4 Scheiben geschnitten
1 Aubergine, schräg in 8 Scheiben geschnitten
2 Fenchelknollen, in Scheiben
3 EL Olivenöl
2 EL natives Olivenöl extra
1 Zitrone, halbiert
Salz und Pfeffer

Garnierung
2 EL frisch gehackte gemischte Kräuter (z. B. Petersilie, Schnittlauch und Zitronenthymian)
55 g Parmesan, mit einem Sparschäler in Späne geschnitten

Sie benötigen ein Gemüsemesser, ein Kochmesser, ein Hackbrett, einen Sparschäler, einen Backpinsel, einen Grill oder eine Grillpfanne und eine Küchenzange.

ZUBEREITUNG

1 Das gesamte Gemüse mit dem einfachen Olivenöl bestreichen.

2 Das eingeölte Gemüse, eventuell portionsweise, auf einen Rost geben und 4–5 Minuten von jeder Seite unter dem vorgeheizten Backofengrill oder über heißer Holzkohle garen. Alternativ das Gemüse 5–7 Minuten von jeder Seite in einer Grillpfanne braten. Es sollte rundum gut gebräunt sein. (Die Garzeiten variieren je nach Größe und Dicke des Gemüses.) Das gegarte Gemüse in eine Schüssel füllen und eventuell warm halten, bis die restlichen Gemüseportionen gegart sind.

3 Das fertige Grillgemüse mit dem nativen Olivenöl sowie dem Saft der halbierten Zitrone beträufeln. Dann mit Salz und Pfeffer würzen und mit den gemischten Kräutern sowie dem Parmesan bestreuen.

3

BIRNEN-AVOCADO-SALAT

Für 4 Personen
Zubereitungszeit: 15–20 Minuten

ZUTATEN

4 reife Birnen (z. B. der Sorte Conférence oder Williams Christ)
2 EL Zitronensaft
2 reife Avocados
1 Bund Brunnenkresse
55 g Rucola
2 EL gehackte Walnusskerne
115 g Dolcelatte oder Roquefort, zerbröckelt
Walnussbrot, in Scheiben, zum Servieren

Dressing
3 EL Balsamico-Essig
2 EL natives Olivenöl extra
2 EL Walnussöl
1 TL Dijon-Senf
½ TL brauner Zucker
1 EL frisch gehackte Petersilie
Salz und Pfeffer

Sie benötigen ein Gemüsemesser, ein Hackbrett, ein Kochmesser, einen Backpinsel und ein kleines Glas mit Schraubverschluss.

ZUBEREITUNG

1 Die Birnen halbieren, entkernen und behutsam in Spalten schneiden. Anschließend mit Zitronensaft bestreichen, um eine Braunfärbung zu vermeiden.

2 Die Avocados halbieren, entkernen und schälen. Jede Hälfte behutsam in 5 Spalten schneiden und diese ebenfalls mit Zitronensaft bestreichen.

3 Brunnenkresse und Rucola auf 4 Servierteller verteilen. Die Birnen- und Avocadospalten darauf anrichten und mit den gehackten Walnüssen bestreuen.

4 Für das Dressing alle Zutaten in ein kleines Schraubgefäß geben. Das Gefäß gut verschließen und kräftig schütteln, bis die Zutaten gut vermengt sind.

5 Das Dressing über den Salat löffeln und den Käse darüber streuen.

6 Den fertigen Salat sofort mit einigen Scheiben Walnussbrot servieren.

DRESSINGS

Ein guter Salat besticht vor allem auch durch sein Dressing. Verwenden Sie daher stets hochwertige Öle und erlesene Essigsorten oder einen guten Zitronensaft. Variieren Sie Öl und Essig je nach Salatzutaten, und fügen Sie kurz vor dem Servieren geschmacklich abgestimmte Kräuter hinzu. Das Dressing sollte erst kurz vor dem Verzehr beigemengt werden, damit der Salat nicht zu schnell zusammenfällt. Frisch gepresster Zitronensaft und Olivenöl bilden eine schlichte, aber hervorragende Kombination.

Zubereitungszeit: 5–10 Minuten

GRUNDREZEPT

ZUTATEN

2 EL Zitronensaft, oder Rotwein- bzw. Weißweinessig

4–6 EL natives Olivenöl extra

1 TL Dijon-Senf

1 Prise feiner Zucker

1 EL frisch gehackte Petersilie

Salz und Pfeffer

Sie benötigen ein kleines Gefäß mit Schraubverschluss oder eine kleine Schale und eine Gabel.

ZUBEREITUNG

1 Alle Zutaten in ein Schraubgefäß geben und kräftig schütteln, bis alles vermengt ist. Alternativ die Zutaten mit einer Gabel in einer Schale verquirlen. Variieren Sie die Ölmenge nach Bedarf. Für reine Blattsalate reichen 4 Esslöffel aus, wohingegen schwerere Zutaten, wie Kartoffeln, 6 Esslöffel benötigen.

2 Verwenden Sie das Dressing sofort. Sie können es auch 3–4 Tage im Kühlschrank aufbewahren, sollten dann aber die Kräuter erst kurz vor dem Servieren untermengen.

Variationen

Orientalisches Dressing: 1 Esslöffel Olivenöl durch Sesamöl ersetzen und 1–2 Teelöffel Sojasauce zufügen. Anstelle der Petersilie frisch gehackten Koriander verwenden.

Tomatendressing: Balsamico-Essig statt Zitronensaft verwenden und 1 Esslöffel frisch gehackte getrocknete Tomaten zufügen. Die Petersilie durch frisch gezupftes Basilikum ersetzen.

Käsedressing: Dem Grunddressing 1 Esslöffel zerbröckelten Blauschimmelkäse zufügen oder 1 Esslöffel Knoblauch-Frischkäse unterrühren. Einige gehackte Walnusskerne, etwa 25 g, sorgen für einen knackigen Biss.

Dressing süß-sauer: 1 Esslöffel flüssiger Honig und 1 Teelöffel frische, fein geriebene Ingwerwurzel zufügen. Für einen körnigen Biss sorgt etwas geröstete Sesamsaat (etwa 1 Esslöffel).

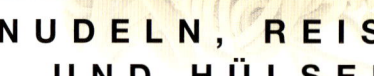

NUDELN, REIS, GETREIDE UND HÜLSENFRÜCHTE

Dieses Kapitel stellt europäische und asiatische Nudelsorten, verschiedene Arten von Reis und Getreide sowie einige beliebte Hülsenfrüchte vor. Alle diese Nahrungsmittel sind ausgezeichnete Beilagen und oft auch Hauptbestandteil einer Mahlzeit.

NUDELN

Es gibt hunderte verschiedener Nudelsorten. Einige davon werden aus Hartweizengrieß und Wasser hergestellt, andere wiederum mit Eiern zubereitet. Wer mag, kann Nudeln selbst machen, doch es gibt so viele ausgezeichnete Fertigprodukte, dass Sie sich guten Gewissens auf die Zubereitung der Saucen konzentrieren können. Vielfach sind auch frische Nudeln erhältlich, für die Vorratshaltung bieten sich jedoch die getrockneten an. Folgende Sorten zählen zu den beliebtesten.

Spaghetti
Von dieser Nudelsorte sollte in jeder Küche mindestens ein Paket vorrätig sein. Reichen Sie sie zu Bolognese- und Carbonara-Sauce sowie als Beilage zu Fleisch und Gemüsegerichten.

Makkaroni
Mit diesem Namen werden kurze und lange Röhrennudeln bezeichnet. Die kurzen werden gern mit etwas Tomatensauce und Käse überbacken als Käse-Makkaroni serviert.

Lasagne
Für das berühmte gleichnamige Gratin verwendet man diese großen Nudelplatten, die zwischen Lagen aus Fleisch- und Käsesauce geschichtet werden.

Cannelloni
Dies sind sehr große Röhrennudeln, die nach dem Vorkochen mit einer Fleisch- oder Gemüsemasse gefüllt werden.

Fusilli
Die dünnen Spiralnudeln sind ideal für gehaltvolle Saucen, da sich kleine Saucenstückchen gut in ihren Windungen festsetzen. Sie können aber auch für Salate verwendet werden.

Farfalle
Die kleinen Schmetterlingsnudeln passen gut zu Fleischsaucen und wirken besonders auch in Salaten sehr ansprechend.

Vermicelli
Diese äußerst dünnen Nudeln – die feinsten sind auch als Engelshaarnudeln bekannt – verwendet man am besten mit so erlesenen Zutaten wie Garnelen, Krebsfleisch oder Wildpilzen.

Tagliatelle
Diese Bandnudeln werden in verschiedenen Breiten angeboten und sind dann auch unter den Namen Linguine, Fettuchine und Pappardelle (die breitesten) erhältlich.

Conchiglie
Conchiglie sind muschelförmige Nudeln, die in zahlreichen Größen angeboten werden – von sehr kleinen Suppennudeln bis etwa handtellergroßen Exemplaren, die man füllen kann. In mittlerer Größe sind sie für fast alle Saucen ideal.

gefüllte Nudeln
Zu ihnen zählen unter anderen Ravioli und Tortellini. Sie werden mit verschiedenen Füllungen angeboten, darunter solche mit Fleisch, Pilzen und Käse. Für eine schnelle und einfache Mahlzeit reicht es aus, sie nach dem Kochen in etwas Butter oder Sahne zu wenden.

Lagerung
Getrocknete Nudeln sind kühl und trocken gelagert etwa 1 bis 2 Jahre haltbar. Eiernudeln sind nicht so lange lagerfähig wie die reinen Hartweizensorten, beachten Sie daher die Packungshinweise. Frische Nudeln sollten kühl gelagert und innerhalb von 1–2 Tagen verzehrt werden.

LASAGNE

Lasagne ist ein schnelles Gericht. Das Rinderhack kann auch durch Hühnerfleisch oder Gemüse ersetzt werden.

1 Einen Topf mit 1 Esslöffel Olivenöl erhitzen. Darin je 1 gehackte Zwiebel und Knoblauchzehe zufügen und bei mittlerer Hitze 4 Minuten dünsten. Dann 100 g gehackte Champignons und 350 g Rinderhack zufügen und alles weitere 4 Minuten garen.

2 150 ml Rotwein, 100 ml Wasser, 250 g passierte Tomaten und 1 Teelöffel Zucker zufügen und 5 Minuten kochen. Eine Auflaufform mit 3 nicht vorzukochenden Lasagne-Platten auslegen. Die Hälfte der Sauce, dann 3 Platten, wieder Sauce und 3 Platten schichten.

3 5 Esslöffel Butter in einem Topf zerlassen. Darin 50 g Mehl 2 Minuten anschwitzen. Den Topf vom Herd nehmen, 600 ml Milch in einem dünnen Strahl einrühren. Die Masse aufkochen, bis sie eindickt, dann leicht abkühlen lassen.

4 1 Ei verquirlen und mit 75 g geriebenem Parmesan in die Sauce einrühren. Mit Salz und Pfeffer würzen, dann über die Lasagne gießen. Mit 75 g geriebenem Parmesan bestreuen und bei 190 °C im vorgeheizten Backofen in 30 Minuten goldbraun backen.

Ersetzen Sie das Rinderhack nach Belieben durch die gleiche Menge klein geschnittenes oder durch den Fleischwolf gedrehtes Hühner- oder Putenfleisch.

Für eine vegetarische Lasagne kann auch die gleiche Menge Sojahack verwendet werden. An der beschriebenen Zubereitungsform ändert sich nichts.

ASIATISCHE NUDELN

Neben den bekannten europäischen Nudeln werden bei uns auch einige asiatische Sorten angeboten.

Eiernudeln

Dies ist die übliche Sorte in der chinesischen und thailändischen Küche. Asiatische Eiernudeln sind in verschiedenen Breiten erhältlich und in 1–5 Minuten gegart. Reichen Sie sie als Beilage zu Pfannengerührtem oder mit Meeresfrüchten und Gemüse sowie je einem Spritzer Sojasauce und Sesamöl verfeinert. Sie können nach dem Garen auch gebraten werden.

Reis- oder Glasnudeln

Diese fast durchsichtig wirkenden Nudeln passen zu Suppen und Pfannengerührtem. Die meisten von ihnen müssen vor der Verwendung nur eingeweicht werden. Beachten Sie hierzu jedoch die Packungshinweise.

Japanische Nudeln

Die relativ dunklen und dünnen Soba-Nudeln bestehen aus Buchweizenmehl und werden in der Regel in Suppen und Brühen verarbeitet. Udon ist eine etwas dickere Sorte aus Weizenmehl, die vor allem für Pfannengerührtes verwendet wird.

Lagerung

Kühl und trocken lagern und das Mindesthaltbarkeitsdatum beachten.

REIS

Reis ist in zahlreichen Varianten erhältlich, doch schon wenige Sorten ermöglichen die Zubereitung vieler süßer und herzhafter Speisen.

Langkornreis

Die am weitesten verbreitete Sorte lässt sich auch am leichtesten zubereiten. Der Großteil des hiesigen Angebots kommt aus Amerika. Als preiswertes Nahrungsmittel bildet Langkornreis die Grundlage zahlreicher Gerichte. Er ist eine hervorragende Beilage zu Fleisch, Fisch und Geflügel und kann auch für sich genommen, mit etwas geriebenem Käse, Frühlingszwiebeln und Thunfisch etwa, eine ganze, rasche Mahlzeit bilden.

Basmati-Reis

Diese spezielle Langkornreis-Sorte kommt aus der indischen Region Pandschab. Ihr charakteristischer Geschmack macht sie zum besten Reis der Welt. Im Handel ist sie als polierter weißer Reis, als brauner Naturreis und mit schwarzem Wildreis gemischt erhältlich.

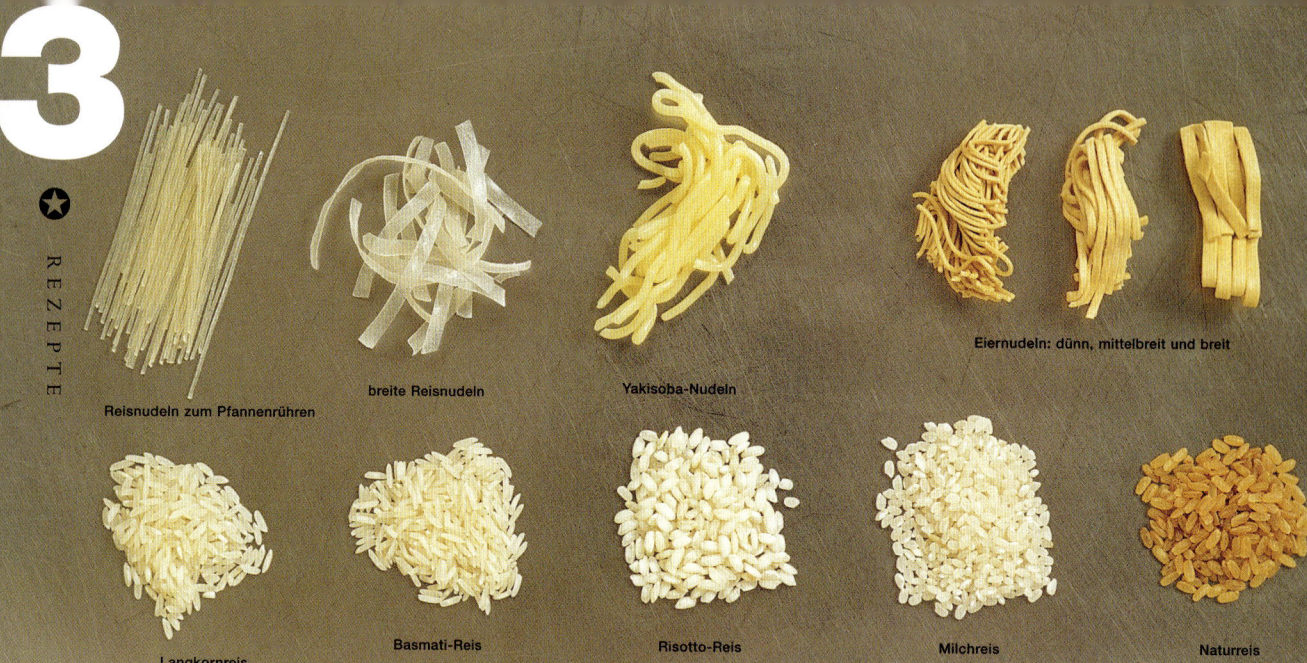

Reisnudeln zum Pfannenrühren

breite Reisnudeln

Yakisoba-Nudeln

Eiernudeln: dünn, mittelbreit und breit

Langkornreis

Basmati-Reis

Risotto-Reis

Milchreis

Naturreis

Risotto-Reis

Dieser Rundkornreis dient speziell der Zubereitung von Risottos. Die verbreitetste Sorte ist Arborio. Carnaroli wird beim Garen jedoch noch cremiger. Die Beliebtheit der italienischen Küche fördert auch das Interesse an Risotto-Gerichten. Kreieren Sie Ihren eigenen Favoriten mit Meeresfrüchten, Fleisch oder Gemüse, einigen Kräutern und geriebenem Parmesan.

Milchreis

Auch dies ist ein Rundkornreis, diesmal speziell für langes und langsames Garen in Milch geeignet. Das Ergebnis ist ein klassischer Milchreis, der bei Jung und Alt wie eh und je beliebt ist.

Naturreis

Viele weiße Reissorten sind heute auch wieder als Naturreis erhältlich. Dies ist unpolierter Reis, dem noch Samenschale und Keim anhaften und der einen dementsprechend höheren Nährwert hat. Er gart etwas länger als weißer Reis, beachten Sie daher die Packungshinweise.

Lagerung

Luftdicht verpackt an einem kühlen, dunklen Ort gelagert ist Reis bis zu 3 Jahre haltbar. Damit zählt er zu den langlebigsten Vorratszutaten. Wer ausreichend Stauraum zur Verfügung hat und regelmäßig Reis verzehrt, kann daher gut größere Mengen einlagern, wenn sie preiswert zu bekommen sind.

COUSCOUS UND MAIS

Instant-Couscous und -Polenta sind rasch und einfach zuzubereiten und bilden daher ideale Vorratszutaten.

Couscous

Dieser feinkörnige Grieß wird aus Hartweizen gewonnen. Er schmeckt sehr mild, hat aber eine wunderbar körnige Konsistenz, die gut zu zahlreichen Salatzutaten passt. Den mittlerweile überall erhältlichen Instant-Couscous sollten sie für eine schnelle Mahlzeit unbedingt immer vorrätig haben. Er muss lediglich 2–3 Minuten in heißem Wasser eingeweicht werden, bevor er heiß zu Fleisch, Fisch oder Gemüse serviert werden kann. Sie können ihn aber auch abschrecken oder abkühlen lassen und mit Tomaten, Gurken, Frühlingszwiebeln und viel frischen Kräutern zu einem köstlichen Salat verarbeiten.

Polenta

Instant-Polenta ist schnell zubereitet, denn sie wird lediglich 1–2 Minuten in heißer Brühe oder heißem Wasser gekocht. Bei normalem Maisgries oder -mehl beträgt die Garzeit 40–45 Minuten. Sie sollten die Packungshinweise beachten, da es auch Ausnahmen gibt. Das fertige Püree kann heiß mit Butter oder Olivenöl und gestampften Kartoffeln serviert werden. Oder Sie streichen es auf ein Bachblech, lassen es abkühlen und reichen es dann in Streifen geschnitten und gegrillt anstelle von Brot.

Lagerung

Luftdicht verpackt, kühl und trocken gelagert sind viele Sorten bis zu 18 Monate haltbar.

HÜLSENFRÜCHTE

Diese preiswerten Nahrungsmittel sind wertvolle Eiweißquellen. Sie sind getrocknet und in Dosen erhältlich. Letztere sind oftmals praktischer, da sie nicht eingeweicht werden müssen und eine kürzere Garzeit haben.

Couscous   Perlbohnen   Kichererbsen   Flageolet-Bohnen

Polenta   rote und grüne Linsen   Cannellini-Bohnen   rote Kidney-Bohnen

Perlbohnen

Diese vielseitigen Hülsenfrüchte werden besonders in Eintöpfen und anderen Schmorgerichten, wie den klassischen Boston Baked Beans, verarbeitet. Die mittelgroßen, gelblich weißen Bohnen sind vor allem als in Tomatensauce eingelegte Konserve bekannt. Dosenware sollten Sie getrockneten Bohnen vorziehen, da sie nicht über Nacht eingeweicht und zusätzlich bis zu 1 Stunde 30 Minuten gekocht werden muss.

Kichererbsen

Diese runde beigefarbene Hülsenfrucht kann rasch püriert zu Fisch- oder Fleischgerichten gereicht oder mit Olivenöl und Knoblauch vermengt zu Hummus verarbeitet werden. Getrocknete Kichererbsen müssen über Nacht eingeweicht und je nach Alter bis zu 4 Stunden gekocht werden. Dosenware ist da praktischer, obgleich mancher Feinschmecker meint, der Geschmack der getrockneten Erbsen sei aromatischer.

Linsen

Ob gelb, rot, grün oder braun, Linsen müssen nicht eingeweicht werden, daher bieten sie in getrockneter Form kaum einen Nachteil. Wer jedoch nur wenig Zeit hat, wird vielleicht doch gern auf Dosenware zurückgreifen. Rote und gelbe Linsen sind geschält und garen daher relativ schnell. Dabei werden sie sehr weich und zerfallen zu einem cremigen Püree. Beide Sorten bilden die Grundlage indischer Dhals und werden zudem gern für Füllungen und vegetarische Burger verwendet. Die ungeschälten grünen Linsen garen etwas länger. Verarbeiten Sie sie in Salaten, Suppen und Eintöpfen. Für Feinschmecker sind die grünen französischen Puy-Linsen die delikatesten. Reichen Sie sie als Beilage zu Fleisch oder Fisch.

weiße Bohnen

Diese großen, flachen Bohnen mit dem köstlichen Butteraroma sind, mit frisch gehackten Kräutern bestreut, eine köstliche Beilage. Zudem können sie püriert oder als Suppeneinlage verwendet werden, oder Sie brechen sie grob mit einer Gabel auf und würzen sie mit etwas Knoblauch und Chili.

Cannellini-Bohnen

Diese Sorte wird hauptsächlich in der italienischen Küche verwendet, insbesondere für Minestrone. Sie schmeckt auch kalt in Salaten und warm in Nudelsaucen.

Flageolet-Bohnen

Die köstlichen, kleinen grünen Bohnen können kalt in Salate gegeben werden. Traditionell reicht man sie jedoch heiß als Beilage zu Lamm.

rote Kidney-Bohnen

Die beliebteste Bohne Mexikos wird vor allem für Chili con carne verwendet oder zu Bohnenmus zerstampft.

Weitere Bohnensorten, die Sie vielleicht probieren möchten, sind Sojabohnen, Pintobohnen, Borlottibohnen, Augenbohnen, schwarze Bohnen und Adzukibohnen. Sie alle sind getrocknet oder in Dosen erhältlich, verschieden geformt und gefärbt und können Suppen wie Eintöpfen mehr Gehalt verleihen.

Lagerung

Kaufen Sie getrocknete Hülsenfrüchte in kleinen Mengen, und zwar dort, wo sie viel umgesetzt werden. Denn je älter sie sind, desto länger ihre Garzeit, da sie mit der Zeit härter werden. Lagern Sie sie luftdicht verpackt an einem kühlen, dunklen Ort, und beachten Sie das Mindesthaltbarkeitsdatum.

MEDITERRANER NUDELAUFLAUF

Für 4 Personen
Vorbereitung: 15 Minuten
Garzeit: 35–40 Minuten

ZUTATEN

3 EL Olivenöl

1 Zwiebel, geschält und in dünnen Ringen

2 Knoblauchzehen, geschält und fein gehackt

3 Zucchini, in 5 cm langen Stiften

2 rote Paprika, entkernt und in Streifen

800 g gehackte Tomaten aus der Dose

3 EL frisch gezupfte Basilikumblätter

Salz und Pfeffer

100 g kleine Champignons, in dünnen Scheiben

350 g getrocknete Fusilli oder Rigatoni

350 g Mascarpone

3 EL frisch geriebener Parmesan

4 frische Basilikumzweige, zum Garnieren

Sie benötigen eine große Bratpfanne, ein Kochmesser, ein Hackbrett, einen Holzspatel, ein Gemüsemesser, einen großen Topf, ein Abtropfsieb, eine Auflaufform (1,7 l Inhalt), eine Reibe und ein Backblech.

ZUBEREITUNG

1 Den Backofen auf 200 °C vorheizen. Das Öl in der Pfanne erhitzen. Zwiebel und Knoblauch zufügen und bei mittlerer Hitze 2–3 Minuten goldbraun anbraten. Anschließend Zucchini und Paprika zugeben und 3–4 Minuten mitbraten.

2 Die Hitze reduzieren. Tomaten und Basilikum in die Pfanne geben und alles 5 Minuten köcheln lassen, bis das Gemüse gerade weich wird. Die Mischung mit Salz und Pfeffer würzen, dann die Pilze zufügen und 2 Minuten mitgaren.

3 Unterdessen die Nudeln in einem Topf mit Salzwasser in 8–10 Minuten oder gemäß Packungsanweisung kochen, sodass sie zwar gar, aber noch bissfest sind. Anschließend vom Herd nehmen, abgießen und gut abtropfen lassen.

4 Die Nudeln in die Auflaufform geben, mit der Tomatensauce übergießen und diese gut untermengen.

5 Den Mascarpone auf der Nudelmischung verteilen und alles mit dem Parmesan bestreuen.

6 Den Auflauf auf einem Backblech im vorgeheizten Backofen 20–25 Minuten garen, bis er oben goldbraun ist und die Sauce Blasen wirft. Mit Basilikum garnieren und sofort servieren.

WEINVORSCHLAG
Ein kräftiger italienischer
Montepulciano d'Abruzzo (rot)

KICHERERBSENSALAT

Getrocknete Kichererbsen müssen vor der Verwendung ein-geweicht und bis zu 4 Stunden gekocht werden. Eingelegte aus der Dose müssen nur gründlich abgespült werden.

Für 4 Personen
Vorbereitung: 15 Minuten
Garzeit: 15 Minuten

ZUTATEN

400 g Kichererbsen aus der Dose
1 rote Zwiebel, geschält
1 EL Olivenöl
2 Knoblauchzehen, geschält und zerdrückt
1 TL Koriandersamen
1 TL Kreuzkümmelsamen
1 TL Paprikapulver
4 Tomaten, entkernt und grob gehackt
Salz und Pfeffer

Dressing
2 EL Olivenöl
Saft von 1 Zitrone
2 EL frisch gehackte glatte Petersilie

Zum Servieren
115 g frischer junger Spinat, abgespült und gut abgetropft
125 g griechischer Joghurt
1 TL frisch gehackte Minze

Sie benötigen ein Kochmesser, ein Hackbrett, eine Bratpfanne, einen Mörser oder eine Teigrolle, ein kleines Gefäß mit Schraub-verschluss und einen Holzspatel.

ZUBEREITUNG

1 Die Kichererbsen abgießen und gründlich unter fließend kaltem Wasser abspülen.

2 Die Zwiebel längs halbieren und jede Hälfte von der Wurzel zur Spitze in schmale Spalten schneiden.

3 Das Öl bei mittlerer Hitze in der Pfanne erhitzen. Die Zwiebel-spalten darin etwa 8 Minuten weich dünsten, aber nicht bräunen. Den Knoblauch zufügen und 2 Minuten mitbraten. Unter-dessen Koriander- und Kreuzkümmelsamen in einem Mörser oder mit dem Griffende einer Teigrolle in einer Schale zerstoßen. Die zerkleinerten Samen mit dem Paprikapulver in die Pfanne geben und 1 Minute anrösten. Dann die Pfanne vom Herd nehmen.

4 Die Kichererbsen in die Pfanne geben und gründlich mit den anderen Zutaten mischen. Dann die Tomaten zufügen und alles gut mit Salz und Pfeffer würzen.

5 Das Gemüse in eine Schüssel füllen. Alle Zutaten für das Dressing in ein Schraubgefäß geben und durch kräftiges Schütteln vermengen, dann über das Gemüse gießen. Den fertigen Salat sofort servieren oder zunächst 1 Stunde abkühlen lassen, damit sich die Aromen noch besser entfalten können.

6 Die Spinatblätter auf die Servierteller verteilen und den Kichererbsen-Salat darauf anrichten.

7 Den Joghurt mit der Minze vermengen und separat dazu reichen.

C O U S C O U S - S A L A T

Für 6 Personen
Vorbereitung: 15 Minuten
Garzeit: 5 Minuten

ZUTATEN

350 g Couscous
600 ml heiße Gemüsebrühe aus hochwertigen Brühwürfeln
225 g Kirschtomaten
225 g Salatgurke
6 Frühlingszwiebeln
55 g Pinienkerne
2 EL frisch gehackte Minze

Dressing
Saft und abgeriebene Schale von 1 Zitrone
5 EL natives Olivenöl extra
Salz und Pfeffer

Sie benötigen eine Rührschüssel, einen Messbecher, ein Gemüsemesser, ein Kochmesser, ein Hackbrett, eine kleine Bratpfanne, eine Reibe und ein kleines Gefäß mit Schraubverschluss.

ZUBEREITUNG

1 Den Couscous in der Rührschüssel mit der Brühe übergießen und mit einer Gabel auflockern, bis er die gesamte Brühe aufgesogen hat (2–3 Minuten), dann abkühlen lassen.

2 Die Tomaten waschen und vierteln.

3 Die Gurke waschen und längs in 4 Spalten schneiden, dann die Kerne entfernen und das Fruchtfleisch fein würfeln.

4 Die Frühlingszwiebeln putzen und in 5 mm breite Ringe schneiden.

5 Die Pinienkerne ohne Fett in eine bei mittlerer Hitze erwärmte Pfanne geben und 1–2 Minuten goldbraun rösten; dabei ständig umrühren, damit sie nicht anbrennen. Dann sofort vom Herd nehmen und abkühlen lassen.

6 Die Dressing-Zutaten in ein Schaubgefäß geben, mit Salz und Pfeffer würzen und durch kräftiges Schütteln mischen.

7 Das Gemüse zum Couscous geben und gut verrühren. Das Dressing mit den Pinienkernen und 1 Esslöffel Minze unterheben. Alles abschmecken und bei Bedarf nachwürzen.

8 Den fertigen Salat in eine große Servierschüssel füllen und vor dem Servieren mit der restlichen Minze bestreuen.

LINSEN NACH HAUSMACHERART

Sie können Puy-Linsen in Dosen kaufen, aber die getrockneten sind um einiges besser, zumal sie nicht eingeweicht werden müssen und daher leicht zuzubereiten sind.

Für 4 Personen
Vorbereitung: 15 Minuten
Garzeit: 25–30 Minuten

ZUTATEN

250 g Puy-Linsen, abgespült

2 TL gekörnte Gemüsebrühe oder 1 Würfel Gemüsebrühe

1 Karotte, geschält und in 4 großen Stücken

4 Schalotten, alle geschält, 2 davon fein gehackt

4 Gewürznelken

2 Lorbeerblätter

1 frischer Thymianzweig

1 EL Pflanzenöl

700 g hochwertige Bratwurst

2 Knoblauchzehen, geschält und fein gehackt

Salz und Pfeffer

2 EL frisch gehackte Petersilie

Sie benötigen einen großen Topf, ein Gemüsemesser, ein Kochmesser, ein Hackbrett, eine Bratpfanne, einen Holzspatel und einen Schaumlöffel.

ZUBEREITUNG

1 Die Linsen in den Topf geben und etwa 2,5 cm hoch mit Wasser bedecken. Gekörnte Brühe oder Brühwürfel einrühren und die Karotte zufügen. Je zwei kleine Löcher in die ganzen Schalotten bohren und die Gewürznelken hineindrücken. Die so gespickten Schalotten zusammen mit Lorbeer und Thymian ebenfalls in den Topf geben.

2 Die Linsen aufkochen, dann die Hitze reduzieren und die Linsen halb abgedeckt 15–20 Minuten köcheln lassen; sie sollten gar, aber noch bissfest sein.

3 Unterdessen das Öl bei mittlerer Hitze in einer Pfanne erwärmen. Die Bratwurst darin etwa 15 Minuten rundum braun und knusprig braten. Dann mit einem Schaumlöffel aus der Pfanne heben und in eine vorgewärmte Schüssel füllen.

4 Die gehackten Schalotten und den Knoblauch in die nun leere Pfanne geben und bei ebenfalls mittlerer Hitze 2–3 Minuten sautieren, bis sie weich sind; dabei den von den Würsten angebackenen Bratensatz am Pfannenboden lösen.

5 Die Linsen abgießen. Gemüse und Kräuter entfernen und die Linsen in die Pfanne geben. Alles gut vermengen und mit Salz und Pfeffer abschmecken.

6 Die Petersilie einrühren und die fertigen Linsen mit den Würsten sofort servieren.

WEINVORSCHLAG
Ein kräftiger roter Côtes du Rhône

RISOTTO VERDE

Für 4 Personen
Vorbereitung: 10 Minuten
Garzeit: 35 Minuten

ZUTATEN

3 EL Butter

1 EL Olivenöl

1 Zwiebel, geschält und fein gehackt

1 Knoblauchzehe, geschält und fein gehackt

350 g Risotto-Reis (z. B. der Sorte Arborio oder Carnaroli)

150 ml trockener Weißwein

850 ml heiße Gemüsebrühe

115 g frische dicke Bohnen oder aufgetaute Tiefkühlware

115 g frische grüne Erbsen oder aufgetaute Tiefkühlware

Salz und Pfeffer

115 g Parmesan, frisch gerieben

abgeriebene Schale von 2 Zitronen

2 EL frisch gehackte Minzeblätter

2 EL frisch gehackte Petersilie

Sie benötigen eine große, tiefe Bratpfanne, ein Kochmesser, ein Hackbrett, einen Holzspatel, einen Messbecher, einen Topf, eine Schöpfkelle und eine Reibe.

WEINVORSCHLAG

Ein gekühlter weißer Sauvignon

1 1 Esslöffel Butter mit dem Öl in die Pfanne geben und bei geringer Hitze zerlassen. Zwiebel und Knoblauch zufügen und etwa 5 Minuten sautieren, bis sie weich, aber nicht gebräunt sind.

2 Den Reis einrühren und 1 Minute anbraten. Dann den Wein zugießen und unter Rühren einkochen, bis er vollständig aufgesogen ist. Ist der Wein absorbiert, sofort eine Kelle köchelnde Brühe zum Reis gießen. Dabei weiterhin ständig rühren, bis der Reis die gesamte Flüssigkeit absorbiert hat, dann die nächste Kelle zugießen. So fortfahren, bis die gesamte Brühe verbraucht ist. Dies dauert etwa 15–20 Minuten.

3 Frische Bohnen und Erbsen zufügen, sobald die Hälfte der Brühe verbraucht ist, und zusammen mit dem Reis gar kochen. Dieser sollte gegen Ende der Kochzeit weich, aber noch bissfest und vor allem cremig sein. Den fertig gegarten Reis mit Salz und Pfeffer würzen. Tiefkühlgemüse erst jetzt zufügen und 1 Minute mit dem Reis erhitzen.

4 Die Pfanne vom Herd nehmen und die restliche Butter sowie die Hälfte des Parmesans unterrühren. Die Pfanne abdecken und den Risotto 2–3 Minuten ziehen lassen, damit er noch cremiger wird. Dann Zitronenschale, Minze und Petersilie einrühren. Den fertigen Risotto auf vorgewärmte Servierteller verteilen und mit dem verbliebenen Parmesan servieren.

FRUCHTIGES PISTAZIEN-PILAW

Für 6 Personen
Vorbereitung: 10 Minuten
Garzeit: 30–35 Minuten

ZUTATEN

1 EL Butter

1 EL Olivenöl

1 Zwiebel, geschält und fein gehackt

1 Knoblauchzehe, geschält und fein gehackt

350 g Basmati- oder anderer Langkornreis

1 Prise Zimt

1 Prise Gewürznelkenpulver

700 ml Hühner- oder Gemüsebrühe

Salz und Pfeffer

55 g Sultaninen

55 g Pistazienkerne

Sie benötigen einen Topf mit Deckel, ein Kochmesser, ein Hackbrett, einen Holzspatel und einen Messbecher.

ZUBEREITUNG

1 Die Butter mit dem Öl bei geringer Hitze in einem Topf zerlassen. Zwiebel und Knoblauch darin etwa 10 Minuten weich dünsten, aber nicht bräunen.

2 Den Reis einrühren und alles 1 weitere Minute dünsten, dann die Gewürze zufügen.

3 Die Brühe zugießen und bei mittlerer Hitze aufkochen. Dann abdecken und alles 15–20 Minuten sanft köcheln lassen, bis der Reis gar ist und die gesamte Flüssigkeit absorbiert hat.

4 Den Reis mit Salz und Pfeffer abschmecken, dann Sultaninen und Pistazien einrühren.

5 Den Pilaw vom Herd nehmen, in eine vorgewärmte Schüssel füllen und sofort servieren. Als Beilage zu Fleisch, Fisch oder Geflügel eignet er sich besonders gut.

SPAGHETTINI MIT KREBSFLEISCH

Für 2 Personen
Vorbereitung: 10 Minuten
Garzeit: 10–15 Minuten

ZUTATEN

225 g Spaghettini oder Linguine
1 EL Butter
1 EL Olivenöl
225 g Zucchini, in dünnen Scheiben
1 Knoblauchzehe, geschält und zerdrückt
1 Prise Chilipulver oder zerstoßene Chillies
175 g Krebsfleisch, Tiefkühlware aufgetaut
Salz und Pfeffer
2 EL Mayonnaise
2 EL Crème fraîche
1 EL frisch gehackte Petersilie, zum Garnieren

Sie benötigen einen großen Topf, eine Bratpfanne, ein Gemüsemesser, ein Kochmesser, ein Hackbrett und einen Holzspatel.

WEINVORSCHLAG

Ein italienischer Pinot Bianco oder ein portugiesischer Vinho Verde

ZUBEREITUNG

1 Die Nudeln in einem Topf mit Salzwasser in 8–10 Minuten oder gemäß Packungsanleitung kochen, sodass sie zwar gar, aber noch bissfest sind.

2 Unterdessen die Butter mit dem Öl in der Pfanne zerlassen und die Zucchinischeiben darin bei starker Hitze 2–3 Minuten unter ständigem Rühren kräftig anbraten, bis sie leicht gebräunt sind.

3 Knoblauch und Chili zufügen und sorgfältig unterrühren.

4 Ganz behutsam das Krebsfleisch einrühren und etwa 1 Minute mit den restlichen Zutaten erwärmen, dann alles mit Salz und Pfeffer würzen.

5 Die Nudeln abgießen, dann in den heißen Topf zurückgeben und Mayonnaise sowie Crème fraîche einrühren.

6 Die Nudeln auf 2 Servierteller verteilen und die Krebsmischung darauf anrichten.

7 Das fertige Gericht mit der Petersilie garnieren und sofort servieren.

WARMER ASIATISCHER GEFLÜGELSALAT

Für 4 Personen
Vorbereitung: 20 Minuten, plus Marinierzeit
Garzeit: 20 Minuten

ZUTATEN

350 g Hähnchenbrustfilet
½ TL Ingwerpulver
½ TL Kurkuma
½ TL mittelscharfes Currypulver
½ TL Senfpulver
Salz und Pfeffer
2 Zucchini, in 5 cm langen Stiften
3 EL Olivenöl
1 rote Paprika, entkernt und in Streifen
1 gelbe Paprika, entkernt und in Streifen
115 g Zuckererbsen, Spitze und Stielansatz entfernt
1 Knoblauchzehe, geschält und fein gehackt
2-cm-Stück frische Ingwerwurzel, geschält und fein gehackt
3 EL Honig
2 EL Zitronensaft
175 g Eiernudeln mittlerer Breite
2 EL frisch gehackter Koriander, zum Garnieren

Sie benötigen ein Kochmesser, ein Hackbrett, eine Schüssel,
Frischhaltefolie, ein Gemüsemesser, einen großen Topf, eine
Bratpfanne, einen Holzspatel und einen Schaumlöffel.

ZUBEREITUNG

1 Das Hähnchenbrustfilet in dünne Streifen schneiden und in
eine Schüssel geben.

2 Ingwerpulver, Kurkuma, Curry- und Senfpulver untermengen
und das Fleisch mit Salz und Pfeffer würzen. Dann mit
Frischhaltefolie abdecken und 1–2 Stunden marinieren.

3 Die Zucchini in einer mit 2 Esslöffeln Öl erhitzten Pfanne
2–3 Minuten kräftig anbraten, bis sie gut gebräunt sind.
Dann mit einem Schaumlöffel aus der Pfanne heben und in einer
vorgewärmten Servierschüssel beiseite stellen. Nun die Paprika-
streifen in die Pfanne geben und 2–3 Minuten braten, bis sie
etwas weich und leicht gebräunt sind. Die Zuckererbsen zufügen
und alles 1 weitere Minute braten. Dann die Pfanne vom Herd
nehmen und den Inhalt zu den Zucchini geben.

4 Das restliche Öl in die Pfanne geben und das Hähnchen-
brustfilet darin bei starker Hitze rundum goldbraun anbraten.
Knoblauch und frischen Ingwer einrühren, dann Honig und
Zitronensaft zufügen und 2–3 Minuten aufwallen lassen, bis das
Fleisch zart ist. Das Fleisch abschmecken und bei Bedarf nach-
würzen.

5 Die Nudeln in einem großen Topf 3 Minuten oder gemäß
Packungsanweisung in kochendem Wasser garen. Dann
abgießen und gut abtropfen lassen.

6 Nudeln und Gemüse in der Servierschüssel mischen, dann
das Fleisch zufügen.

7 Das fertige Gericht mit Koriander garnieren und sofort
servieren.

WEINVORSCHLAG

Ein leichter, nicht im Fass
gereifter Chardonnay oder
ein Pinot Grigio

POLENTA

Was die Pasta im Süden, ist die Polenta im Norden Italiens. Die vielseitig verwendbare Maismehlpaste kann weich wie Kartoffelpüree als Beilage gereicht werden, aber auch wie hier als fester Teig, der vor dem Verzehr gegrillt oder frittiert und nach Belieben belegt wird.

Für 4 Personen
Vorbereitung: 10 Minuten, plus Kühlzeit
Garzeit: 5–10 Minuten

ZUTATEN

1 l Wasser
1 TL Salz
250 g Instant-Polenta
2 Knoblauchzehen, geschält und zerdrückt
55 g getrocknete Tomaten, grob gehackt
½ TL getrockneter Oregano
2 EL frisch geriebener Parmesan
Salz und Pfeffer
3 EL Olivenöl

Sie benötigen einen großen Topf, einen Messbecher, einen Holzspatel, ein Kochmesser, ein Hackbrett, eine Reibe, ein kleines Backblech und eine Brat- oder Grillpfanne.

ZUBEREITUNG

1 Das Wasser in einen Topf gießen und aufkochen, dann das Salz zufügen.

2 Die Polenta nach und nach in einem gleichmäßigen Strahl einstreuen; dabei ständig rühren. Die Hitze reduzieren und die Polenta 1 Minute oder gemäß Packungsanweisung köcheln lassen.

3 Knoblauch, Tomaten, Oregano und Parmesan einrühren und die Masse mit Salz und Pfeffer würzen.

4 Ein kleines Backblech mit 2 Esslöffel Öl einfetten. Die Polenta-Masse darauf verteilen, glatt streichen und etwa 1 Stunde abkühlen lassen.

5 Die abgekühlte Polenta-Masse in 8 Stücke teilen und mit dem restlichen Olivenöl bestreichen.

6 Die Stücke 2–3 Minuten auf die mittleren Schiene unter einen vorgeheizten Backofengrill schieben, bis sie leicht gebräunt sind. Alternativ in einer Brat- oder Grillpfanne bräunen.

7 Je 2 Stücke pro Person als Beilage zu Fleisch, Fisch oder gegrilltem Sommergemüse (siehe Seite 177) reichen.

OBST

Ärzte empfehlen, dass wir pro Tag fünf Portionen Obst und Gemüse zu uns nehmen sollen – welch ein Genuss! Das ganze Jahr hindurch überschütten uns die Lebensmittelgeschäfte mit wunderbaren Früchten. Manch einer mag sich da gar nicht mehr an das saisonale Angebot halten. Doch viele regionale Früchte, wie Himbeeren und Erdbeeren, schmecken aus hiesiger Ernte am besten. Da aber Äpfel gegen Ende ihrer Lagerzeit an Qualität verlieren, ist es gut, außerhalb der Saison auf Angebote aus Australien und Neuseeland zurückgreifen zu können.

Einige Obstsorten sind leider nur in ihrer Saison erhältlich, wie Tangerinen, Satsumas, Pfirsiche und Nektarinen. Ähnlich steht es mit dem Rhabarber – das einzige Obst, das in der Regel nicht roh verzehrt, sondern gekocht und gesüßt wird. Im Folgenden erhalten Sie einen Überblick über die zurzeit beliebtesten Obstsorten.

KERNOBST

Äpfel

Äpfel können grob in zwei Gruppen unterteilt werden: Tafeläpfel und Kochäpfel. Von Tafeläpfeln sollte man kleinere Exemplare kaufen, weil deren Geschmack am besten ist. Zu den beliebtesten zählen Cox Orange, Golden Delicious, Granny Smith, Gala und Elstar. Der hier zu Lande bekannteste Kochapfel ist der herb-säuerliche Boskoop. Er kann zwar auch roh verzehrt werden, doch wegen seiner guten Kocheigenschaften und seines säuerlichen Aromas wird er bevorzugt für Kuchen und Bratäpfel verwendet oder zu Mus verarbeitet.

Birnen

Sie sind weicher als Äpfel und sollten sorgfältig gewählt werden. Nur selten sind bereits ausgereifte Tafelbirnen für den sofortigen Verzehr erhältlich. Im Allgemeinen lässt man sie nach dem Kauf zu Hause noch 3–4 Tage nachreifen. Einige Sorten bleiben aber dennoch so fest, dass man sie auch zum Kochen verwendet. So etwa die recht großen Conférence-Birnen – schälen und pochieren Sie sie vor dem Verzehr. Weitere beliebte Birnensorten sind Abate Fetel, Alexander Lucas, Gute Luise und Williams Christ. Sie schmecken mit Käse zum Dessert gereicht besonders gut.

STEINOBST

Pflaumen

Pflaumen sind in unterschiedlichen Farben und Größen erhältlich. Kaufen Sie nur solche mit glatter Schale, die nicht zu weich sind und keine Stoßstellen aufweisen. Die süße, blau-violette und rundliche Hauspflaume wird ebenso wie die kugeligen, grüngelb- bis rotschaligen Reineclauden und die gelben bis rötlichen Mirabellen besonders als Tafelobst geschätzt, während die ebenso bekannte, längliche Zwetschge bevorzugt zum Kochen und Einmachen verwendet wird.

Pfirsiche und Nektarinen

Auch diese Früchte sind nur schwer im richtigen Reifegrad zu kaufen. Oft werden sie zu früh geerntet, sodass sie zu Hause eher weich werden als nachreifen. Kaufen Sie daher die reifsten Exemplare, die erhältlich sind – sie sollten kräftig rotgelb gefärbt sein, frisch duften und keinen grünen Schimmer aufweisen. Wenn sie auch nach ein paar Tagen nicht weich werden, empfiehlt es sich, sie zu kochen. Pfirsiche haben ebenso wie Nektarinen gelbes oder weißes Fruchtfleisch, ihre Schale ist jedoch von einem seidigen Flaum überzogen, während die der Nektarinen glatt ist. Beide Obstsorten können durch Blanchieren (siehe Seite 14) gehäutet werden.

Sie schmecken roh im Ganzen, entkernt und zerkleinert unter Fruchtsalate gemischt sowie pochiert oder gebacken.

Aprikosen

Die kleinen, orangefarbenen, flaumüberzogenen Früchte werden vielfach in der orientalischen Küche verwendet – für Süßspeisen ebenso wie für herzhafte Gerichte. Ihre Saison ist kurz, und es ist zudem schwer, hochwertige Exemplare zu erhalten, da Aprikosen keine langen Transportwege vertragen. Sollten Sie dennoch gute Früchte finden, genießen Sie sie unbedingt pur. Ansonsten können Aprikosen in Rezepten verwendet oder, mit etwas Zimt pochiert, heiß oder kalt serviert werden.

Kirschen

Mittlerweile werden einige recht gute Sorten angeboten, doch ihre Saison ist kurz. Kaufen Sie gleich große Exemplare, die noch am Stiel hängen. Die großen Süßkirschen sind besonders köstlich. Sie sollten roh verzehrt werden und sind im Kühlschrank 2–3 Tage haltbar. Die kleinen, dunklen, säuerlichen Morellen müssen vor dem Verzehr gegart werden. Man kocht

sie daher oft ein und verwendet sie für Konfitüre oder andere eingemachte Köstlichkeiten.

BEERENOBST

Johannisbeeren

Sie sind, wenn auch leider nur für kurze Zeit, in Weiß, Rot und Schwarz erhältlich. Die noch an ihren Rispen hängenden Früchte sollten saftig prall sein und glänzen. Schwarze Johannisbeeren sind für den direkten Verzehr zu sauer und zu herb, doch die roten und weißen Früchte können gut für Obstsalate sowie als Dekoration von Pavlovas und Käsekuchen verwendet werden.

Erdbeeren

Erdbeeren werden am besten roh, nach Belieben mit etwas Zucker und Sahne verzehrt. Kaufen Sie kleine bis mittelgroße Exemplare, die nicht zu weich sind; die aus heimischer Ernte schmecken am besten. Gegart werden Erdbeeren selten, aber manch einer mag sie mit einer Prise schwarzem Pfeffer und

Gala

Golden Delicious

Braeburn

Granny Smith

Morgenduft

Kochapfel

Conférence

Forelle

Williams Christ

rote Williams Christ

Nektarine

europäische Hauspflaume

Mirabellen

einem Spritzer Balsamico-Essig verfeinert. Daneben schmecken sie zu Eiscreme, in Obstsalaten, auf Kuchen oder in
Torten und lassen sich gut zu Konfitüre verarbeiten.

Himbeeren

Die köstlichsten unter den kleineren Früchten schmecken
nicht nur äußerst delikat, sondern sehen auch hübsch aus.
Auch sie werden am besten roh, nur mit etwas Zucker und
Sahne verzehrt. Sie können jedoch auch in Obstsalaten oder
zur Dekoration von Desserts verwendet werden. Daneben
ergeben sie passiert und mit etwas Puderzucker vermengt
eine köstliche Fruchtsauce und sind auch für Konfitüre ideal.
Sie lassen sich gut einfrieren.

Brombeeren

Im Geschäft erhalten wir Früchte, die speziell für den Verzehr
angebaut werden. Aber auch wild wachsende Exemplare sind
bei uns zu finden. Die kultivierten Früchte sind jedoch größer
und süßer. Kaufen sie nur wirklich reife Exemplare. Sie können
für Obstsalate verwendet werden. Häufiger jedoch werden die
Beeren – besonders die wild wachsenden – für Süßspeisen
verwendet oder zu Konfitüre verarbeitet.

Stachelbeeren

Grüne Stachelbeeren sind eine traditionsreiche deutsche
Obstsorte, die jedoch in den letzten Jahren etwas aus der
Mode gekommen ist. Kaufen Sie nur große, pralle Früchte,
die Sie 4–5 Tage im Kühlschrank lagern können. Stachelbeeren werden nur selten roh verzehrt, obwohl das bei
einigen der süßeren Arten durchaus möglich ist. Verwenden
Sie sie für Streuselkuchen und Süßspeisen, oder reichen Sie sie
zu Sauce verarbeitet zu Makrele oder Forelle.

ZITRUSFRÜCHTE

Orangen

Orangen bzw. Apfelsinen sind das ganze Jahr erhältlich. Es
gibt zahlreiche, meist süße Sorten, doch auch die bittere
Pomeranze, die für Konfitüre verwendet wird, zählt zu den
Orangen. Tafelorangen sollten fest, sauber und ohne Stoßstellen sein. Bei Zimmertemperatur gelagert, halten sie etwa
1 Woche, im Kühlschrank länger. Geschält und in Spalten
geteilt, können sie roh verzehrt oder für Salate verwendet
werden. In Scheiben geschnitten, ergeben sie hübsche Deko-

Korinthen

Navel-Orange

Zitrone

Erdbeeren

Mandarine

Limette

Himbeeren

Satsuma

Grapefruit

rationen oder Garnierungen für vielerlei Speisen. Den ausgepressten Saft kann man trinken oder für Sorbets, Eiscremes, Mousses und Kuchen verarbeiten. Die abgeriebene Schale (von unbehandelten Orangen) verfeinert Teige und Füllungen. Pomeranzen sind nur von Januar bis Februar erhältlich. Kaufen Sie sie daher rasch, falls Sie ihre eigene Konfitüre zubereiten wollen (siehe Seite 253).

Zitronen

Auch sie sind das ganze Jahr erhältlich. Kaufen Sie feste Exemplare mit schöner, gelber Schale. Art und Dauer ihrer Lagerung entspricht der von Orangen. Zitronen sind in der Küche sehr vielfältig verwendbar. Gin Tonic etwa ist ohne eine Zitronenscheibe kaum vorstellbar. Viele Speisen profitieren zudem von der erfrischenden Säure der Zitrone. So werden manche Gericht vor dem Servieren mit ihrem Saft beträufelt, und die abgeriebene Schale (von unbehandelten Früchten) verfeinert Kuchen, Füllungen und Fischgerichte. Köstlich schmeckt sie zudem in Cremes, Sorbets und Speiseeis, und sie kann mit anderen Zitrusfrüchten zu Konfitüre verarbeitet werden.

Limetten

Diese Zitrusfrüchte sehen aus wie kleine, grüne Zitronen und werden vor allem in den Küchen Thailands und Südamerikas auch ähnlich verwendet.

Grapefruits

Das Fleisch dieser ganzjährig erhältlichen Früchte variiert von blassgelb über rosa zu rubinrot. Mit zunehmender Röte werden auch süßer. Traditionell verzehrt man sie mit oder ohne Süßmittel zum Frühstück. In Spalten getrennt, können sie aber auch herzhafte Salate verfeinern, oder man verarbeitet sie in Vielfrucht-Konfitüren. Grapefruitsaft ist sehr beliebt, die Schale der Frucht schmeckt dagegen zu sauer, als dass man sie verwenden könnte.

Tangerinen, Satsumas, Klementinen und Mandarinen

Diese kleinen, orangefarbenen Früchte, deren Geschmack an den von Orangen erinnert, haben zur Weihnachtszeit Saison. Sie unterscheiden sich vorrangig im Grad ihrer Süße und in der Dickwandigkeit ihrer Schalen voneinander. Meist verzehrt man sie roh, sie können aber auch in einem aromatisierten Sirup serviert werden. Die leicht zu schälenden kernlosen Sorten sind besonders für Kinder ideal.

WEITERE OBSTSORTEN

Rhabarber

Der im Frühjahr erhältliche Treibhausrhabarber muss nur kurz gegart werden, da er besonders zart und wohlschmeckend ist.

Beim Kauf sollten Sie auf feste, dünne, blassrote Stangen achten. Werden sie im Ofen gebacken, behalten sie Form und Farbe trotz des Garens bei. Entfernen Sie zunächst die Blätter und das angetrocknete Schnittende, bevor Sie die Stangen in 5 cm lange Stücke schneiden und nach Belieben süßen. Auch in Streusel, Pies und Konfitüren schmeckt Rhabarber hervorragend.

Weintrauben

Ob grün oder blau, mit Kernen oder kernlos – Weintrauben schmecken roh verzehrt zu jeder Tageszeit. Aber auch zu einer Käseplatte als Dessert gereicht schmecken sie köstlich. Daneben verfeinern sie Obstsalate und eignen sich hervorragend als Garnierung. Kaufen sie pralle und feste Früchte an einer wohl geformten Traube, jedoch keine, die weich sind und sich klebrig anfühlen.

Melonen

Melonen schmecken im Sommer am besten, sind jedoch ganzjährig in einer Vielzahl an Sorten erhältlich. Man unterscheidet Wasser- und Zuckermelonen. Die Schale von Wassermelonen ist grün und glatt, das rote, feste Fruchtfleisch schmeckt erfrischend süßlich. Zu den Zuckermelonen gehört die relativ große, blassgelbe Honigmelone, die wunderbar süß schmeckt. Die Galia ist eine etwas kleinere, blassgrüne Melone von mittlerer Süße. Klein und rund, mit bräunlicher Schale und süßem, orangefarbenem Fruchtfleisch ist die Kantalupe. Das tief orangefarbene Fruchtfleisch der kleinen Charentais wiederum schmeckt äußerst aromatisch. Die Schale der Melonen sollte unversehrt sein. Drücken Sie für einen Reifetest das Blütenende etwas ein: Es sollte leicht nachgeben. In Spalten geschnitten mit etwas Parmaschinken serviert, ergeben Melonen eine erfrischende Vorspeise oder ein leichtes Mittagessen. Mit Beeren zum Dessert serviert, schmecken sie ebenso köstlich, oder geben Sie sie zu Kugeln geformt in einen Obstsalat.

Bananen

Neben den Äpfeln sind Bananen die beliebteste Obstsorte. Gelb können sie sofort verzehrt werden, grüne Früchte müssen zu Hause erst nachreifen. Lagern Sie Bananen nicht im Kühlschrank, da sie dort schwarz werden. Roh verzehrt schmecken sie ähnlich köstlich wie in Müslis und Obstsalaten. Daneben können Bananen gebacken und gegrillt sowie für Kuchen und Eiscreme verwendet werden.

Kiwis

Die kleinen Früchte mit der dunklen, haarigen Schale sind von innen leuchtend grün. Neben dieser attraktiven Farbe bestechen Sie durch ihren charakteristischen Geschmack. Nach dem Halbieren können Sie mit einem Teelöffel ausgelöffelt werden, oder man verwendet sie geschält und in Scheiben geschnitten für Pavlovas, Käsekuchen und Obstsalate.

APFEL-BROMBEER-CRUMBLE

Crumbles sind erstaunlich leicht zuzubereitende und dabei wirklich köstliche Desserts. Sie kommen aus England und können durch Austausch der Obstsorten variiert werden.

Für 6 Personen
Vorbereitung: 20–25 Minuten
Garzeit: 25–30 Minuten

ZUTATEN

450 g Kochäpfel (z. B. Boskoop)
450 g Brombeeren
115 g feiner Zucker
4 EL Wasser
Schlagsahne, Joghurt oder Vanillesauce, zum Servieren

Streusel
175 g Vollkornmehl
85 g Butter
85 g brauner Zucker
1 TL Lebkuchengewürz

Sie benötigen einen Sparschäler, ein kleines, scharfes Messer, ein Hackbrett, eine Auflaufform (etwa 1,7 l Inhalt), eine Rührschüssel, eine Gabel und ein Backblech.

ZUBEREITUNG

1 Den Backofen auf 190 °C vorheizen. Die Äpfel vierteln, schälen und entkernen, dann in Scheiben schneiden und in eine Auflaufform geben.

2 Die Brombeeren zufügen, den feinen Zucker einstreuen und das Wasser über die Früchte träufeln.

3 Für die Streusel das Mehl in eine Schüssel geben. Die Butter mit den Fingern darin verkneten, bis eine feinkrümelige Mischung entsteht, dann braunen Zucker und Lebkuchengewürz einrühren.

4 Die Streusel gleichmäßig auf den Früchten verteilen und mit einer Gabel leicht andrücken.

5 Den Crumble auf ein Backblech stellen und im vorgeheizten Backofen 25–30 Minuten backen, bis die Streusel goldbraun geworden sind.

6 Den fertigen Crumble noch warm mit Schlagsahne, Joghurt oder Vanillesauce servieren.

POCHIERTE CASSIS-BIRNEN

Für 4 Personen
Vorbereitung: 15 Minuten, plus Kühlzeit
Garzeit: 25–55 Minuten

ZUTATEN

4 feste Birnen (Williams Christ oder Gute Luise)
55 g feiner Zucker
100 ml Cassis
125 g Crème fraîche, zum Servieren

Sie benötigen ein scharfes Messer, einen breiten Topf mit Deckel, einen Schaumlöffel, einen Messbecher, eine Servierschüssel, einen Holzlöffel und Frischhaltefolie.

ZUBEREITUNG

1 Die Birnen schälen, dabei den Stiel unversehrt lassen, nebeneinander in einen Topf stellen und mit Wasser bedecken. Zuletzt den Zucker zufügen.

2 Das Wasser vorsichtig aufkochen; dabei darauf achten, dass sich der Zucker auflöst.

3 Die Hitze reduzieren, den Topf abdecken und die Birnen je nach Reifegrad 15–45 Minuten köcheln lassen, bis sie weich sind.

4 Die Birnen vom Herd nehmen, mit einem Schaumlöffel vorsichtig aus dem Topf heben und in eine Servierschüssel setzen.

5 Den Topf auf den Herd zurückstellen und den Birnensud 4–6 Minuten köcheln lassen, bis ein leicht eingedickter Sirup entsteht.

6 Den Cassis einrühren, dann den Sirup über die Birnen gießen.

7 Die Birnen mit Frischhaltefolie abdecken und vor dem Servieren 2–4 Stunden kalt stellen. Zum Verfeinern etwas Crème fraîche dazu reichen.

APFEL-INGWER-KOMPOTT MIT BAISER-HAUBE

Dieses feinwürzige Dessert hat einen intensiven Geschmack.
Servieren Sie es nach Belieben heiß oder kalt.

Für 6 Personen
Vorbereitung: 25 Minuten
Backzeit: 20–25 Minuten

ZUTATEN

115 g Löffelbiskuit
2 EL Weinbrand (nach Belieben)
900 g Kochäpfel (z. B. Boskoop)
2 EL Butter
½ TL Zimt
4 EL brauner Zucker
3 Ingwerpflaumen in Sirup, fein gewürfelt
3 Eiweiß
175 g feiner Zucker
Schlagsahne, zum Servieren

Sie benötigen eine runde Auflaufform (25 cm Ø), einen Spar-schäler, ein scharfes Messer, einen Topf, einen Holzlöffel, ein elektrisches Handrührgerät, eine Rührschüssel und einen Löffel oder einen Kunststoffspatel.

1 Den Backofen auf 180 °C vorheizen. Die Löffelbiskuits auf dem Boden einer Auflaufform verteilen und nach Belieben mit Weinbrand beträufeln. Anschließend die Äpfel schälen, entkernen und in dünne Scheiben schneiden.

2 Die Butter bei geringer Hitze in einem Topf zerlassen, dann Äpfel, Zimt und braunen Zucker zufügen. Den Topf abdecken und den Inhalt bei geringer Hitze 6–8 Minuten kochen, bis die Äpfel weich sind. Dann die Ingwerstückchen einrühren. Den Topf vom Herd nehmen und den Inhalt etwas abkühlen lassen. Anschließend die Mischung auf den Löffelbiskuits verteilen.

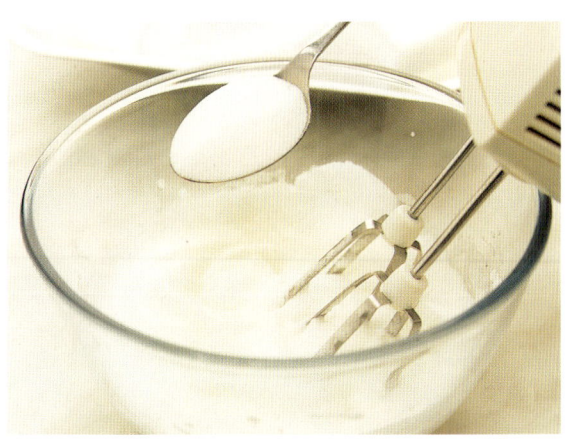

3 Das Eiweiß in einer Schüssel locker aufschlagen, bis es glänzt, dann nach und nach den feinen Zucker einrühren. So lange weiter rühren, bis der gesamte Zucker verbraucht und das Eiweiß steif geschlagen ist.

4 Die fertige Baiser-Masse sofort auf der Apfelmischung verstreichen; dabei ein attraktives Muster in die Masse ziehen und darauf achten, dass diese bis ganz an den Rand der Form verteilt wird.

5 Das so vorbereitete Dessert im vorgeheizten Backofen 10–15 Minuten backen, bis der Eischnee goldbraun geworden ist.

6 Das fertige Dessert aus dem Backofen nehmen und warm oder kalt mit etwas Schlagsahne servieren.

GEBACKENE BANANENSCHEIBEN

Für 2 Personen
Vorbereitung: 5 Minuten
Backzeit: 12–14 Minuten

ZUTATEN

4 reife Bananen

4 EL Butter

Saft von ½ Zitrone

3 EL brauner Zucker

½ TL Kardamomsamen, zerstoßen

25 g gehobelte Mandeln

3 EL Crème fraîche, gekühlt, zum Servieren

Sie benötigen ein kleines, scharfes Messer, ein Hackbrett, eine ausreichend große Auflaufform für die Bananen, eine Zitruspresse und einen Backpinsel.

ZUBEREITUNG

1 Den Backofen auf 200 °C vorheizen. Die Bananen schälen und in 1 cm breite, schräge Scheiben schneiden.

2 Eine Auflaufform mit 1 Esslöffel Butter einfetten.

3 Die Bananen in die vorbereitete Form geben und mit dem Zitronensaft beträufeln, dann mit Zucker und Kardamom bestreuen.

4 Die Bananen im vorgeheizten Backofen 6–7 Minuten backen, bis der Zucker geschmolzen ist.

5 Die Form aus dem Backofen nehmen und die Bananen mit dem ausgetretenen Fruchtsaft bestreichen. Die restliche Butter in kleinen Flocken auf die Früchte setzen, anschließend die Mandeln darüber streuen.

6 Die Form wieder in den Backofen geben und alles weitere 6–7 Minuten backen, bis die Mandeln gebräunt sind.

7 Das fertige Dessert sofort mit etwas Crème fraîche servieren.

GEBACKENE PFIRSICHE MIT KNUSPERFÜLLUNG

Für 4 Personen
Vorbereitung: 15 Minuten
Backzeit: 20–25 Minuten

ZUTATEN

4 reife Pfirsiche
4 EL Butter
2 EL brauner Zucker
55 g Amaretti oder Makronen, zerstoßen
2 EL Amaretto
125 g Schlagsahne, zum Servieren

Sie benötigen ein kleines, scharfes Messer, ein Hackbrett, eine große Auflaufform, eine Schüssel, ein elektrisches Handrührgerät und einen Holzlöffel.

ZUBEREITUNG

1 Den Backofen auf 180 °C vorheizen. Die Pfirsiche halbieren, entsteinen und nach Belieben häuten (dazu die Pfirsiche 10–15 Sekunden in heißes Wasser tauchen, dann in kaltem Wasser abschrecken und die Schale abziehen).

2 Eine Auflaufform mit 1 Esslöffel Butter einfetten.

3 Die restliche Butter mit dem Zucker in einer Schüssel cremig rühren. Dann Amaretti oder Makronen zufügen und gut unterheben.

4 Die Pfirsichhälften mit der Schnittfläche nach oben in die vorbereitete Form geben und mit der Amaretti-Masse füllen.

5 Die Pfirsiche im vorgeheizten Backofen 20–25 Minuten backen, bis sie weich sind.

6 Die heißen Pfirsiche mit dem Likör beträufeln und sofort mit etwas Schlagsahne servieren.

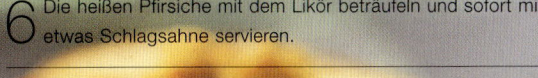

KARAMELLISIERTE ORANGEN

Für 4 Personen
Vorbereitung: 20–30 Minuten, plus Kühlzeit
Garzeit: 5–7 Minuten

ZUTATEN

4 große Orangen
115 g feiner Zucker
225 ml Wasser

Sie benötigen einen Zestenschneider oder eine Reibe, ein kleines, scharfes Messer, ein Hackbrett, 4 Zahnstocher, einen Topf, einen Messbecher, einen Holzlöffel und Frischhaltefolie.

ZUBEREITUNG

1 Mit einem Zestenschneider oder einer Reibe die Schale von 2 Orangen vorsichtig in dünnen Streifen ablösen, dann die Schale beiseite stellen.

2 Die anderen Orangen mit einem scharfen Messer schälen. Dazu zunächst die Schale der Früchte oben und unten an Blüten- und Stängelansatz glatt abschneiden. Dann die Orangen auf ein Hackbrett stellen und die restliche Schale mitsamt der weißen Innenschicht abschneiden; dabei der Rundung der Früchte folgen. Die abgeriebenen Orangen ebenso vorbereiten. Dann alle geschälten Orangen horizontal in 5 dicke Scheiben schneiden, die Scheiben wieder zusammensetzen, mit Zahnstochern fixieren und auf 4 Dessertschalen verteilen.

3 Den Zucker in einen Topf geben und bei mittlerer Hitze 1–2 Minuten erwärmen, bis er geschmolzen ist. Dann weitere 2–3 Minuten kochen, bis er karamellisiert.

4 Den Topf vom Herd nehmen, auf Armeslänge vom Körper weg halten und ganz langsam und vorsichtig das Wasser einrühren; es wird dabei stark blubbern und spritzen! Den Wasserbehälter daher am besten mit einem Topfhandschuh halten.

5 Die Masse gut umrühren, um mögliche Klümpchen zu entfernen. Sollten sich einige Klümpchen nicht auflösen, die Masse noch einmal sanft erwärmen. Den fertigen Sirup 15 bis 20 Minuten abkühlen lassen, dann über die Orangen gießen.

6 Die Orangen mit Frischhaltefolie abdecken und bis zu 24 Stunden kalt stellen.

7 Kurz vor dem Servieren die Orangen mit der abgeriebenen Schale bestreuen.

OBSTSALAT AUF ASIATISCHE ART

Für 6 Personen
Vorbereitung: 20 Minuten, plus Kühlzeit
Garzeit: 5 Minuten

ZUTATEN

175 g frische Litschis
225 g kernlose grüne Weintrauben
1 kleine Melone (Honig- oder Ogen-Melone)
2 Kiwis
2 grüne Äpfel (Granny Smith)
Saft von 1 Zitrone
1 Birne
frische Minzezweige, zum Dekorieren

Sirup
115 g Haushaltszucker
300 ml Wasser
2 TL Teeblätter (chinesischer Tee)

Sie benötigen einen Topf, einen Messbecher, einen Holzlöffel, ein scharfes Messer, ein Hackbrett, ein Sieb, einen Kugelausstecher und einen Sparschäler.

ZUBEREITUNG

1 Für den Sirup Zucker und Wasser in einen Topf geben und bei geringer Hitze langsam aufkochen; dabei rühren, damit sich der Zucker vollständig auflöst. Den fertigen Sirup über die Teeblätter gießen und zum Abkühlen beiseite stellen.

2 Die Litschies schälen und entkernen. Die Trauben waschen; große Exemplare falls erforderlich halbieren. Die Melone halbieren und entkernen, dann mit einem Kugelausstecher zu kleinen Bällchen formen. (Wer keinen Kugelausstecher hat, schneidet die Melone in gleich große Stücke.)

3 Die Schale der Kiwis mit einem Sparschäler entfernen. Das Fruchtfleisch mit einem scharfen Messer in dünne Scheiben schneiden.

4 Die Äpfel vierteln und entkernen. Die Viertel in etwa gleich dicke Scheiben schneiden und mit etwas Zitronensaft besprenkeln, um Verfärbungen zu vermeiden.

5 Die Birne ebenso vierteln, entkernen, in Scheiben schneiden und mit etwas Zitronensaft beträufeln. Nach Belieben kann diese Frucht auch geschält werden.

6 Alle Früchte mit dem restlichen Zitronensaft in eine Servierschüssel geben und den Sirup durch ein Sieb darüber gießen.

7 Den fertigen Salat vor dem Verzehr 2–4 Stunden kalt stellen und zum Servieren mit Minzezweigen dekorieren.

RHABARBERCREME

Für 6 Personen
Vorbereitung: 15 Minuten, plus Kühlzeit
Garzeit: 8–10 Minuten

ZUTATEN

700 g Rhabarber, in 2,5 cm langen Stücken
etwa 115 g feiner Zucker
abgeriebene Schale und Saft von 1 Orange
300 g Crème double
2 EL frisch geriebene Zartbitterschokolade, zum Dekorieren

Sie benötigen ein scharfes Messer, ein Hackbrett, einen mittelgroßen Topf, einen Holzlöffel, eine Reibe, eine Schüssel, ein elektrisches Handrührgerät, einen Metalllöffel und Frischhaltefolie.

ZUBEREITUNG

1 Rhabarber, Zucker und Orangensaft in einen Topf geben.

2 Die Mischung langsam aufkochen; dabei ständig rühren, damit sich der Zucker vollständig auflöst.

3 Die Hitze reduzieren und den Rhabarber etwa 5 Minuten ganz sanft köcheln lassen, bis er weich ist; dabei darauf achten, dass er nicht zu lange kocht, da er sonst seine schöne Farbe verliert.

4 Den Topf vom Herd nehmen und den Inhalt abkühlen lassen. Den abgekühlten Rhabarber abschmecken und eventuell nachzuckern.

5 Zu flüssigen Rhabarber in eine Schüssel geben und mit einem Holzlöffel glatt rühren. Für eine sehr feine Creme den Rhabarber in einem Mixer pürieren.

6 Die Crème double in einer separaten Schüssel cremig aufschlagen, aber nicht steif schlagen. Rhabarbermasse und Orangenschale zufügen und mit einem Metalllöffel locker unterziehen, bis eine leicht marmorierte Creme entsteht.

7 Die fertige Creme auf 6 Dessertschalen verteilen, mit Frischhaltefolie abdecken und bis zu 2 Stunden kalt stellen. Kurz vor dem Servieren die geriebene Schokolade darüber streuen.

SOMMERLICHER BROTPUDDING

*Dieses traditionelle britische Dessert wird mit Brot und
erfrischenden Sommerfrüchten zubereitet, die Sie je nach
Angebot und Jahreszeit selbst zusammenstellen können.*

Für 6 Personen
Vorbereitung: 15 Minuten, plus Kühlzeit
Garzeit: 5 Minuten

ZUTATEN

**675 g gemischte weiche Früchte, z. B. rote und schwarze
Johannisbeeren, Himbeeren und Brombeeren**
140 g feiner Zucker
6–8 Scheiben Weißbrot, 1 Tag alt und ohne Rinde
175 g Crème double, zum Servieren

Sie benötigen einen großen Topf, einen Holzlöffel, eine
Schüssel (800 ml Inhalt), ein Brotmesser, ein Hackbrett und
einen kleinen, flachen Teller.

ZUBEREITUNG

1 Die Früchte waschen und entstielen, dann mit dem Zucker
in einen großen Topf geben.

2 Die Fruchtmischung bei geringer Hitze langsam aufkochen;
dabei ständig rühren, damit sich der Zucker vollständig
auflöst. Anschließend die Früchte weitere 2–3 Minuten sanft
köcheln lassen, bis der erste Saft austritt, die Früchte aber noch
nicht zusammenfallen.

3 Eine Schüssel mit einem Teil der Brotscheiben auskleiden
(diese dazu bei Bedarf entsprechend zurechtschneiden).
Dann die warme Obstmischung einfüllen; dabei einen Teil des
Fruchtsafts zurückbehalten.

4 Die eingefüllte Fruchtmasse mit den restlichen Brotscheiben
belegen.

5 Einen kleinen, flachen Teller auf die Schüssel stellen und
diesen mit einem Gewicht, etwa einer Konservendose,
beschweren. Den so vorbereiteten Brotpudding mindestens
8 Stunden oder über Nacht in den Kühlschrank stellen.

6 Den fertigen Pudding auf eine Servierplatte stürzen und mit
dem zurückbehaltenen Fruchtsaft übergießen, um die
äußeren Brotscheiben durch und durch einzufärben. Anschließend den Pudding mit der Crème double servieren.

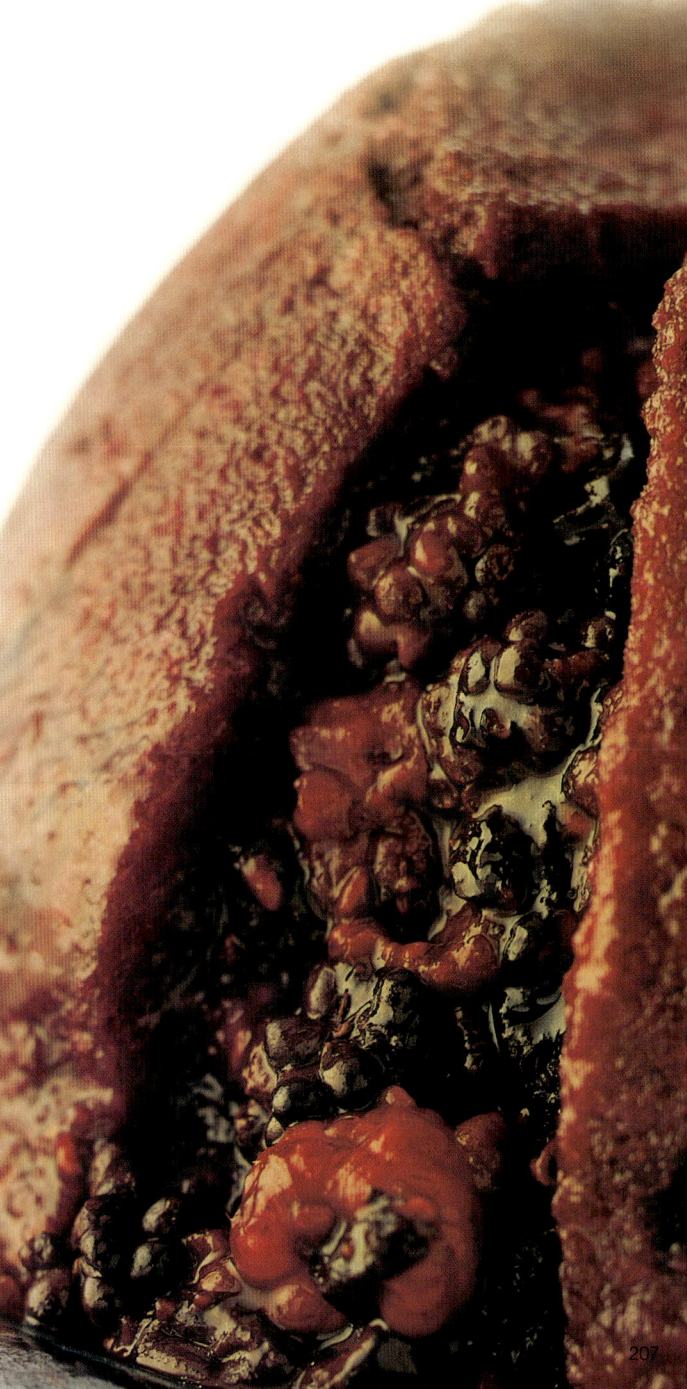

PUDDINGS UND DESSERTS

Als Pudding bezeichnet man heute fälschlicherweise eine Süßspeise, die man aus einer Speisestärkemischung bereitet, meistens mit Milch aufgekocht (küchentechnisch ist dies ein Flammeri) oder kalt angerührt. Der „echte" klassische Pudding besteht dagegen aus einer süßen oder herzhaften Teigmasse, die in einer verschlossenen Form im Wasserbad gegart wird. In der Zubereitung von Puddings sind die Briten Meister. Neben den klassischen Puddings, die gegart werden, gibt es auch solche, die gebacken oder kalt zubereitet werden wie der Sommerliche Brotpudding (siehe Seite 207). Weitere beliebte Süßspeisen sind Crumbles, Pasteten, Tarts, Milchspeisen und Baisers. Leichtere, kalte Desserts werden mit Obst oder Sahne bereitet und mit Gelatine gefestigt oder tiefgefroren. Zu ihnen zählen Mousses, Soufflés, Eiscreme, Sorbets und Sahnecremes. Im Folgenden finden Sie Rezepte für heiße und kalte Puddings sowie Desserts. Weitere süße Nachspeisen finden Sie in den Kapiteln Eier, Milchprodukte und Obst.

ZUTATEN FÜR PUDDINGS UND DESSERTS

Mehl
In der Regel wird Weizenmehl der Type 405 verwendet. Zu Einkauf und Lagerung siehe Seite 36.

Fette
Butter ist aus farblichen und geschmacklichen Gründen die bevorzugte Wahl.

Süßmittel
Hauptsächlich wird feiner Weißzucker verarbeitet. Aber auch Sirup, Honig und braune Zuckersorten werden verwendet.

Eier
Eine wichtige Zutat für Puddings und Desserts.

Sahne
Für Desserts wird Schlagsahne oder Crème double verwendet.

weitere Zutaten
Obst, Nüsse, Trockenfrüchte, Kakaopulver, Schokolade, Gelatine, Honig, Sirup und Konfitüre sind weitere wichtige Zutaten für die Zubereitung von Puddings und Desserts.

KÜCHENUTENSILIEN

Puddingformen
Für gedämpfte Puddings brauchen Sie Puddingformen aus Metall in verschiedenen Größen (z. B. 600 ml und 1,2 l).

Auflaufformen
Ovale oder runde Keramikformen sind für gebackene Puddings und Crumbles ideal.

Soufflé-Formen
Kleine Ramequin-Formen bieten sich für individuelle Dessertportionen an, während große Soufflé-Formen für Mousses und Soufflés ideal sind.

Dessertgläser, Glasschüsseln und -schalen
Sie sind ideal zum Servieren und Anrichten von Dessertcremes und Obstsalat.

ZITRONENÜBERRASCHUNG

Für 4–6 Personen
Vorbereitung: 20 Minuten
Backzeit: 45 Minuten

ZUTATEN

4 EL Butter
abgeriebene Schale und Saft von 2 Zitronen
115 g feiner Zucker
2 Eier, getrennt
55 g Mehl
½ TL Backpulver
225 ml Milch

Sie benötigen eine Soufflé- oder Auflaufform (850 ml Inhalt),
einen Backpinsel, eine Reibe, 2 Rührschüsseln, ein elektrisches
Handrührgerät, ein Rüttelsieb, einen Messbecher, einen Kunststoffspatel und einen bayrischen Bräter.

ZUBEREITUNG

1 Den Backofen auf 180 °C vorheizen und eine Soufflé- oder
Auflaufform mit einem Teil der Butter einfetten.

2 Die restliche Butter mit Zitronenschale und Zucker in einer
Schüssel weich und cremig rühren, dann nacheinander die
beiden Eigelb einrühren.

3 Das Mehl mit dem Backpulver durchsieben und im Wechsel
mit Zitronensaft und Milch unter die Buttercreme rühren.

4 Das Eiweiß in einer separaten Schüssel steif schlagen, dann
unter den Zitronenteig ziehen.

5 Die fertige Mischung in die vorbereitete Form füllen und
diese in einen zur Hälfte mit Wasser gefüllten Bräter stellen.
Im vorgeheizten Backofen etwa 45 Minuten backen, bis der Teig
von oben fest und goldbraun geworden ist. Unter der Teigkruste
wird sich – als Überraschung – eine köstliche Zitronensauce
bilden. Die fertige Süßspeise noch warm servieren.

QUEEN OF PUDDINGS

Dieser britische Dessertklassiker aus Semmelbröseln, Eiern, Milch, Konfitüre und Eischnee ist in seinem Herkunftsland überaus beliebt.

Für 4–6 Personen
Vorbereitung: 20 Minuten, plus 15 Minuten Abkühlzeit
Backzeit: 30–45 Minuten

ZUTATEN

2 EL Butter

600 ml Milch

115 g frische Weißbrot-Semmelbrösel

115 g feiner Zucker

abgeriebene Schale von 1 Zitrone

3 Eier, getrennt

3 EL Himbeerkonfitüre, erwärmt

1 TL brauner Zucker

Sie benötigen eine Soufflé- oder Auflaufform (1 l Inhalt) oder 4 Ramequin-Formen, einen kleinen Topf, einen Messbecher, eine Küchenwaage, eine Reibe, einen Holzlöffel, ein elektrisches Handrührgerät oder einen Schneebesen, eine Rührschüssel und einen Kunststoffspatel.

ZUBEREITUNG

1 Eine große oder 4 kleine Auflaufformen mit einem Teil der Butter einfetten.

2 Die restliche Butter mit der Milch in einen Topf geben und bei mittlerer Hitze langsam aufkochen.

3 Den Topf vom Herd nehmen und Semmelbrösel, 1 Esslöffel feinen Zucker sowie die Zitronenschale einrühren. Die Mischung 15 Minuten abkühlen lassen, dann das Eigelb unterziehen.

4 Den Backofen auf 180 °C vorheizen. Die Semmelbrösel-Mischung in die vorbereitete Form bzw. die vorbereiteten Formen füllen, glatt streichen und im vorgeheizten Backofen 30 Minuten (kleine Formen 20 Minuten) backen, bis sie fest ist. Dann mit der Konfitüre bestreichen.

5 Das Eiweiß in einer Schüssel locker aufschlagen, bis es glänzt, dann nach und nach den restlichen feinen Zucker einrühren, bis er verbraucht und das Eiweiß steif geschlagen ist.

6 Die fertige Baiser-Masse bis zum Rand der Form bzw. Formen auf der Konfitüreschicht verteilen; dabei attraktive Spitzen in die Masse ziehen und zuletzt den braunen Zucker darüber streuen.

7 Die Form oder die Formen erneut in den Backofen stellen und bei gleicher Temperatur weitere 10–15 Minuten backen, bis das Baiser goldbraun geworden ist. Die fertigen Puddings noch warm servieren.

GEBACKENE EISBOMBE

Dieses beeindruckende Dessert ist erstaunlich einfach zuzubereiten. Es kann im Voraus gemacht und eingefroren werden.

Für 8–10 Personen
Vorbereitung: 20 Minuten, plus Kühlzeit
Backzeit: 4–5 Minuten

ZUTATEN

1 küchenfertiger Biskuitboden (24 cm Ø)

500 ml Schokoladeneis mit Schokostückchen, leicht angetaut

500 ml Vanilleis, leicht angetaut

225 g frische Himbeeren

85 g hauchdünne Schokoplättchen, gehackt

4 Eiweiß

225 g feiner Zucker

2 TL brauner Zucker

Sie benötigen einen großen, feuerfesten Teller, einen Eiskugelbereiter oder einen Löffel, ein Kochmesser, ein Hackbrett, eine Rührschüssel, ein elektrisches Handrührgerät oder einen Schneebesen, einen Messbecher und einen Kunststoffspatel.

ZUBEREITUNG

1 Den Biskuitboden auf eine hitzefeste Platte geben und darauf die beiden Eissorten abwechselnd, mit etwas Abstand zum Rand, zu einer hohen Halbkugel aufschichten; dabei die Zwischenräume mit Himbeeren und gehackter Schokolade füllen. Die Platte anschließend 20 Minuten ins Gefrierfach stellen, damit das Eis wieder fest werden kann.

2 Unterdessen den Backofen auf 220 °C vorheizen. Das Eiweiß in einer Schüssel locker aufschlagen, bis es glänzt, dann nach und nach den feinen Zucker einrühren, bis er verbraucht und das Eiweiß steif geschlagen ist.

3 Die fertige Baiser-Masse auf der gefrorenen Eiscreme so verteilen, dass die Eiscreme vollständig umhüllt ist und die Masse bündig mit dem Biskuitboden abschließt. Spitzen in die Baiser-Masse ziehen und den braunen Zucker darüber streuen.

4 Die Eisbombe im Backofen 4–5 Minuten backen, bis das Baiser goldbraun geworden ist. Dann sofort servieren.

* Zum Einfrieren geeignet. Die Torte am Ende von Schritt 3 einfrieren und innerhalb von 2 Tagen verzehren. Nicht länger aufbewahren, da sie nicht abgedeckt werden kann. Vor dem Backen 15 Minuten bei Zimmertemperatur ruhen lassen.

GEDÄMPFTER NUSSPUDDING

Für 6–8 Personen
Vorbereitung: 20 Minuten
Garzeit: 1 Stunde 30 Minuten

Z U T A T E N

2 EL zerlassene Butter

Sauce
115 g Butter
140 g Muskovado-Zucker
150 g Crème double
12 Pekannusskerne

Teig
115 g weiche Butter
115 g Muskovado-Zucker
2 Eier, leicht verquirlt
175 g Mehl
2 TL Backpulver
2 EL Milch
55 g Pekannusskerne, gehackt
55 g Pekannusskerne, zum Dekorieren

Sie benötigen eine glatte Puddingform (1,2 l Inhalt), eine Küchenwaage, einen kleinen Topf, einen Holzlöffel, ein elektrisches Handrührgerät, eine Rührschüssel, einen Kunststoffspatel, Backpapier, Alufolie, Kordel und einen großen Topf mit Deckel.

ZUBEREITUNG

1 Die glatte Puddingform mit der zerlassenen Butter einfetten.

2 Für die Sauce Butter, Zucker und Crème double in einem Topf bei mittlerer Hitze unter Rühren zum Kochen bringen. Dann die Hitze reduzieren und die Masse 2 Minuten köcheln lassen, bis sie leicht angedickt ist. 2 Esslöffel der fertigen Masse zusammen mit den 12 Nüssen in die Puddingform geben.

3 Für den Teig Butter und Zucker in einer Schüssel weich und cremig rühren, dann nach und nach die Eier einrühren.

4 Mehl und Backpulver unterziehen. Die Milch einrühren, bis ein weicher Teig entsteht, und die gehackten Nüsse zufügen.

5 Den Teig in die Form gießen und mit einem Kreis aus Backpapier abdecken. In die Mitte eines Stücks Alufolie eine Falte knicken, die Form mit der Folie abdecken und diese mit einer Kordel um den Rand der Form fixieren.

6 Die Form in einen großen Topf geben und diesen zur Hälfte mit kochendem Wasser füllen. Den Topf abdecken und das Wasser bei mittlerer Hitze erneut aufkochen. Die Hitze reduzieren und den Pudding 90 Minuten dämpfen, bis er fest geworden und gut aufgegangen ist. Dabei regelmäßig den Wasserstand im Topf überprüfen und gegebenenfalls kochendes Wasser nachfüllen.

7 Den Topf vom Herd nehmen und die Form herausheben. Den Pudding auf eine vorgewärmte Kuchenplatte stürzen und mit den Nüssen dekorieren. Dann mit der restlichen, 2–3 Minuten bei mittlerer Hitze aufgewärmten Sauce servieren.

REZEPTE

ENGLISCHER WEIHNACHTSPUDDING

Dieser Pudding wird ganz ohne Fett zubereitet.

Für 10–12 Personen
Vorbereitung: 30 Minuten, plus Ruhezeit
Garzeit: 5 Stunden, plus 2 Stunden Aufwärmzeit

ZUTATEN

250 g Vollkornbrot, 1 Tag alt
500 g gemischte Trockenfrüchte
250 g getrocknete Aprikosen, grob gehackt
115 g gehobelte Mandeln
115 g Mandelmakronen oder Amaretti, zerstoßen
2 TL Lebkuchengewürz
2 Tafeläpfel (Cox Orangen), entkernt und gehackt
4 Eier
5 EL Weinbrand
150 ml Marsala
abgeriebene Schale und Saft von 1 Orange
2 EL Orangenmarmelade (siehe Seite 253)
2 TL Pflanzenöl
Stechpalmenzweige, zum Dekorieren

Zum Servieren
Crème double oder Weinbrand-Butter (siehe Seite 215)
2 EL Weinbrand, zum Flambieren (nach Belieben)

Sie benötigen eine Küchenwaage, einen Standmixer oder eine Reibe, eine Rührschüssel, eine kleinere Schüssel, ein elektrisches Handrührgerät oder einen Schneebesen, einen Messbecher, einen Kunststoffspatel, eine große (2,4 l Inhalt) oder 2 kleine Puddingformen (je 1,2 l Inhalt), Backpapier, Alufolie, Kordel und einen großen Topf mit Deckel.

ZUBEREITUNG

1 Das Brot in einem Mixer oder mit einer Reibe zu Semmelbrösel verarbeiten.

2 Semmelbrösel, Trockenfrüchte, Mandeln, Makronen oder Amaretti, Lebkuchengewürz und Apfelstücke in eine große Schüssel geben.

3 Die Eier in einer separaten Schüssel schaumig rühren. Weinbrand, Marsala, Orangenschale und -saft einrühren, dann die Marmelade unterziehen.

4 Die Eiermischung zu den trockenen Zutaten gießen und gründlich unterrühren – anschließend die gesamte Familie zusammenrufen, damit sich jeder etwas wünschen kann!

5 Den Teig mit Frischhaltefolie abdecken und mindestens 3 Stunden, besser aber über Nacht durchziehen lassen.

6 Eine große Puddingform mit dem Öl einfetten, den Teig hineingießen und mit einem Kreis aus Backpapier abdecken. In die Mitte eines Stücks Alufolie eine Falte knicken, die Form mit der Folie abdecken und diese mit einer Kordel um den Rand der Form fixieren.

7 Die Puddingform in einen großen Topf stellen – eventuell auf einem mehrfach gefalteten Streifen Alufolie, damit die Form später einfacher herausgehoben werden kann. Den Topf zur Hälfte mit kochendem Wasser füllen, dann abdecken und das Wasser bei mittlerer Hitze erneut aufkochen. Dann die Hitze reduzieren und den Pudding 5 Stunden dämpfen, bis er fest geworden und gut aufgegangen ist. Regelmäßig den Wasserstand im Topf überprüfen und gegebenenfalls kochendes Wasser nachfüllen.

8 Den Topf vom Herd nehmen, die Form herausheben und die Folie sowie das Backpapier gegen neue Stücke austauschen. Den fertigen Pudding bis zu 2 Monate im Kühlschrank lagen. Vor dem Servieren erneut 2 Stunden im Wasserbad erwärmen (siehe oben).

9 Den erwärmten Pudding nach Belieben flambieren, mit Stechpalmenzweigen dekorieren und mit Crème double oder Weinbrand-Butter servieren. Zum Flambieren den Weinbrand in einem kleinen Topf erhitzen, über den erwärmten Pudding gießen und diesen aus sicherer Entfernung anzünden. Die Flammen werden nach 30–60 Sekunden von selbst verlöschen.

WEINBRAND-BUTTER

Reichen Sie diese Butter zu traditionellen britischen Leckereien wie Weihnachtspudding oder Mincemeat-Pasteten.

Für 6–8 Personen
Zubereitungszeit: 10 Minuten

ZUTATEN

115 g weiche Butter
175 g brauner Zucker
4 EL Weinbrand

Sie benötigen eine Schüssel, einen Schneebesen oder ein elektrisches Handrührgerät und einen Kunststoffspatel.

ZUBEREITUNG

1 Die Butter hell und cremig rühren – dies dauert mit einem Rührgerät etwa 2 Minuten, von Hand ungefähr 4 Minuten. Dann den Zucker zufügen und alles weitere 2 Minuten verquirlen, bis eine lockere, helle Creme entstanden ist. In diese nach und nach den Weinbrand einrühren.

2 Die fertige Butter in eine Servierschale füllen und bis zum Verzehr kalt stellen.

3 Für eine längere Lagerung von bis zu 2 Wochen die Butter mit Frischhaltefolie abdecken oder in einen fest verschließbaren Kunststoffbehälter füllen.

KNUSPER-EIS

Für 6 Personen
Vorbereitung: 15 Minuten, plus Gefrierzeit
Backzeit: 10 Minuten

ZUTATEN

125 g Vollkornbrot, 1 Tag alt
1 TL Pflanzenöl
125 g Muskovado-Zucker
450 g Crème double
2 EL feiner Zucker
2–3 Tropfen Vanillearoma
4–6 EL Rum oder Weinbrand, zum Servieren (nach Belieben)

Sie benötigen einen Standmixer oder eine Reibe, ein Backblech, einen Messbecher, eine Rührschüssel, ein elektrisches Handrührgerät oder einen Schneebesen, einen Kunststoffspatel und eine Gefrierdose mit Deckel oder eine Kastenform.

ZUBEREITUNG

1 Den Backofen auf 200 °C vorheizen und das Brot in einem Mixer oder mit einer Reibe zu Semmelbröseln verarbeiten.

2 Ein Backblech mit dem Öl einfetten. Die Semmelbrösel darauf verteilen und mit dem Muskovado-Zucker bestreuen.

3 Das Blech in den vorgeheizten Backofen schieben und die Semmelbrösel 8–10 Minuten backen, bis sie karamellisieren; dabei regelmäßig durchrühren, damit sie nicht verkleben.

4 Die gut gebräunten Semmelbrösel aus dem Backofen nehmen, mit einer Gabel auflockern und abkühlen lassen.

5 Crème double und Zucker in einer Schüssel dick und cremig aufschlagen, das Vanillearoma einrühren und die Semmelbrösel zufügen. Die fertige Mischung in eine Gefrierdose oder eine Kastenform füllen, abdecken und einfrieren, bis sie fest ist.

6 Das Eis vor dem Servieren im Kühlschrank etwa 1 Stunde leicht antauen lassen, damit es weich wird. Dann zu Kugeln formen und auf Dessertschalen verteilen oder stürzen und in Scheiben schneiden. Nach Belieben jede Portion mit etwas Rum oder Weinbrand beträufeln.

* Zum Einfrieren geeignet. Das Eis ist tiefgefroren bis zu 2 Monate haltbar.

LINKS Knusper-Eis

APFELÜBERRASCHUNG

Für 6–8 Personen
Vorbereitung: 30 Minuten
Backzeit: 45 Minuten

ZUTATEN

675 g Kochäpfel (z. B. Boskoop)
175 g Demerara-Zucker
175 g Butter
175 g feiner Vollrohrzucker
3 Eier, verquirlt
175 g Mehl
2 TL Backpulver
55 g gemahlene Mandeln
3 EL Milch
1 EL gehobelte Mandeln
Schlagsahne oder Vanillesauce, zum Servieren

Sie benötigen ein kleines, scharfes Messer, ein Hackbrett, eine tiefe runde oder ovale Auflaufform (etwa 1,7 l Inhalt), einen Messbecher, eine Rührschüssel, ein elektrisches Handrührgerät oder einen Schneebesen, einen Kunststoffspatel und ein Backblech.

ZUBEREITUNG

1 Den Backofen auf 180 °C vorheizen. Die Äpfel schälen, entkernen, in dünne Scheiben schneiden und in eine große Auflaufform füllen. Dann mit dem Demerara-Zucker bestreuen.

2 Butter und Vollrohrzucker in einer Schüssel cremig verquirlen, dann portionsweise die Eier einrühren. Mehl, Backpulver, gemahlene Mandeln und Milch zufügen und den fertigen Teig gleichmäßig auf den Apfelscheiben verteilen. Anschließend mit den gehobelten Mandeln bestreuen.

3 Die Mischung auf ein Backblech stellen und in der Mitte des vorgeheizten Backofens etwa 45 Minuten backen, bis der Teig goldbraun und gut aufgegangen ist.

4 Das fertige Gericht noch heiß mit Sahne oder Vanillesauce servieren.

* Zum Einfrieren geeignet. Die Süßspeise zum Ende von Schritt 3 sorgfältig abkühlen lassen, dann abdecken und bis zu 3 Monate einfrieren. Vor dem Verzehr auftauen und 15–20 Minuten bei der angegebenen Temperatur im Backofen erwärmen.

SCHNELLE SCHOKOLADEN-MOUSSE

*Dieses Dessert ist sehr gehaltvoll. Servieren Sie es daher in
kleinen Portionen.*

Für 6 Personen
Zubereitungszeit: 15 Minuten, plus Kühlzeit

ZUTATEN

300 g Schlagsahne
**200 g Zartbitterschokolade mit mindestens 60 % Kakao-
anteil**
2 Eier, leicht verquirlt
2 EL Marsala
2 EL frisch geriebene weiße Schokolade, zum Dekorieren

Sie benötigen einen kleinen Topf, einen Standmixer, eine kleine
Schüssel, eine Gabel, einen Kunststoffspatel, 6 kleine Ramequin-
Formen oder Dessertgläser und Frischhaltefolie.

ZUBEREITUNG

1 Die Sahne in einen Topf geben und bei geringer Hitze
3–4 Minuten bis kurz vor den Siedepunkt erwärmen.

2 Die Schokolade in kleine Stücke brechen und in einen Mixer
geben.

3 Die heiße Sahne zugießen und mit der Schokolade glatt
pürieren.

4 Die Eier zufügen und untermixen. Dann den Marsala
zugießen und den Mixer noch einmal kurz auf Intervall-Stufe
betätigen.

5 Die fertige Creme auf 6 Ramequin-Formen oder Dessertgläser
verteilen und abkühlen lassen. Dann mit Frischhaltefolie abdecken und etwa 2 Stunden kalt stellen. Die fertigen Desserts mit
der geriebenen Schokolade dekorieren und servieren.

** Zum Einfrieren geeignet. Die Mousse bis zum Ende von Schritt 5
zubereiten, aber nicht dekorieren. Dann mit Frischhaltefolie abdecken und
bis zu 1 Monat einfrieren. Vor dem Verzehr über Nacht im Kühlschrank
auftauen lassen, dann dekorieren und servieren.*

TEIGHERSTELLUNG

Die Zubereitung der vielen verschiedenen Teigböden und -hüllen, die wir kennen, will erlernt und geübt sein. Am besten beginnt man mit einfachen Teigen und wagt sich erst später an die etwas schwierigeren. Im Folgenden steht daher die Herstellung von Mürbeteig sowie die Verwendung von backfertigem Blätter- und Filo-Teig im Vordergrund. Fertigteige werden zurzeit immer beliebter; mittlerweile gibt es sogar vorgeformte Sorten, die man nicht einmal mehr auszurollen braucht.

TEIGARTEN

Mürbeteig

Dies ist der Grundteig für viele Backwaren wie Pasteten und Obstkuchen. Er ist einfach herzustellen, wird aber – frisch und tiefgefroren – auch backfertig angeboten.

Halbblätterteig

Die auch als Blitz- oder Schnellblätterteig bekannte Zubereitung ist etwas einfacher herzustellen als üblicher Blätterteig und wird gern zum Abdecken von Pasteten verwendet.

Blätterteig

Der mit nur sehr viel Aufwand selbst herzustellende Teig wird im Verlauf verschiedener Kühlphasen mehrere Male ausgerollt, mit Butter bestrichen und wieder zusammengefaltet, wodurch er beim Backen seine blättrige Konsistenz erhält. Das Ergebnis sind luftig leichte, knusprige Gebäckstücke.

Brandteig

Dieser Teig wird auf dem Herd zubereitet: Das Fett wird in heißem Wasser zerlassen, bevor das Mehl zugegeben wird. Diese Masse wird dann im Topf „abgebrannt", danach werden die Eier einzeln kräftig untergerührt. Man verwendet Brandteig für Eclairs, Krapfen und Berliner.

Filo-Teig

Bei dieser griechische Variante des Blätterteigs werden die hauchdünnen Teigplatten mit Butter bestrichen und übereinander geschichtet, um so süße Köstlichkeiten wie Baklava, aber auch herzhafte Kuchen und Teigtaschen daraus zu berei-ten. Daneben kann Filo-Teig zur Herstellung von Strudel verwendet werden.

ZUTATEN

Mehl

Für Teigböden und -hüllen kann Weiß- und Vollkornmehl verwendet werden. Blätterteig wird am besten mit Weizenmehl der Type 550 zubereitet, das ihm durch den höheren Gluten-gehalt mehr Elastizität verleiht und ihn beim Aufgehen unter-stützt. Zu Einkauf und Lagerung von Mehl siehe Seite 36.

Fette

Das verwendete Fett beeinflusst die Konsistenz und den Geschmack des Teigs. Butter sorgt für den besten Geschmack, während Schmalz die ansprechendste Konsistenz hervor-bringt. Traditionell wurde Mürbeteig je zur Hälfte aus Butter und Schmalz bereitet, heute jedoch wird entweder nur Butter oder eine Mischung aus Butter und Margarine bevorzugt.

Zucker

Viele Teige werden vor dem Backen mit feinem Zucker bestreut, damit sie beim Backen schön knusprig werden.

Eier

Eier werden beispielsweise für die Zubereitung von Brandteig verwendet, können aber auch zum Glasieren herzhafter Teigwaren dienen. Dazu 1 Ei gut verquirlen. Für eine kräftige Bräunung 1 Prise Salz zufügen. Den Teig vor dem Backen mit der Mischung bestreichen. Ist eine kräftige Kruste erwünscht, den Vorgang während des Backens wiederholen.

HERSTELLUNG VON TEIGBÖDEN

Zutatentemperaturen

Bei der Mürbeteigbereitung sollte alles kalt sein, besonders die Hände. Nehmen Sie das verwendete Fett direkt aus dem Kühlschrank und kaltes Wasser frisch aus dem Hahn.

richtige Mengen

Wiegen Sie alle Zutaten sorgfältig ab; das richtige Verhältnis von Fett und Mehl ist besonders entscheidend.

sanfte Handhabung

Verreiben Sie Fett und Mehl sanft zwischen den Fingerspitzen. Schieben Sie den fertigen Mürbeteig nur leicht zusammen. Gehen Sie vorsichtig mit ihm um und kneten Sie ihn nicht. Beim Ausrollen sollten Sie nur leichten Druck mit der Teigrolle ausüben, den Teig jedoch nicht dehnen.

Kühlzeit

Vor der Weiterverarbeitung muss der Mürbeteig mindestens 30 Minuten im Kühlschrank ruhen, damit er sich nicht zusammenzieht. Dieser Vorgang kann nach dem Ausrollen wiederholt werden.

Backofentemperatur

Heizen Sie den Backofen immer auf die im Rezept angegebene Temperatur vor. Das ist wichtig, damit der Teig in Form bleibt.

BENÖTIGTE UTENSILIEN

Springformen

Springformen in verschiedenen Größen sind besonders für hohe, gefüllte Kuchen gut geeignet.

Obstkuchen- oder Quicheformen

Sie sind, wie ihr Name es bereits andeutet, ideal für süße und herzhafte Kuchen.

Muffin- und Pastetenbleche

Diese speziellen Bleche benötigt man für kleine Pasteten und Tortelets.

Backbleche

Unerlässlich für handgeformtes Kleingebäck wie Plätzchen und Blätterteigtaschen.

Teigrolle

Ein äußerst wichtiges Utensil für Feingebäck.

Rüttelsieb

Das Bestäuben der Arbeitsfläche mit Mehl erleichtert sehr das Ausrollen von Teigen.

BLINDBACKEN

Manchmal wird ungefüllter Teig vorgebacken, weil die spätere Füllung keine oder nur eine kurze Backzeit benötigt.

1 Den Teig so ausrollen, dass die gewählte Form damit ausgekleidet werden kann; er sollte dazu etwa 5 cm über den Formrand hinausragen. Den ausgerollten Teig vorsichtig in die Form drücken, dann überstehende Reste abschneiden.

2 Den Teigboden rundum mehrfach mit einer Gabel einstechen, damit eingeschlossene Luft während des Backens entweichen kann. Dann den Teig mit einem Stück Backpapier abdecken, das etwa 5 cm über den Teigrand hinausragt.

3 Das Papier mit getrockneten Bohnen oder mit speziellen Backbohnen beschweren.

4 Den Teig bei 200 °C im vorgeheizten Backofen 10 Minuten backen, bis er goldbraun und fest ist. Bohnen und Papier entfernen und den Teig weitere 5–10 Minuten backen, dann in der Form abkühlen lassen.

Ganz gleich, ob Sie mit speziellen Backbohnen arbeiten oder handelsübliche getrocknete Bohnen nehmen – beides kann problemlos immer wieder verwendet werden.

SPINATKUCHEN MIT FETA

Dieser Kuchen schmeckt warm wie kalt – reichen Sie ihn
bei einem Picknick oder einem Essen unter freiem Himmel.

Für 4–6 Personen
Vorbereitung: 20 Minuten
Backzeit: 35–40 Minuten

ZUTATEN

250 g frischer Spinat
1 Zwiebel, geschält und fein gehackt
1 EL Olivenöl
2 Eier
Salz und Pfeffer
200 g Feta, zerbröckelt
1 TL getrockneter Oregano
frisch geriebene Muskatnuss
2 Frühlingszwiebeln, in Ringen (nach Belieben)
10 Blätter Filo-Teig (etwa 175 g)
4 EL Butter, zerlassen
gemischter Salat, zum Servieren

Sie benötigen ein Kochmesser, ein Hackbrett, einen großen
Topf, einen Holzlöffel, eine kleine Schüssel, eine Gabel, eine
Reibe, eine tiefe runde Quiche- oder Springform (26 cm Ø),
einen Backpinsel und ein Backblech.

WEINVORSCHLAG
Ein leichter Sauvignon, etwa
aus Neuseeland

1 Den Spinat waschen, von harten Stängel befreien und gut abtropfen lassen. Die Zwiebel in einem Topf 1–2 Minuten in heißem Öl dünsten, aber nicht bräunen. Den Spinat 1–2 Minuten mitgaren, bis er zusammenfällt. Die Mischung vom Herd nehmen und abkühlen lassen. Die Eier verquirlen und mit Salz und Pfeffer würzen. Dann mit Feta, Oregano, reichlich Muskat und eventuell Frühlingszwiebeln zum Spinat geben.

2 Den Backofen auf 180 °C vorheizen. Ein Filo-Teigblatt in eine Quicheform legen und mit der zerlassenen Butter bestreichen. Diesen Vorgang mit 3 weiteren Teigblättern wiederholen, bis der Boden der Form vollständig ausgekleidet ist. Die restlichen Teigblätter unterdessen mit einem feuchten Tuch abdecken, damit sie nicht austrocknen.

3 Die Spinatmasse auf dem ausgelegten Filo-Teigboden verteilen. Diese mit 4 weiteren jeweils gebutterten Filo-Teigblättern bedecken. Die Ränder der oberen und unteren Teigblätter fest zusammendrücken. Überstehende Teigstücke einschlagen.

4 Die oberen Teigblätter erneut mit Butter bestreichen, dann dekorativ mit den restlichen 2 Teigblättern belegen. Diese mit der restlichen Butter bestreichen. Den so vorbereiteten Spinatkuchen auf ein heißes Backblech in den vorgeheizten Backofen stellen und 35–40 Minuten backen, bis er von oben goldbraun geworden ist. Anschließend den Kuchen etwa 10 Minuten in der Form ruhen lassen, dann in Stücke schneiden und mit einem gemischten Salat servieren.

QUICHE LORRAINE

Wenn Sie die Quiche sofort verzehren, können Sie auf das Blindbacken auch verzichten. Backen Sie sie dann durchgehend 30–40 Minuten bei der höheren Temperatur.

Für 6–8 Personen
Vorbereitung: 20 Minuten, plus Kühlzeit
Backzeit: 50 Minuten – 1 Stunde

ZUTATEN

175 g Mehl, plus etwas mehr zum Bestäuben
1 Prise Salz
85 g Butter (oder eine Mischung aus Butter und Pflanzenmargarine)
2–3 EL kaltes Wasser
225 g dünne Scheiben durchwachsener Speck, klein geschnitten
1 Zwiebel, fein gehackt
3 Eier
300 g Schlagsahne
Salz und Pfeffer

Sie benötigen eine Küchenwaage, ein Rüttelsieb, eine Rührschüssel, ein Palettmesser, Frischhaltefolie, eine Bratpfanne, ein Kochmesser, ein Hackbrett, einen Holzspatel, eine Teigrolle, eine Quicheform (25 cm Ø), Backpapier, Backbohnen, einen Schneebesen und ein Backblech.

WEINVORSCHLAG
Ein Weißwein aus dem
Elsass oder ein fassgereifter
Chardonnay

ZUBEREITUNG

1 Mehl und Salz in eine große Schüssel sieben. Die Butter mit den Fingerspitzen einkneten, bis eine feinkrümelige Mischung entsteht. Dann das Wasser zufügen und alles mit einem Palettmesser zu einem glatten Teig vermengen.

2 Den Teig in Frischhaltefolie wickeln und 1–2 Stunden in den Kühlschrank legen.

3 Den Backofen auf 200 °C vorheizen. Den Speck in einer fettfreien Pfanne auslassen. Dann die Zwiebel zufügen und 5 Minuten mitbraten, bis sie weich sind und der Speck knusprig ist.

4 Den Teig auf einer leicht bemehlten Arbeitsfläche zu einem Kreis ausrollen, der etwa 5 cm größer ist als die gewählte Backform. Den Kreis über die Teigrolle schlagen und in die Form heben. Dort den Teig, ohne ihn stark zu dehnen, bis in die Ecken der Form drücken und mehrmals mit einer Gabel einstechen. Überstehende Teigstücke abschneiden und etwa 30 Minuten kalt stellen.

5 Den Teig mit Backpapier abdecken und mit Backbohnen beschweren. Anschließend im vorgeheizten Backofen 10–15 Minuten blindbacken. Dann Papier und Bohnen entfernen und den Teig weitere 10 Minuten backen, bis er relativ trocken ist. Den Teig aus dem Backofen nehmen und dessen Temperatur auf 180 °C reduzieren.

6 Eier und Sahne in einer Schüssel verquirlen und mit Salz und Pfeffer würzen.

7 Speck und Zwiebel auf dem Teigboden verteilen, dann die Eimischung zugießen.

8 Die so vorbereitete Quiche auf ein Backblech stellen und 30–35 Minuten backen, bis die Eimasse gestockt und oben goldbraun geworden ist. Die fertige Quiche sofort servieren oder abkühlen lassen, mit Frischhaltefolie abdecken und vor dem Verzehr bis zu 2 Tage im Kühlschrank lagern.

* Zum Einfrieren geeignet. Dazu die fertige Quiche 1–2 Stunden im Kühlschrank erkalten lassen, dann unabgedeckt auf einem Backblech gefrieren. Die gefrorene Quiche in Frischhaltefolie wickeln oder in einen großen Gefrierbeutel füllen. Vor dem Verzehr 5–6 Stunden bei Zimmertemperatur auftauen, dann bei 180 °C im Backofen aufbacken.

RINDFLEISCH-PILZ-PASTETE

Für 4–6 Personen
Vorbereitung: 30 Minuten, plus Kühlzeit
Garzeit: 2 Stunden – 2 Stunden 30 Minuten

ZUTATEN

700 g Rinderschmorbraten, in 4 cm großen Stücken
4 EL Mehl, plus etwas mehr zum Bestäuben
Salz und Pfeffer
3 EL Pflanzenöl
1 Zwiebel, geschält und grob gehackt
1 Knoblauchzehe, grob gehackt
350 g Champignons, in Scheiben
125 ml Rotwein
450 ml küchenfertige Brühe
1 Lorbeerblatt
400 g Blätterteig
1 Ei, verquirlt

Sie benötigen ein Kochmesser, ein Hackbrett, einen großen Gefrierbeutel, einen großen Schmortopf (2,25 l Inhalt), einen Schaumlöffel, einen Messbecher, ein Rüttelsieb, eine Teigrolle, eine tiefe Auflaufform (1,2 l Inhalt), ein kleines Metallrohr (z. B. eine Spritztülle aus Metall oder ein selbst gedrehtes Röhrchen aus Alufolie) und einen Backpinsel.

ZUBEREITUNG

1 Den Backofen auf 170 °C vorheizen. Die Fleischstücke mit 2 Esslöffel Mehl sowie reichlich Salz und Pfeffer in einen Gefrierbeutel geben. Den Beutel kräftig schütteln, bis das Fleisch rundum von der Mehl-Gewürz-Mischung überzogen ist.

2 Das Öl in einem Schmortopf stark erhitzen. Das Fleisch darin portionsweise rundum braun braten. Die einzelnen Portionen mit einem Schaumlöffel aus dem Topf heben und warm stellen.

WEINVORSCHLAG
Spanischer Rioja oder
Tempranillo (beide rot)

3 Zwiebel und Knoblauch in den Topf geben und bei mittlerer Hitze 2–3 Minuten weich dünsten. Die Champignons zufügen und 2 Minuten mitdünsten.

4 Vorsichtig den Wein zugießen; dabei angebackenen Bratensatz vom Topfboden lösen. Die Brühe unter Rühren zugießen und aufkochen. Dann alles 2–3 Minuten köcheln lassen.

5 Das Lorbeerblatt zufügen und das Fleisch in den Topf zurückgeben.

6 Die Mischung abdecken und im vorgeheizten Backofen 90–120 Minuten schmoren, bis das Fleisch gar ist. Anschließend alles abschmecken und eventuell nachwürzen.

7 Das Lorbeerblatt entfernen, die Mischung abkühlen und im Kühlschrank erkalten lassen – nach Möglichkeit über Nacht, damit sich das Aroma ausgiebig entfalten kann.

8 Den Backofen auf 200 °C vorheizen. Den Blätterteig auf einer leicht bemehlten Arbeitsfläche so ausrollen, dass er etwa 5 cm größer ist als die verwendete Auflaufform. Dann einen etwa 1 cm breiten Streifen vom Teigrand abschneiden. Den Rand der Auflaufform mit etwas Wasser befeuchten und den Teigstreifen darauf legen. Ein kleines Metallrohr in die Mitte der Form stellen, um dieses herum die Fleischmischung einfüllen. Die Form jedoch nicht zu voll machen; eventuell übrigen Bratensaft als Sauce für später aufbewahren.

9 Den Rand des ausgerollten Blätterteigstücks mit etwas Wasser befeuchten, über die Form stülpen und am Rand fest andrücken; dabei eine Öffnung für das Metallröhrchen formen. Eventuelle Teigreste zu dekorativen Formen verarbeiten und die Teighaube damit garnieren. Diese abschließend mit dem Ei glasieren.

10 Die so vorbereitete Pastete auf ein Backblech stellen und im oberen Drittel des vorgeheizten Backofens etwa 30 Minuten backen. Falls der Teig zu stark bräunt, die Backofentemperatur auf 180 ° C reduzieren und den Teig mit Alufolie abdecken. Er sollte zum Schluss goldbraun geworden und die Füllung kochend heiß sein.

* Zum Einfrieren geeignet. Die fertige Pastete am Ende von Schritt 9 unabgedeckt gefrieren, dann in Frischhaltefolie wickeln oder in einen großen Gefrierbeutel füllen und bis zu 3 Monate im Gefrierfach lagern. Über Nacht im Kühlschrank auftauen lassen und wie beschrieben backen.

WÜRSTCHEN IM SCHLAFROCK

★

Diese allseits bekannte Knabberei kann sofort gegessen oder aber bis zur Verwendung luftdicht verschlossen gelagert und dann 10 Minuten bei 180 °C im vorgeheizten Backofen aufgewärmt werden.

Ergibt 18–24 Stück
Vorbereitung: 20 Minuten
Backzeit: 20–25 Minuten

ZUTATEN

2 EL Mehl

450 g Blätterteig

450 g hochwertiges Wurstbrät oder Bratwürste, Pelle entfernt

1 Ei, verquirlt

Sie benötigen ein Rüttelsieb, eine Teigrolle, ein scharfes Messer, einen Backpinsel, 2 tiefe Backbleche und ein Kuchengitter.

1 Den Backofen auf 220 °C vorheizen. Die Arbeitsfläche sowie eine Teigrolle mit Mehl bestäuben und den Blätterteig zu einem großen Rechteck von etwa 45 cm x 24 cm ausrollen. Dieses halbieren, sodass zwei Streifen von 45 cm Länge und 12 cm Breite entstehen.

2 Das Wurstbrät halbieren und zu zwei langen Strängen von der Länge der beiden Teigplatten rollen; dabei das Fleisch eventuell leicht bemehlen, damit es sich besser formen lässt.

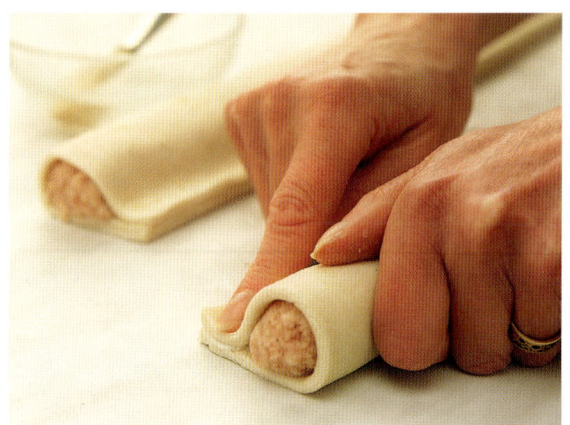

3 Die Fleischstränge auf die Teigplatten legen und diese an den Längsseiten mit Wasser befeuchten. Den Teig über dem Brät zusammenklappen und die befeuchteten Kanten zu einer festen Naht zusammendrücken. Zu stark überstehende Teignähte mit einem scharfen Messer kürzen. Den Nahtstreifen zudem mehrmals horizontal einschneiden, damit der Teig gut aufgeht.

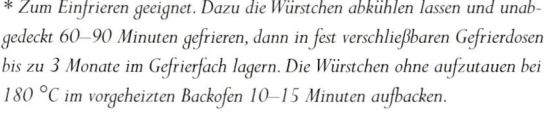

Zum Einfrieren geeignet. Dazu die Würstchen abkühlen lassen und unabgedeckt 60–90 Minuten gefrieren, dann in fest verschließbaren Gefrierdosen bis zu 3 Monate im Gefrierfach lagern. Die Würstchen ohne aufzutauen bei 180 °C im vorgeheizten Backofen 10–15 Minuten aufbacken.

4 Den Teig mit Ei bestreichen und aus einem Strang 9–12 gleich lange Stücke schneiden. Die Teigdecke der einzelnen Stücke mit einem Messer je zweimal dekorativ einschneiden. Die Stücke auf zwei Backbleche verteilen und im oberen Drittel des vorgeheizten Backofens 20–25 Minuten backen, bis sie goldbraun und gut aufgegangen sind (die Position der Backbleche nach der Hälfte der Backzeit einmal vertauschen). Die fertigen Würstchen aus dem Backofen nehmen und auf einem Kuchengitter auskühlen lassen.

GEDECKTER APFELKUCHEN

Für 6 Personen
Vorbereitung: 25 Minuten, plus Kühlzeit
Backzeit: 30–35 Minuten

ZUTATEN

225 g Mehl, plus 2 Esslöffel mehr zum Bestäuben

1 Prise Salz

55 g Butter

55 g Pflanzenmargarine

2–3 Esslöffel kaltes Wasser

700 g Kochäpfel, geschält, entkernt und in dünnen Scheiben

115 g feiner Zucker, plus 1 Esslöffel mehr zum Bestreuen

1 TL Zimt

¼ Muskatnuss, frisch gerieben

55 g Sultaninen

1 EL Grieß

2 TL Milch

Vanillesauce oder Eiscreme, zum Servieren

Sie benötigen eine Küchenwaage, ein Rüttelsieb, eine Rührschüssel, ein kleines Palettmesser, Frischhaltefolie, einen Sparschäler, ein scharfes Messer, eine Teigrolle, eine tiefe runde
Springform (24 cm Ø) und ein Backblech.

ZUBEREITUNG

1 Mehl und Salz in eine Schüssel sieben. Butter und Margarine
mit den Fingern darin verreiben, bis eine feinkrümelige
Mischung entsteht. Das Wasser zufügen und alles mit einem
Palettmesser zu einem glatten Teig vermengen.

2 Den Teig in Frischhaltefolie wickeln und 1–2 Stunden in den
Kühlschrank legen.

3 Den Backofen auf 190 °C vorheizen. Äpfel, Zucker, Gewürze,
Sultaninen und Grieß in einer Schüssel vermengen.

4 Den Teig in zwei Stücke teilen, eins davon sollte etwas
größer sein als das andere. Das größere Stück auf einer
leicht bemehlten Arbeitsfläche zu einem Kreis ausrollen, der
Boden und Rand der verwendeten Form gut bedecken kann.
Dann die ungefettete Form damit auskleiden; dabei den Teig bis
in die Ecken gut andrücken, damit keine Luftblasen entstehen.

5 Die Apfelmischung auf dem Teigboden verteilen.

6 Den restlichen Teig zu einem Kreis ausrollen, der den oberen
Rand der Form rundum abdeckt. Den bereits eingepassten
Teig am Rand der Form mit Wasser befeuchten. Die Form mit
dem neu ausgerollten Teig bedecken und die beiden Teigstücke
am Rand gut zusammendrücken. Überstehende Teigstücke
abschneiden. Den verbliebenen Teigrand von Hand oder mit
einer Gabel einkräuseln.

7 Den Teigdeckel mit der Milch bestreichen und mit Zucker
bestreuen.

8 Den so vorbereiteten Kuchen auf ein Backblech stellen und
im oberen Drittel des vorgeheizten Backofens 30–35 Minuten goldbraun backen. Noch warm mit Vanillesauce oder Eiscreme servieren.

** Zum Einfrieren geeignet. Dazu den fertigen Kuchen abkühlen lassen
und unabgedeckt 2 Stunden gefrieren, dann in Frischhaltefolie wickeln
oder in einen großen Gefrierbeutel füllen und bis zu 3 Monate im
Gefrierfach lagern. Zum Verzehr den Kuchen 4–5 Stunden bei Zimmertemperatur auftauen, dann 20 Minuten in einem auf 190 °C vorgeheizten Backofen aufbacken.*

MINCEMEAT-PASTETEN

Diese kleinen Pasteten ergeben ein köstliches Dessert.

Ergibt 24 Stück
Vorbereitung: 40–45 Minuten, plus Kühlzeit
Backzeit: 25 Minuten

ZUTATEN

350 g Mehl, plus etwas mehr zum Bestäuben

½ TL Salz

85 g Butter

85 g Pflanzenmargarine

3–4 EL kaltes Wasser

450–550 g englisches Mincemeat oder gemischte Trockenfrüchte, gehackt

2 EL Weinbrand

4 EL Milch

2 EL feiner Zucker

Crème double oder Weinbrand-Butter (siehe Seite 215), zum Servieren.

Sie benötigen eine Küchenwaage, ein Rüttelsieb, eine Rührschüssel, ein Palettmesser, Frischhaltefolie, eine Teigrolle, 2 gewellte runde Ausstechformen (7,5 cm Ø und 6 cm Ø), 1 oder 2 Pastetenbleche mit je 12 Vertiefungen, einen Backpinsel, ein spitzes Messer und ein Kuchengitter.

ZUBEREITUNG

1 Mehl und Salz in eine Schüssel sieben. Butter und Margarine mit den Fingern darin verreiben, bis eine feinkrümelige Mischung entsteht. Das Wasser zufügen und alles mit einem Palettmesser zu einem glatten Teig vermengen.

2 Den Teig in Frischhaltefolie wickeln und 1–2 Stunden in den Kühlschrank legen.

3 Den Backofen auf 200 °C vorheizen. Den Teig in zwei Stücke teilen, eins davon sollte etwas größer sein als das andere. Das größere Stück auf einer leicht bemehlten Arbeitsfläche so dünn wie möglich ausrollen. Mit der größeren Ausstechform insgesamt 24 Kreise daraus ausstechen; dabei entstehende Teigreste zusammenkneten und erneut ausrollen.

4 Die Teigkreise vorsichtig auf die nicht eingefetteten Pastetenbleche verteilen und sanft in die Vertiefungen drücken.

5 Mincemeat und Weinbrand mischen, dann jeweils einen gehäuften Teelöffel davon auf die Pastetenböden geben.

6 Den restlichen Teig ausrollen und mit der kleineren Ausstechform 24 Kreise daraus ausstechen; auch hierbei entstehende Teigreste zusammenkneten und erneut ausrollen.

7 Die Ränder der Teigkreise mit Wasser benetzen und mit der befeuchteten Seite nach unten auf die gefüllten Pastetenböden setzen. Böden und Deckel am Rand gut zusammendrücken.

8 Die Pasteten mit der Milch bestreichen und mit dem Zucker bestreuen. Mit einem Messer in die Mitte jeder Pastete eine kleine Öffnung stechen.

9 Die Pasteten im oberen Drittel des Backofens 20–25 Minuten leicht goldbraun backen. (Bei der Verwendung von 2 Blechen, deren Position nach der Hälfte der Backzeit einmal vertauschen.)

10 Die fertigen Pasteten mit einem Palettmesser vorsichtig von den Blechen lösen, dann etwa 1 Stunde auf einem Kuchengitter abkühlen lassen. Luftdicht verschlossen sind sie nun etwa 1 Woche haltbar. Vor dem Verzehr die Pasteten bei 180 °C im vorgeheizten Backofen 10 Minuten aufwärmen, mit etwas Zucker bestreuen und mit Crème double oder Weinbrand-Butter servieren.

* Zum Einfrieren geeignet. Dazu die Pasteten auf einem Backblech unabgedeckt 90–120 Minuten gefrieren. Dann in Gefrierdosen füllen und bis zu 3 Monate im Gefrierfach lagern. Vor dem Verzehr die Pasteten auftauen lassen und bei 180 °C im vorgeheizten Backofen 5 Minuten aufbacken.

SIRUPKUCHEN

Für 6 Personen
Vorbereitung: 25 Minuten, plus Kühl- und Ruhezeit
Backzeit: 25 Minuten

ZUTATEN

175 g Mehl, plus etwas mehr zum Bestäuben
1 Prise Salz
85 g Butter
2–3 EL kaltes Wasser
225 g heller Zuckerrübensirup
115 g Weißbrot- oder Vollkorn-Semmelbrösel
4 EL Crème double
2 EL Milch, zum Bestreichen (nach Belieben)
kalte Schlagsahne, zum Servieren

Sie benötigen eine Küchenwaage, ein Rüttelsieb, eine Rührschüssel, ein Palettmesser, einen Gefrierbeutel, einen kleinen
Topf, einen Holzlöffel, eine Teigrolle, eine Obstkuchenform
(20 cm Ø) einen Backpinsel und ein Backblech.

ZUBEREITUNG

1 Mehl und Salz in eine Schüssel sieben. Die Butter mit den
Fingern darin verreiben, bis eine feinkrümelige Mischung
entsteht. Das Wasser zufügen und alles mit einem Palettmesser
zu einem glatten Teig vermengen. Diesen mit einer bemehlten
Hand in der Mitte der Schüssel zu einer weichen Kugel formen.
Die Kugel in einen Gefrierbeutel geben und 30 Minuten in den
Kühlschrank legen.

2 Unterdessen den Sirup in einem Topf erwärmen, bis er
zerfließt. Semmelbrösel und Crème double zufügen, gut
unterrühren und die Mischung etwa 15 Minuten beiseite stellen,
damit die Brösel quellen können.

3 Den Backofen auf 190 °C vorheizen. Den gekühlten Teig auf
einer leicht bemehlten Arbeitsfläche zu einem Kreis ausrollen, der etwa 5 cm größer ist als die Form. Anschließend den
Teig in die Form legen und leicht andrücken. Überstehende
Teigränder abschneiden.

4 Die Bröselmasse auf dem Kuchenboden verteilen. Die
abgeschnittenen Teigreste nach Belieben erneut ausrollen,
eine Gitterdekoration daraus formen und diese mit Milch
bestreichen.

5 Den Kuchen auf ein Backblech stellen, im vorgeheizten
Backofen etwa 25 Minuten backen, bis der Teig goldbraun
geworden ist. Die Füllung ist dann noch weich.

6 Den fertigen Kuchen 5 Minuten in der Form ruhen lassen,
dann herausnehmen und noch warm mit kalter Schlagsahne
servieren.

** Zum Einfrieren geeignet. Dazu den Kuchen auf einem Backblech
unabgedeckt 60–90 Minuten gefrieren. Dann in Frischhaltefolie wickeln
oder in einen großen Gefrierbeutel füllen. Vor dem Verzehr den Kuchen
3–4 Stunden bei Zimmertemperatur auftauen lassen und bei 180 °C im
vorgeheizten Backofen 10–15 Minuten aufbacken.*

TARTE TATIN MIT BIRNEN

Für 6 Personen
Vorbereitung: 30 Minuten
Backzeit: 20–25 Minuten

ZUTATEN

85 g Butter

115 g feiner Zucker

**6 kleine Tafelbirnen (z. B. Williams Christ oder Gute Luise),
geschält, halbiert und entkernt**

Mehl, zum Bestäuben

225 g küchenfertiger Blätterteig

Crème double, zum Servieren (nach Belieben)

Sie benötigen eine Küchenwaage, eine schwere Bratpfanne
(25 cm Ø) mit hitzebeständigen Griffen, einen Holzlöffel, ein
scharfes Messer, ein Hackbrett, ein Rüttelsieb, eine Teigrolle,
eine große, tiefe Servierplatte und einen Topfhandschuh.

ZUBEREITUNG

1 Den Backofen auf 220 °C vorheizen. Butter und Zucker bei
mittlerer Hitze in einer feuerfesten Pfanne erhitzen, bis die
Butter zerlassen und der Zucker aufgelöst ist. Anschließend die
Masse 5 Minuten unter Rühren weiterkochen, bis sie die Farbe
hellen Karamells annimmt. Vorsicht, sie ist nun sehr heiß!

2 Die Pfanne vom Herd nehmen, auf eine hitzebeständige
Unterlage stellen und die Birnenhälften mit der Schnittseite
nach oben hineinlegen. Dazu am besten eine Hälfte in die Mitte
setzen und die anderen darumlegen.

3 Den Teig auf einer leicht bemehlten Arbeitsfläche zu einem
Kreis ausrollen, der etwas größer ist als die Pfanne. Den
fertigen Kreis über die Birnen legen und am Rand nach unten
in die Pfanne einschlagen.

4 Die so vorbereitete Tarte im oberen Drittel des vorgeheizten
Backofens 20–25 Minuten backen, bis der Teig gut aufgegangen und goldbraun geworden ist.

5 Die Tarte aus dem Backofen nehmen und 2 Minuten kurz
abkühlen lassen.

6 Dann die Tarte auf einen Servierteller stürzen, der größer ist
als die Pfanne und tief genug, um eventuell auslaufenden
Fruchtsaft aufzufangen. Dabei unbedingt einen Topfhandschuh
verwenden, da Pfanne und Tarte noch sehr heiß sind.

7 Die gestürzte Tarte noch warm, nach Belieben mit etwas
Crème double servieren.

B A C K E N

Unter Backen verstehen wir die Zubereitung von Kuchen und Plätzchen aus Mehlteigen (das Brotbacken wird in einem eigenen Kapitel behandelt). Zugleich ist es eine Zubereitungsmethode, für die ein Backofen benötigt wird, wobei Pfann- und Reibekuchen auf dem Herd zubereitet werden.

ZUTATEN

Mehl
Neben einfachem Haushaltsmehl der Type 405 werden beim Backen teilweise auch Vollkornmehl und Roggenmehl verwendet. Zu Einkauf und Lagerung von Mehl siehe Seite 36.

Backtriebmittel
Ein beliebtes Triebmittel ist Speisenatron. Bei seiner Verbindung mit Säure entsteht Kohlendioxid, das Kuchen und Milchbrötchen aufgehen lässt. Backpulver ist eine Mischung aus Speisenatron und Weinsäure, die, wenn sie feucht wird, ebenfalls Kohlendioxid freisetzt.

Zucker
Feiner Zucker, Haushaltszucker, Puderzucker, brauner Zucker, Muskovado-Zucker und Demerara-Zucker unterscheiden sich in ihren jeweiligen Eigenschaften und im Geschmack. Beachten Sie daher die Anweisungen der verschiedenen Rezepte. Zu Einkauf und Lagerung siehe Seite 37.

Eier
Nähere Informationen zu Eiern finden Sie auf Seite 72–75.

Fette
Zum Backen werden Butter, Margarine, Schmalz und Öl verwendet. Nähere Informationen zu Fetten finden Sie auf Seite 38 und 91.

Nüsse
Nähere Informationen zu Nüssen finden Sie auf Seite 43.

Trockenfrüchte
Nähere Informationen zu Trockenfrüchten finden Sie auf Seite 42.

ZUBEREITUNGSARTEN
Bei der Herstellung von Kuchen und Plätzchen kommen vier Zubereitungsarten zur Anwendung:

cremig rühren
Hierbei werden Fett und Zucker mit einem elektrischen Handrührgerät oder mit einem Schneebesen zu einer cremigen Masse verarbeitet. (siehe Schneller Biskuitkuchen Seite 232–233.) Anschließend werden die Eier zugefügt und das Mehl untergerührt. So zubereitete Kuchen sind wegen ihres hohen Fettanteils gut haltbar.

schaumig rühren
Hierbei verquirlt man Eier und Zucker, bis sich eine schaumige Masse bildet. Dadurch wird Luft in den Teig eingeschlossen, die das Gebäck beim Backen besser aufgehen lässt. Dann wird vorsichtig das Mehl untergehoben. Kuchen, die nach dieser Methode zubereitet werden, nennt man oft Biskuitkuchen; sie sind nicht so lange haltbar wie die mit Fett zubereiteten.

einkneten
Der Fettgehalt von Gebäckstücken, die nach dieser Methode zubereitet werden, liegt etwa bei der Hälfte des Mehlgehalts. Das Fett wird mit den Fingerspitzen in das Mehl eingeknetet, bis eine feinkrümelige Mischung entsteht. Auf diese Weise werden unter anderen Scones und Shortbread zubereitet.

schmelzen
Diese Zubereitungsart wird für schweres, saftiges Gebäck wie Brownies und Müsliriegel verwendet. Fett, Zucker und je nach Rezept auch weitere Zutaten werden erhitzt und geschmolzen. Danach werden Eier, Mehl und Triebmittel zugefügt. Solchermaßen zubereitetes Gebäck ist wegen des hohen Gehalts an Fett und Zucker relativ lange haltbar; es sollte jedoch in Frischhaltefolie gewickelt werden, damit es saftig bleibt.

BENÖTIGTE UTENSILIEN

Dies ist eine Liste mit den am häufigsten verwendeten Utensilien. Weitere nützliche Helfer werden weiter vorne im Buch beschrieben (siehe Seite 28–29).

Backbleche

Ein hochwertiges Backblech ist für die Zubereitung von Plätzchen und kleinen Kuchen unverzichtbar.

tiefe runde Back- oder Springformen

Mit ihnen werden zahlreiche Kuchen und Torten zubereitet, so etwa der Schnelle Biskuitkuchen (siehe Seite 232–233) und die Weihnachtstorte (siehe Seite 234–235).

quadratische Backformen

Sie eignen sich sehr gut für Brownies und andere kleine Kuchenschnitten. Weitere Informationen zu Backformen siehe Seite 28–29.

Backpapier

Hiermit werden Backbleche und Kuchenformen ausgelegt, damit die Gebäckstücke während des Garens nicht daran festbacken.

Muffin- und Pastetenbleche

Sie sind nützlich, wenn Sie kleine Kuchen backen möchten.

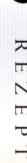

SCHNELLER BISKUITKUCHEN

Dieser Kuchen schmeckt frisch gebacken besonders köstlich.
Eventuelle Reste können sie luftdicht verpackt jedoch auch
bis zu 1 Woche lagern.

Ergibt 8–10 Kuchenstücke
Vorbereitung: 25 Minuten, plus Kühlzeit
Backzeit: 30 Minuten

ZUTATEN

175 g zimmerwarme Butter
175 g feiner Zucker
3 Eier, verquirlt
175 g Mehl
2 TL Backpulver

Zum Servieren
3 EL Konfitüre oder Zitronencreme
1 EL feiner Zucker oder Puderzucker

Sie benötigen eine Küchenwaage, eine Rührschüssel, ein
elektrisches Handrührgerät oder einen Schneebesen, einen
Kunststoffspatel oder einen Metalllöffel, zwei eingefettete kleine
runde Backformen (20 cm Ø), die Böden mit Backpapier ausgelegt, ein Backblech, ein Kuchengitter und ein Palettmesser.

1 Den Backofen auf 180 °C vorheizen. Butter und Zucker in einer Schüssel hell und cremig rühren. (Mit einem elektrischen Handrührgerät dauert dies etwa 1–2 Minuten, mit einem Schneebesen 4–5 Minuten.) Dann nach und nach die Eier zufügen und nach jeder Zugabe gründlich unterrühren.

2 Mehl und Backpulver zusieben und mit einem Kunststoffspatel oder einem Metalllöffel sorgfältig unterziehen.

3 Den Teig auf die Backformen verteilen und glatt streichen. Die beiden Formen auf einem Backblech in der Mitte des vorgeheizten Backofens 25–30 Minuten backen, bis er gut aufgegangen und goldbraun geworden ist und sich leicht vom Formrand löst. Die fertigen Biskuitböden 1 Minute ruhen lassen, dann mit dem Palettmesser vollständig von den Formrändern ablösen.

* Zum Einfrieren geeignet. Dazu den Kuchen auf einem Backblech unabgedeckt 1 Stunde gefrieren. Dann in einen großen Gefrierbeutel oder eine Gefrierdose geben und bis zu 3 Monate im Gefrierfach lagern. Vor dem Verzehr den Kuchen etwa 4 Stunden bei Zimmertemperatur auftauen lassen.

4 Die Böden auf ein sauberes Küchentuch stürzen und das Backpapier abziehen. Anschließend die Böden mit der Backoberseite nach unten auf einem Kuchengitter auskühlen lassen (auf diese Weise hinterlässt das Gitter kein Abdruck auf der späteren Oberseite des fertigen Kuchens). Die abgekühlten Böden mit einer Lage Konfitüre oder Zitronencreme in der Mitte übereinander schichten und vor dem Servieren mit Zucker bestreuen.

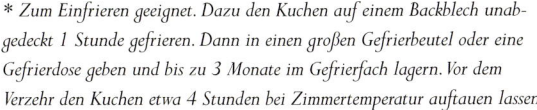

WEIHNACHTSTORTE

Dieser auch optisch eindrucksvolle Kuchen ist ein wunderbarer Leckerbissen für die Festtage. Bereiten Sie ihn nach Möglichkeit mit ungefärbten Belegkirschen aus dem Reformhaus zu.

Ergibt 20–24 kleine Kuchenstücke
Vorbereitung: 30 Minuten, plus 40 Minuten für Marzipanschicht und Zuckerhülle, plus Kühl- und Lagerzeit
Backzeit: 2 Stunden

ZUTATEN

175 g weiche Butter

175 g Muskovado-Zucker

3 Eier, verquirlt

225 g Mehl

1 TL Backpulver

2 TL Lebkuchengewürz

225 g Sultaninen

225 g Korinthen

100 g Belegkirschen, grob gehackt

100 g gemischtes Orangeat und Zitronat, fein gehackt

100 g getrocknete Aprikosen, grob gehackt

100 g Mandeln, gehackt

abgeriebene Schale von 1 Zitrone

abgeriebene Schale von 1 Orange

125 ml Sherry oder Weinbrand, plus etwas mehr zum Beträufeln (nach Belieben)

Dekoration

750 g Marzipan-Rohmasse

3 EL Aprikosenkonfitüre

3 Eiweiß

650 g Puderzucker

Sie benötigen eine runde Backform (20 cm Ø), Backpapier, eine Küchenwaage, eine Rührschüssel, ein elektrisches Handrührgerät, ein Sieb, einen Kunststoffspatel oder einen Metalllöffel, einen Messbecher, eine Reibe, ein Palettmesser, Alufolie, einen Metallspieß, Wachspapier, eine Teigrolle, etwas Kordel, einen kleinen Topf, einen Holzlöffel, einen Backpinsel und ein Messer.

ZUBEREITUNG

1   4

DEKORATION

9   13

1 Die Backform mit einer doppelten Schicht Backpapier auskleiden.

2 Butter und Zucker in einer Schüssel cremig rühren. Dann nach und nach die Eier zufügen und nach jeder Zugabe gründlich unterrühren.

3 Mehl, Backpulver und Lebkuchengewürz in eine separate Schüssel sieben, dann mit einem Spatel oder einem Metall-löffel sorgfältig unter die Eimasse ziehen.

4 Getrocknete und kandierte Früchte, Mandeln, Zitrusschalen und Sherry oder Weinbrand einrühren, bis alles gut ver-mengt ist. (Wer Zeit hat, kann die Früchte auch über Nacht im Alkohol einweichen lassen.) Es sollte nun ein weicher Teig ent-standen sein, der leicht vom Löffel tropft.

5 Den Backofen auf 160 °C vorheizen. Den Teig in die vorbe-reitete Form füllen, mit einem Palettmesser glatt streichen und im vorgeheizten Backofen in etwa 2 Stunden durchbacken. Als Garprobe den Teig in der Mitte mit einem Metallspieß ein-stechen: Bleibt nichts daran kleben, ist der Kuchen fertig. Sollte der Teig während des Backens zu stark bräunen, die Form mit Alufolie abdecken. Den fertigen Kuchen 1 Stunde bis 1 Stunde 30 Minuten in der Form abkühlen lassen. Unterdessen nach Be-lieben mehrmals mit einem Spieß einstechen und mit 2–3 zusätz-lichen Esslöffeln Sherry oder Weinbrand beträufeln, damit er saftig bleibt.

6 Den Kuchen aus der Form nehmen, in Wachspapier ein-schlagen und bis zu 2 Tage an einem kühlen Ort in einem luftdicht verschlossenen Behälter lagern.

7 Die Marzipanmasse in 3 gleich große Stücke aufteilen. Ein Stück zu einem Kreis ausrollen, der groß genug ist, um die Oberfläche des Kuchens abzudecken.

8 Die restliche Marzipanmasse zu einem Rechteck ausrollen, das doppelt breit wie der Kuchen hoch und halb so lang wie dessen Umfang ist (die Maße mit einer Kordel ermitteln). Dann das Rechteck halbieren, sodass zwei Stücke entstehen, die den Kuchen vollständig umfassen.

9 Die Konfitüre in einen Topf geben und bei geringer Hitze 1–2 Minuten erwärmen, dann die Seitenwände des Kuchens damit bestreichen. Den Kuchen hochkant aufrichten und über ein Marzipanrechteck rollen. Dieses gut andrücken und den Vorgang mit dem zweiten Marzipanrechteck wiederholen. Die Nahtstellen glätten und an den Rändern überstehende Marzipanecken ab-schneiden.

10 Die Unterseite des Kuchens mit der restlichen Konfitüre bestreichen, den Marzipankreis darauf legen und die Nahtstellen an den Rändern glätten. (Man belegt die Unterseite mit Marzipan, weil sie normalerweise glatter ist als die Ober-seite.) Falls ausreichend Zeit vorhanden ist, die Marzipanschicht bis zu 1 Woche an einem kühlen Ort trocknen lassen. Ansonsten sofort mit dem Auftragen der Glasur fortfahren.

11 Das Eiweiß in einer Schüssel nach und nach mit dem Puderzucker verquirlen, bis eine dickflüssige Glasur entsteht, die beim Anheben des Löffels feste Spitzen bildet.

12 Den Kuchen mit 1 Esslöffel der Glasur auf einer Kuchen-platte fixieren.

13 Die restliche Glasur auf der Marzipanschicht des Kuchens verteilen; dabei mit dem Palettmesser attraktive Spitzen in die Masse ziehen. Die Glasur abkühlen lassen, den Kuchen nach Belieben mit weiteren Festdekorationen belegen und vor dem Verzehr luftdicht verschlossen bis zu 2 Monate lagern.

3

KAROTTENKUCHEN

Ergibt 16 Kuchenstücke
Vorbereitung: 30 Minuten, plus Kühlzeit
Backzeit: 40–50 Minuten

ZUTATEN

2 Eier

175 g Muskovado-Zucker

200 ml Sonnenblumenöl

200 g Karotten, grob gerieben

225 g Vollkornmehl

1 TL Speisenatron

2 TL Zimt

1 TL frisch geriebene Muskatnuss

115 g Walnusskerne, grob gehackt

Belag

115 g Frischkäse (Halbfettstufe)

4 EL weiche Butter

85 g Puderzucker

1 TL abgeriebene Zitronenschale

1 TL abgeriebene Orangenschale

Sie benötigen eine Küchenwaage, eine Rührschüssel, ein Handrührgerät, eine Reibe, ein Sieb, einen Holzlöffel, ein Kochmesser, ein Hackbrett, eine quadratische Backform (23 cm Seitenlänge, mit Backpapier ausgelegt), ein Kuchengitter und eine Gabel.

ZUBEREITUNG

1 Den Backofen auf 190 °C vorheizen. Die Eier in einer Schüssel verquirlen, dann Zucker und Öl zufügen. Alles gut vermengen, dann die Karotten einrühren.

2 Mehl, Natron und Gewürze zusieben, dann die Walnüsse zugeben und alles gründlich vermengen.

3 Den fertigen Teig in die vorbereitete Form füllen und im vorgeheizten Backofen 40–50 Minuten backen, bis er gut aufgegangen und fest ist und sich leicht vom Formrand löst.

4 Den Kuchen in der Form abkühlen lassen, bis er handwarm ist. Dann auf ein Kuchengitter stürzen.

5 Für den Belag alle Zutaten in eine Schüssel geben und 2–3 Minuten glatt rühren.

6 Den vollständig abgekühlten Kuchen mit dem Belag bestreichen. Diesen mit einer Gabel glätten und etwas abkühlen lassen, dann den Kuchen in 16 Stücke schneiden. Luftdicht verschlossen und an einem kühlen Ort gelagert sind sie bis zu 1 Woche haltbar.

* Zum Einfrieren geeignet. Dazu den Kuchen auf einem Backblech unabgedeckt 1 Stunde 30 Minuten gefrieren, bis die Glasur fest ist. Dann in eine Gefrierdose füllen und bis zu 3 Monate im Gefrierfach lagern. Den Kuchen 3–4 Stunden bei Zimmertemperatur auftauen lassen.

BANANEN-SCHOKOLADEN-COOKIES

Ergibt etwa 18 Stück
Vorbereitung: 15 Minuten
Backzeit: 15–20 Minuten

ZUTATEN

125 g Butter

5 EL Demerara-Zucker

2 EL Haushaltszucker

1 großes Ei

2–3 Tropfen Vanillearoma

1 kleine reife Banane, zerdrückt

175 g Mehl

¼ TL Speisenatron

1 Prise Salz

2 EL Milch

115 g Zartbitterschokolade mit mindestens 60 % Kakao-anteil, grob gehackt

55 g Walnüsse, gehackt

Sie benötigen eine Küchenwaage, eine Rührschüssel, ein elektrisches Handrührgerät oder einen Schneebesen, eine Schüssel, ein Rüttelsieb, ein Palettmesser oder einen Metalllöffel, ein Kochmesser, ein Hackbrett, 2–3 Backbleche (mit Backpapier ausgelegt) und ein Kuchengitter.

ZUBEREITUNG

1 Den Backofen auf 190 °C vorheizen. Die Butter und beide Zuckersorten in einer Schüssel hell und cremig rühren.

2 Ei und Vanillearoma in einer separaten Schüssel verquirlen.

3 Die Eimischung nach und nach zur Buttermasse geben und nach jeder Zugabe gründlich unterrühren.

4 Die Masse mit der zerdrückten Banane glatt rühren.

5 Mehl, Natron und Salz in eine separate Schüssel sieben, dann mit einem Palettmesser oder einem Metalllöffel sorgfältig unter die Bananenmasse ziehen. Die Milch unterheben und zuletzt Schokolade und Nüsse einrühren.

6 Den fertigen Teig mit ausreichend Abstand löffelweise auf die vorbereiteten Backbleche setzen (etwa 6–9 Teighäufchen pro Blech). Wer nur ein Backblech hat, muss portionsweise arbeiten.

7 Die Cookies 15–20 Minuten im vorgeheizten Backofen backen, bis sie leicht goldbraun sind. Dann herausnehmen und auf den Blechen kurz abkühlen lassen. Anschließend zum völligen Auskühlen auf ein Kuchengitter legen.

8 Den Vorgang, falls erforderlich, mit dem restlichen Teig wiederholen.

9 Die fertigen Cookies sind luftdicht verschlossen bis zu 1 Woche haltbar.

* Zum Einfrieren geeignet. Dazu die Cookies auf einem Backblech unab-gedeckt etwa 1 Stunde gefrieren, dann in Gefrierboxen füllen und bis zu 3 Monate im Gefrierfach lagern. Vor dem Verzehr die Cookies 3–4 Stun-den bei Zimmertemperatur auftauen lassen oder 10 Minuten bei 180 °C im vorgeheizten Backofen aufbacken.

3

BROWNIES

Ergibt 12–16 Stück
Vorbereitung: 20 Minuten
Backzeit: 25–30 Minuten

ZUTATEN

**140 g Zartbitterschokolade mit mindestens 60 %
Kakaoanteil**

140 g Butter

3 Eier

175 g feiner Zucker

115 g Mehl

1 TL Backpulver

1 Prise Salz

5 Tropfen Vanillearoma

55 g Walnusskerne, gehackt

Crème fraîche oder Eiscreme, zum Servieren

Sie benötigen eine Küchenwaage, einen kleinen Topf, eine hitzebeständige Schüssel, die in den kleinen Topf gehängt werden
kann, ohne hineinzufallen, eine Rührschüssel, ein elektrisches
Handrührgerät, eine Schüssel, ein Rüttelsieb, einen Kunststoffspatel, eine quadratische Backform (25 cm Seitenlänge, mit
Backpapier ausgelegt) und ein Kuchengitter.

ZUBEREITUNG

1 Den Backofen auf 180 °C vorheizen. Die Schokolade mit der
Butter in einer Schüssel, die in einen Topf mit leicht köchelndem Wasser gehängt wurde, schmelzen. Dann vom Herd nehmen und etwa 5 Minuten abkühlen lassen.

2 Eier und Zucker in einer Schüssel cremig rühren.

3 Mehl, Backpulver und Salz in eine separate Schüssel
sieben, dann unter die Eimischung ziehen. Anschließend
das Vanillearoma zufügen und die abgekühlte Schokomischung
sowie die Nüsse einrühren.

4 Den fertigen Teig in die vorbereitete Form geben und im
vorgeheizten Backofen 25–30 Minuten backen. Er sollte
oben knusprig und in der Mitte noch etwas klebrig sein.

5 Den Teig aus dem Backofen nehmen und sofort in
12–16 Stücke schneiden, jedoch noch eine Weile in der
Form auskühlen lassen. Anschließend die Stücke aus der Form
nehmen, das Backpapier abziehen und die Brownies auf ein
Kuchengitter setzen.

6 Die Brownies noch warm mit etwas Crème fraîche oder
Eiscreme zum Dessert servieren oder vollständig auskühlen
lassen, bis zu 1 Woche in einem luftdicht verschließbaren
Behälter lagern und wie Plätzchen reichen.

** Zum Einfrieren geeignet. Dazu die Brownies auf einem Backblech
unabgedeckt 1 Stunde gefrieren, dann in eine Gefrierbox füllen und bis zu
3 Monate im Gefrierfach lagern. Vor dem Verzehr die Brownies 3–4 Stunden bei Zimmertemperatur auftauen lassen.*

SCONES

Ergibt 10–12 Stücke
Vorbereitung: 10 Minuten
Backzeit: 10–12 Minuten

ZUTATEN

225 g Mehl, plus etwas mehr zum Bestäuben
½ TL Salz
2 TL Backpulver
2 EL feiner Zucker
55 g Butter, plus etwas mehr zum Einfetten
55 g gemischte Trockenfrüchte
150 ml Milch, plus 3 Esslöffel zum Bestreichen

Zum Servieren
Erdbeerkonfitüre
Crème double

Sie benötigen eine Küchenwaage, ein Rüttelsieb, eine Rühr-
schüssel, einen Messbecher, ein Palettmesser, eine runde
Ausstechform (6 cm Ø), ein eingefettetes Backblech, einen
Backpinsel und ein Kuchengitter.

ZUBEREITUNG

1 Den Backofen auf 220 °C vorheizen. Mehl, Salz, Backpulver
und Zucker in eine Schüssel sieben. Die Butter einkneten,
dann die Früchte zufügen. Zuletzt die Milch zugießen und alles
mit einem Palettmesser zu einem weichen Teig verarbeiten.

2 Den Teig auf eine bemehlte Arbeitsfläche geben und bis
zu einer Dicke von etwa 1 cm flach drücken; dabei nicht
kneten – Scones-Teig muss immer ganz sanft behandelt werden.

3 Mit einer runden Ausstechform 10–12 Kreise aus dem Teig
ausstechen, auf das vorbereitete Backblech geben und mit
etwas Milch bestreichen.

4 Die Scones im vorgeheizten Backofen 10–12 Minuten goldbraun backen, bis sie gut aufgegangen sind.

5 Die fertigen Scones auf einem Kuchengitter abkühlen lassen
und frisch gebacken – nach Möglichkeit warm, zumindest
aber noch am selben Tag – mit Erdbeerkonfitüre und mit Crème
double servieren.

Variation

Für herzhafte Käse-Scones Zucker und Früchte durch 55 g
geriebenen Käse (Gouda oder Emmentaler) sowie 1 Teelöffel
Senf ersetzen und die Scones vor dem Backen mit 1 Esslöffel
frisch geriebenem Parmesan bestreuen.

** Zum Einfrieren geeignet. Dazu die fertigen Scones in einer Gefrierdose
einfrieren oder unabgedeckt etwa 1 Stunde auf einem Backblech gefrieren,
dann in Gefrierbeutel füllen und bis zu 3 Monate im Gefrierfach lagern.
Vor dem Verzehr die Brötchen 3–4 Stunden bei Zimmertemperatur auftauen lassen und 10 Minuten bei 180 °C im vorgeheizten Backofen kurz
aufbacken oder noch in gefrorenem Zustand direkt in den vorgeheizten
Backofen geben und 15–20 Minuten aufbacken.*

SCHOTTISCHES SHORTBREAD

Ergibt 8 Stück
Vorbereitung: 15 Minuten, plus Kühlzeit
Backzeit 40–50 Minuten

ZUTATEN

115 g Mehl, plus 1 Esslöffel zum Bestäuben
55 g feiner Grieß
1 Prise Salz
55 g feiner Zucker, plus 2 TL Zucker, zum Bestreuen
115 g Butter

Sie benötigen eine Küchenwaage, eine Rührschüssel, eine Teigrolle, ein Rüttelsieb, eine runde Backform (20 cm Ø), eine Gabel, ein scharfes Messer und ein Kuchengitter.

ZUBEREITUNG

1 Den Backofen auf 150 °C vorheizen. Mehl, Grieß, Salz und Zucker in einer Schüssel vermengen.

2 Die Butter in kleine Stücke schneiden und mit den trockenen Zutaten verreiben, bis ein weicher Teig entsteht.

3 Den Teig auf einer leicht bemehlten Arbeitsfläche zu einem Kreis ausrollen. Den Kreis in die vorbereitete Form legen und mehrmals mit einer Gabel einstechen.

4 Den Teig im vorgeheizten Backofen 40–50 Minuten backen, bis er fest und goldgelb geworden ist.

5 Mit einem Messer 8 Kuchenstücke auf dem noch heißen Teig anzeichnen. Dann den Teig etwa 1 Stunde in der Form abkühlen lassen. Den abgekühlten Teig mit Zucker bestreuen, in die zuvor angezeichneten Stücke aufschneiden und diese zum vollständigen Auskühlen noch einmal 30 Minuten auf ein Kuchengitter stellen. Luftdicht verpackt und an einem kühlen Ort gelagert ist das Shortbread bis zu 1 Woche haltbar.

* Zum Einfrieren geeignet. Dazu das Shortbread auf einem Backblech unabgedeckt 1 Stunde gefrieren, dann in eine Gefrierdose füllen und bis zu 3 Monate im Gefrierfach lagern. Vor dem Verzehr das Shortbread 2–3 Stunden bei Zimmertemperatur auftauen lassen.

MÜSLIRIEGEL

Ergibt 21 Stück
Vorbereitung: 10–15 Minuten, plus Kühlzeit
Backzeit: 30–35 Minuten

ZUTATEN

225 g Butter
225 g Muskovado-Zucker
85 g heller Zuckerrübensirup
450 g Haferflocken

Sie benötigen eine Küchenwaage, eine tiefe, rechteckige Backform (20 cm x 30 cm), Backpapier, einen großen Topf, einen Holzlöffel und ein scharfes Messer.

ZUBEREITUNG

1 Den Backofen auf 180 °C vorheizen und die Backform mit Backpapier auslegen.

2 Butter, Zucker und Sirup in einen Topf geben und 2–3 Minuten bei geringer Hitze erwärmen, bis die Butter zerlassen, der Zucker geschmolzen und der Sirup geschmeidig ist. Die Haferflocken zufügen und gut unterrühren.

3 Die Masse in die vorbereitete Form füllen, gut festdrücken und im vorgeheizten Backofen 30–35 Minuten backen, bis sie goldbraun ist, sich bei leichtem Andrücken aber immer noch feucht und etwas weich anfühlt.

4 Die Masse 5 Minuten in der Form abkühlen lassen. Dann 21 Riegel daraus schneiden und diese etwa 30 Minuten in der Form ruhen lassen, bis sie vollständig ausgekühlt sind.

5 Die erkalteten Riegel vorsichtig aus der Form lösen. Luftdicht verschlossen und an einem kühlen Ort gelagert sind sie 3–4 Tage haltbar.

* Zum Einfrieren geeignet. Dazu die Riegel in eine Gefrierdose füllen, bis zu 3 Monate einfrieren und vor dem Verzehr 2–3 Stunden bei Zimmertemperatur auftauen lassen.

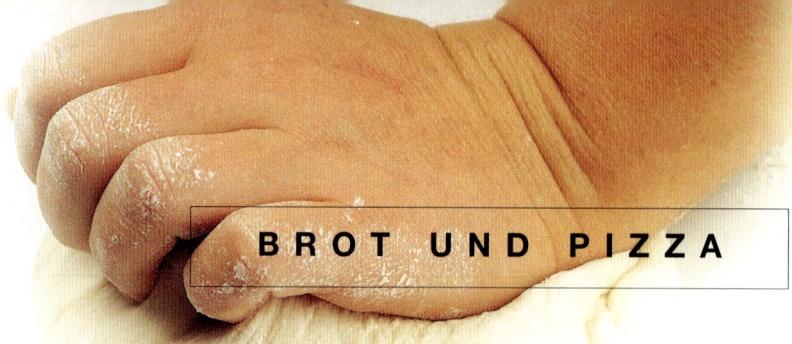

BROT UND PIZZA

*M*anchmal überkommt uns die Lust, außergewöhnliche Köstlichkeiten zu zaubern, mit denen wir Familie und Freunden eine ganz besondere Freude bereiten können. Selbst gebackenes Brot ist eine gute Wahl, da es sich einfach zubereiten lässt und dennoch etwas ganz Besonderes ist.

Wenn Sie einmal den Entschluss gefasst haben, wird es nicht schwierig sein, die dazu benötigte Zeit aufzubringen. Die nach der Teigbereitung folgende Ruhephase zum Aufgehen kann so schnell oder langsam vonstatten gehen, wie Sie es wünschen – ob rasch an einem warmen Ort oder über Nacht im Kühlschrank. Es gibt nichts Besseres, als Familie oder Gäste mit dem Duft frisch gebackenen Brotes zu begrüßen, und nichts, was eine heimeligere Atmosphäre verbreiten könnte.

Die Verwendung von Trockenhefe vereinfacht das Brotbacken sehr: Hefe und Zucker müssen nicht mehr separat angesetzt werden. Die Hefe wird einfach dem Mehl beigemengt und untergerührt. Schon mit einem Tütchen (7 g) können Sie einen Laib mit bis zu 500 g Mehl aufgehen lassen. Nur bei schwereren, gehaltvollen Teigen oder solchen mit Vollkornmehl wird oft mehr benötigt. Dann sollte die Hefe auch gesondert angesetzt werden. Mischen Sie sie dazu mit etwas Zucker und warmem Wasser, und lassen Sie sie abgedeckt ruhen, bis sie schäumt.

Für mehr Abwechslung in der Backküche sorgt heute eine breite Auswahl an Mehlsorten – ob herkömmliches oder Bio-Mehl, Weizen-, Roggen- oder Vollkornmehl. Verwenden Sie bei Weizenmehl solches der Type 550, da es mehr Gluten enthält als einfaches Haushaltsmehl, was den Teig elastischer macht und besser aufgehen lässt.

ZUBEREITUNG

Brotteige können schlicht von Hand bereitet werden: Vermengen Sie alle Zutaten in einer Schüssel, bevor Sie sie auf einer bemehlten Arbeitsfläche durchkneten. Etwas einfacher ist die Verarbeitung mit den Knethaken eines elektrischen Handrührgeräts oder in einer Küchenmaschine, auch wenn manch einer meint, dadurch ginge der besondere Spaß am Brotbacken verloren. Die modernste Methode, Brot zu backen ist, eine Brotbackmaschine zu benutzen. Hierbei müssen Sie nichts weiter tun, als alle benötigten Zutaten in den Backraum zu füllen, den Rest – mischen, kneten, aufgehen und backen – macht die Maschine für Sie, und zwar alles in einem Durchgang.

Weniger schön, abgesehen vom hohen Preis, ist, dass solche Maschinen nur gleichförmige Brote produzieren, was nicht immer ideal ist. Selbst bereitete Teige bieten mehr Freiheit bei der Wahl von Größe und Form.

REGELN FÜR DIE BROTBEREITUNG

Einige Regeln sind beim Brotbacken zu beachten. Wichtig ist vor allem, dass alles warm ist; um die Aufgehzeit zu verkürzen, sollten auch die Rührschüssel und das Mehl angewärmt werden. Achten Sie jedoch darauf, dass die Zutaten nicht zu heiß werden, denn bei einer Temperatur über 30 °C werden die Hefebakterien abgetötet, und das Brot geht nicht auf. Am besten ist es daher, alles lauwarm zu halten, also so, dass es sich bei Berührung warm anfühlt.

Darüber hinaus ist sorgfältiges Kneten entscheidend: Es macht den Teig geschmeidig und sorgt für ein lockeres Brot. Man drückt dazu den Teig auf einer bemehlten Arbeitsfläche mit dem Handballen einige Minuten lang nach unten und vom Körper weg und zieht ihn wieder heran, fast wie bei einer Rollbewegung. Sobald Sie den richtigen Rhythmus gefunden haben, werden Sie sicher Gefallen an dieser Arbeit finden.

Brot wird bei hohen Temperaturen gebacken, um die Hefebakterien abzutöten. Es ist immer besser, Brot etwas zu stark zu backen als zu schwach, denn nicht ganz durchgegartes Brot schmeckt mehlig. Falls die Unterseite eines Brotes nach dem Ende der Backzeit noch nicht ganz gar ist, können Sie den Laib noch einmal kurz ohne Form in den Ofen geben.

Auf den folgenden Seiten finden Sie einige leichte Grundrezepte für Weißbrot, Körnerbrot, Müslibrötchen, Foccacia und Pizzateig.

GEGENÜBERLIEGENDE SEITE VON OBEN
Schwarzbrot, Früchtebrot, Schwarzbrot mit Sonnenblumenkernen, Rosinenstuten, Weizen-Vollkornbrot

3

REZEPTE

WEISSBROT

Obwohl wir heute wissen, dass Vollkornbrot gesünder ist, gibt es immer noch Gelegenheiten, bei denen Weißbrot ein Muss ist, etwa bei der Zubereitung von Toasts.

Ergibt 1 großes Brot
Vorbereitung: 20 Minuten, plus Ruhezeit
Backzeit: 25–30 Minuten

ZUTATEN

450 g Weizenmehl Type 550, plus 2 Esslöffel zum Bestäuben

1 TL Salz

1 Tütchen Trockenhefe

1 Esslöffel Pflanzenöl oder zerlassene Butter, plus 1 Teelöffel zum Einfetten

300 ml warmes Wasser

Sie benötigen einen Messbecher, eine große Rührschüssel, einen Holzlöffel, ein Rüttelsieb, eine Kastenform (25 cm Seitenlänge), Frischhaltefolie und ein Kuchengitter.

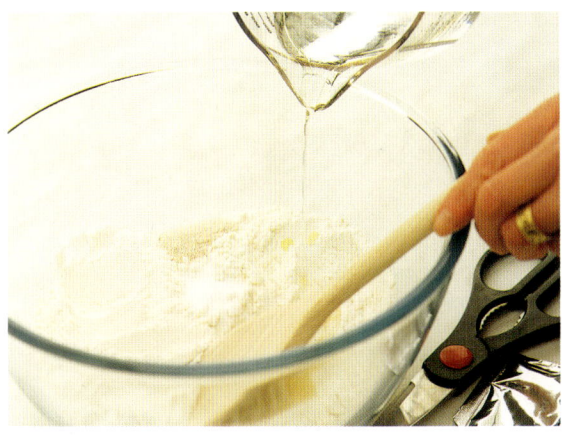

1 Mehl, Salz und Hefe in einer Schüssel vermengen. Öl und Wasser zufügen und alles zu einem weichen Teig verarbeiten.

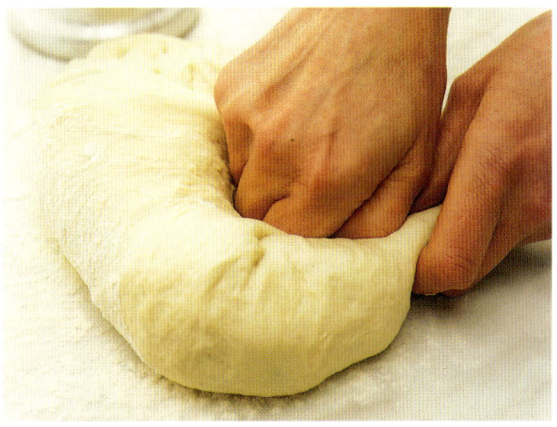

2 Den Teig auf einer leicht bemehlten Arbeitsfläche 5–7 Minuten von Hand durchkneten oder in eine mit Knethaken bestückte Küchenmaschine geben und darin 4–5 Minuten bearbeiten. Der fertige Teig sollte glatt und elastisch sein.

3 Den Teig in die Schüssel zurückgeben, mit Frischhaltefolie abdecken und etwa 1 Stunde an einem warmen Ort gehen lassen, bis er sein Volumen verdoppelt hat. Anschließend den Teig abschlagen, d. h. auf einer leicht bemehlten Arbeitsfläche noch einmal etwa 30 Sekunden durchkneten, bis er geschmeidig ist.

5 Unterdessen den Backofen auf 220 °C vorheizen. Den aufge- gangenen Teig 25–30 Minuten backen, bis er fest und gold- braun geworden ist. Zur Garprobe gegen den Boden des Brotes klopfen: Klingt es hohl, ist es fertig. Das fertige Brot 30 Minuten auf einem Kuchengitter auskühlen lassen. Luftdicht verschlossen an einem kühlen Ort gelagert ist es 3–4 Tage haltbar.

4 Den Teig zu einem Rechteck formen, das genau so lang, aber dreimal so breit ist wie die Backform. Die Form sorgfältig einfetten. Den Teig von der Längsseite her dreimal einschlagen und mit der Naht nach unten in die Form geben. Dann abdecken und an einem warmen Ort erneut etwa 30 Mi- nuten gehen lassen, bis er über die Form herausragt.

* Zum Einfrieren geeignet. Dazu das Brot nach dem Abkühlen in einen Gefrierbeutel füllen und bis zu 3 Monate einfrieren. Vor dem Verzehr 4–5 Stunden bei Zimmertemperatur auftauen lassen.

FOCACCIA

Diese italienische Brotspezialität schmeckt besonders gut zu
Antipasti, Suppen und Salaten.

Ergibt 1 Brot
Vorbereitung: 15 Minuten, plus Aufgehzeit
Backzeit: 20–25 Minuten

ZUTATEN

450 g Weizenmehl Type 550, plus 2 EL mehr zum
Bestäuben
1½ TL Trockenhefe
½ TL Salz
300 ml warmes Wasser
5 EL italienisches natives Olivenöl extra
1 TL Olivenöl, zum Einfetten
2 EL grobes Meersalz

Sie benötigen einen Messbecher, eine große Rührschüssel,
einen Holzlöffel, ein Rüttelsieb, ein sauberes Küchentuch oder
Frischhaltefolie, ein Backblech und ein Kuchengitter.

ZUBEREITUNG

1 Mehl, Hefe und Salz in einer Schüssel vermengen.

2 Das Wasser und 3 Esslöffel natives Olivenöl zugießen und
mit einem Holzlöffel oder von Hand einarbeiten, bis ein
weicher Teig entsteht.

3 Den Teig auf einer leicht bemehlten Arbeitsfläche 8–10 Minuten durchkneten, bis er sehr glatt und geschmeidig ist.

4 Den Teig in eine Schüssel geben, mit einem sauberen
Küchentuch oder Frischhaltefolie abdecken und an einem
warmen Ort 45 Minuten bis 1 Stunde gehen lassen, bis sich sein
Volumen verdoppelt hat.

5 Den aufgegangenen Teig auf einer leicht bemehlten Arbeitsfläche noch einmal sanft durchkneten, jedoch nicht die
gesamte angesammelte Luft herausschlagen.

6 Ein Backblech mit dem einfachen Olivenöl einfetten. Den
Teig zu einem etwa 2 cm dicken Kreis von ungefähr 30 cm
Durchmesser ausrollen. Die Form muss jedoch nicht exakt sein,
ein abgerundetes Quadrat tut es auch.

7 Den Teig auf das vorbereitete Backblech legen, erneut mit
einem sauberen Küchentuch oder mit Fischhaltefolie abdecken und an einem warmen Ort nochmals 20–30 Minuten
gehen lassen. Dann mit dem Stielende eines Holzlöffels im
Abstand von jeweils 5 cm mehrere Vertiefungen in die Teigober-
fläche drücken.

8 Den Backofen auf 200 °C vorheizen. Den Teig mit dem restlichen Olivenöl beträufeln und mit dem Meersalz bestreuen.

9 Die so vorbereitete Foccacia in der Mitte des vorgeheizten
Backofens 20–25 Minuten backen, bis sie goldbraun und
gut aufgegangen ist. Anschließend kurz auf einem Kuchengitter
abkühlen lassen, aber noch warm servieren. Das fertige Brot ist
luftdicht verpackt und an einem kühlen Ort gelagert 2–3 Tage, in
einem Plastikbeutel im Kühlschrank 4–5 Tage haltbar.

Variationen

• Dem Teig 2 zusätzliche Esslöffel Olivenöl sowie 2 Esslöffel frisch
gehackte Kräuter, etwa Basilikum, Rosmarin oder Thymian, zufügen.

• Für einen herzhaften Snack vor der zweiten Ruhephase 115 g
Parmaschinken und 115 g Mozzarella unter den Teig kneten.

• Den Teig vor dem Backen mit gebratenen Ringen von 1 Zwiebel
sowie 1 gehackten Knoblauchzehe bestreuen.

• Für ein wunderbar mediterranes Aroma vor der letzten Ruhephase 55 g gehackte getrocknete Tomaten und 55 g entsteinte
Oliven unter den Teig kneten.

* Zum Einfrieren geeignet. Dazu die Foccacia vollständig abkühlen lassen,
in einen Gefrierbeutel füllen und bis zu 3 Monate einfrieren. Das Brot
2–3 Stunden bei Zimmertemperatur auftauen lassen, dann kurz aufbacken.

MÜSLIBRÖTCHEN

Mit Käse serviert schmecken diese Brötchen einfach köstlich. Vor allem kräftige Sorten wie Stilton und Gorgonzola harmonieren wunderbar mit der leichten Süße der Sultaninen.

Ergibt 16–20 Stück
Vorbereitung: 20 Minuten, plus Aufgehzeit
Backzeit: 15 Minuten

ZUTATEN

450 g Vollkornmehl
225 g Weizenmehl Type 550
1 TL Salz
2 Tütchen Trockenhefe
3 EL Oliven- oder Haselnussöl
450 ml warmes Wasser
115 g gehackte Haselnüsse
100 g Sultaninen

Sie benötigen eine Küchenwaage, einen Messbecher, eine große Rührschüssel, einen Holzlöffel, ein Rüttelsieb, ein sauberes Küchentuch oder Frischhaltefolie, 2 Backbleche und ein Kuchengitter.

ZUBEREITUNG

1 Die beiden Mehlsorten mit Salz und Hefe in einer Schüssel mischen. 2 Esslöffel Öl sowie das gesamte Wasser zugießen und alles zu einem weichen Teig verarbeiten.

2 Den Teig auf einer leicht bemehlten Arbeitsfläche 5–7 Minuten gut durchkneten, bis er glatt und elastisch ist. Dann Nüsse und Sultaninen einkneten.

3 Den Teig in die Schüssel zurückgeben, mit einem sauberen Küchentuch oder mit Frischhaltefolie abdecken und an einem warmen Ort 1 Stunde bis 1 Stunde 30 Minuten gehen lassen, bis er sein Volumen verdoppelt hat.

4 Den aufgegangenen Teig auf einer leicht bemehlten Arbeitsfläche erneut 1 Minute kurz durchkneten.

5 Die Backbleche gründlich mit dem restlichen Öl einfetten. Den Teig in 20–24 gleich große Stücke teilen. Die Stücke zu runden Brötchen formen und mit so viel Abstand auf die vorbereiteten Backbleche legen, dass sie noch einmal mühelos aufgehen können.

6 Den Teig erneut abdecken und die Brötchen noch einmal 30 Minuten gehen lassen, bis sie ihr Volumen verdoppelt haben.

7 Unterdessen den Backofen auf 200 °C vorheizen. Die Brötchen etwa 15 Minuten backen (dabei nach der Hälfte der Zeit die Position der Backbleche einmal vertauschen), bis sie goldbraun geworden sind und bei leichtem Gegenklopfen hohl klingen.

8 Die Brötchen auf einem Kuchengitter auskühlen lassen und noch am Tag der Zubereitung verzehren oder 2–3 Tage in einem fest verschlossenen Behälter im Kühlschrank lagern.

* Zum Einfrieren geeignet. Dazu die Brötchen nach dem Abkühlen in einen Gefrierbeutel oder eine Gefrierdose füllen, gut verschließen und bis zu 3 Monate einfrieren. Die Brötchen portionsweise entnehmen und bei 180 °C im vorgeheizten Backofen 10–15 Minuten aufbacken.

PIZZA

Für 2 Personen
Vorbereitung: 15 Minuten, plus Aufgehzeit
Backzeit: 20–25 Minuten

ZUTATEN

225 g Weizenmehl Type 550 oder Vollkornmehl, plus etwas mehr zum Bestäuben
2 TL Trockenhefe
½ TL Salz
1 EL Olivenöl, plus 1 Esslöffel zum Einfetten
175 ml warmes Wasser

Belag
1 rote Zwiebel, geschält und in Ringen
1 EL Olivenöl
400 g gehackte Tomaten aus der Dose, gut abgetropft
1 TL frisch gehackter Oregano
Salz und Pfeffer
4 Scheiben Salami, halbiert
140 g Mozzarella, in Scheiben
55 g Parmesan, frisch gerieben

Sie benötigen einen Messbecher, eine große Rührschüssel, einen Holzlöffel, ein Rüttelsieb, ein Backblech und eine kleine Pfanne.

ZUBEREITUNG

1 Mehl, Hefe und Salz in einer Schüssel vermengen.

2 Olivenöl und Wasser zufügen und alles mit einem Holzlöffel oder von Hand zu einem weichen Teig vermengen. Bei Vollkornmehl benötigt man möglicherweise etwas mehr Wasser.

3 Den Teig auf einer leicht bemehlten Arbeitsfläche 8–10 Minuten durchkneten, bis er weich und geschmeidig ist.

4 Ein Backblech mit Öl einfetten. Den Teig zu einem Kreis von etwa 30 cm Durchmesser ausrollen, auf das Backblech legen und gehen lassen, während der Belag zubereitet wird.

5 In einer kleinen Pfanne die Zwiebeln im Öl weich dünsten. Den aufgegangenen Teig mit Tomaten und den Zwiebeln belegen. Den Oregano darüber streuen und alles mit Salz und Pfeffer würzen. Dann die Salami auf der Pizza verteilen. Darauf den Mozzarella legen und alles mit Parmesan bestreuen.

6 Den Backofen auf 220 °C vorheizen. Den Teig erneut 10–15 Minuten ruhen lassen, bis er an den Rändern langsam aufgeht.

7 Die Pizza im vorgeheizten Backofen 20–25 Minuten goldbraun backen, dann sofort servieren.

Variationen für den Belag

• Statt der Salami getrocknete Tomaten, gehackte Oliven und ein paar frisch gezupfte Basilikumblätter verwenden.

• Die Tomaten mit Streifen von gerösteten und gehäuteten Paprika belegen, die Salami weglassen und einige in Scheiben geschnittene grüne Oliven zufügen.

• Eine Dose Thunfisch abgießen, den Inhalt mit einer Gabel auflockern und auf der Tomaten-Zwiebel-Oregano-Mischung verteilen (die Salami dafür weglassen). Darauf den Käse legen und 4 klein geschnittene Sardellenfilets sowie einige schwarze Oliven darüber streuen.

• In 1 Esslöffel Olivenöl 115 g kleine Champignons mit 1 zerdrückten Knoblauchzehe sautieren. Das Gemüse auf der Tomatenmischung verteilen und statt der Salami mit 4 Scheiben Parmaschinken belegen. Darauf den Käse verteilen.

* Zum Einfrieren geeignet. Dazu die fertige Pizza abkühlen lassen und in einem Gefrierbeutel bis zu 3 Monate einfrieren. 3–4 Stunden bei Zimmertemperatur auftauen lassen, dann 10–15 Minuten bei 220 °C im vorgeheizten Backofen aufbacken.

NUSSIGES DREI-KORN-BROT

Bereiten Sie beim Brotbacken am besten immer mehr als einen Laub auf einmal zu. Der zusätzliche Aufwand, der dadurch entsteht, ist gering, und Sie sparen einiges an Energie, wenn Sie Ihren Backofen immer voll bestücken.

Ergibt 1 großes Brot and 2 kleine Brote
Vorbereitung: 20 Minuten, plus Aufgehzeit
Backzeit: 25–30 Minuten

ZUTATEN

450 g Vollkornmehl
450 g Roggenmehl Type 1370
115 g Weizenmehl Type 550
2 EL Sesamsaat
2 EL Sonnenblumenkerne
2 EL Mohnsamen
115 g Walnusskerne, gehackt
2 TL Salz
2 Tütchen Trockenhefe
2 EL Oliven- oder Walnussöl
700 ml warmes Wasser
1 EL zerlassene Butter oder Öl, zum Einfetten

Sie benötigen einen Messbecher, eine große Rührschüssel, ein Rüttelsieb, ein sauberes Küchentuch oder Frischhaltefolie, 1 große Kastenform (25 cm) und 2 kleine Kastenformen (20 cm) oder zwei große Kastenformen (25 cm) und ein Kuchengitter.

ZUBEREITUNG

1 Alle Mehlsorten und Körner, die Nüsse, Salz und Hefe in einer Schüssel vermengen. Dann Öl und Wasser zufügen und alles zu einem weichen Teig verarbeiten.

2 Den Teig auf einer leicht bemehlten Arbeitsfläche 5–7 Minuten durchkneten, bis er glatt und elastisch ist.

3 Den Teig in die Schüssel zurückgeben, mit einem sauberen Küchentuch oder mit Frischhaltefolie abdecken und an einem warmen Ort 1 Stunde bis 1 Stunde 30 Minuten gehen lassen, bis er sein Volumen verdoppelt hat.

4 Den aufgegangenen Teig auf einer leicht bemehlten Arbeitsfläche erneut etwa 1 Minute kurz durchkneten.

5 Den Teig in zwei gleich große Stücke teilen. Eins davon zu einem Rechteck formen, das genauso lang, aber dreimal so breit ist wie die größere Backform. Diese Form sorgfältig einfetten. Den Teig von der Längsseite her dreimal einschlagen und mit der Naht nach unten in die Form geben. Den Vorgang mit dem zweiten Teigstück wiederholen; dabei das Stück zunächst erneut teilen, wenn zwei kleinere Brote gebacken werden sollen.

6 Die Teige abgedeckt an einem warmen Ort erneut etwa 30 Minuten gehen lassen, bis sie über die Formen herausragen.

7 Den Backofen auf 230 °C vorheizen und die Brote auf einem Backblech (das größere Brot sollte dabei an die Rückwand grenzen) 25–30 Minuten backen. Die Backofentemperatur auf 220 °C reduzieren, falls die Brote zu stark bräunen. Als Garprobe gegen den Boden der Brote klopfen: Klingt es hohl, sind sie fertig.

8 Die Brote 30–60 Minuten auf einem Kuchengitter auskühlen lassen – auf diese Weise werden sie auch von unten belüftet und können nicht weich werden. In einem Plastikbeutel im Kühlschrank gelagert sind die Brote bis zu 1 Woche haltbar.

* Zum Einfrieren geeignet. Dazu die abgekühlten Brote in Gefrierbeutel füllen und bis zu 3 Monate einfrieren. 4–5 Stunden bei Zimmertemperatur auftauen lassen und nach Belieben 10–15 Minuten bei 180 °C im vorgeheizten Backofen aufbacken.

EINMACHEN

Ü ber Generationen hinweg galt das Einmachen als eine der besten
Methoden, Obst und Gemüse über eine längere Zeit haltbar zu
machen. Mittlerweile kennen wir zahlreiche modernere Methoden für die
Haltbarmachung von Nahrungsmitteln, sodass das Einmachen kein Muss
mehr ist.

Dennoch hat sich zumindest die Herstellung von Marmeladen, Gelees und Chutneys bis heute bewahrt. Sie sind nicht nur praktische Zutaten für den Vorratsschrank, sie bereiten auch Freude bei der Zubereitung und ergeben hübsche persönliche Geschenke für Freunde und Nachbarn, die nicht die Zeit oder die Neigung haben, selbst Eingemachtes zuzubereiten. Darüber hinaus kann der Anblick mehrerer Reihen von etikettierten Einmachgläsern die meisten Köche und Köchinnen mit – zumindest ein wenig – Stolz erfüllen.

Selbst gemachte Chutneys sind köstliche Beilagen zu kaltem Fleisch, Käse und Salat, und auch als Brotaufstrich sind sie ideal; man kann einfach nie zu viel davon haben. Zur Herstellung eignet sich fast jede Obst- oder Gemüsesorte, hinzu kommen reichlich Zucker, Essig und Gewürzen.

Die Zubereitung von Marmelade und Gelee kann gut und gern einen halben Tag in Anspruch nehmen. Gerade zur kal-

ten Jahreszeit, wenn die Pomeranzen, aus denen sich köstliche Orangenmarmelade zubereiten lässt, Saison haben, macht es jedoch besonders viel Freude, an einem warmen Herd vor einem großen Topf süßer, kochender Früchte zu stehen.

Zum Einmachen benötigt man keine speziellen Geräte. Sinnvoll sind aber ein langer Holzlöffel, der Verbrennungen durch spritzenden heißen Fruchtsaft zu verhindern hilft, sowie ein hitzebeständiger Trichter, durch den man das fertige Eingemachte in Gläser abfüllt.

Sie brauchen keine speziellen Einmachgläser zu kaufen – sammeln Sie das ganze Jahr Konservengläser von Fertigprodukten, und bitten Sie Ihre Nachbarn und Freunde, Ihnen dabei zu helfen. Die Größe der Gläser ist unwichtig. Tatsächlich sind Gläser verschiedener Größe sogar von Vorteil, wenn Sie Eingemachtes verschenken wollen.

WÜRZIGES TOMATEN-CHUTNEY

1 3 Esslöffel Sesamöl erhitzen. 300 g gehackte Zwiebeln, 2 entkernte und gehackte rote Chillies sowie 1 gehackte Knoblauchknolle zufügen. Die Mischung bei geringer Hitze 4–5 Minuten dünsten, dann 1 kg gehäutete, entkernte und gehackte Tomaten zufügen und alles weitere 15 Minuten kochen.

2 In einem zweiten Topf 125 g braunen Zucker bei geringer Hitze in 250 ml destilliertem Gewürzessig auflösen. Die Tomatenmischung zufügen, alles aufkochen, die Hitze reduzieren und die Mischung 40–45 Minuten köcheln lassen, bis sie eindickt; dabei regelmäßig umrühren.

3 Mehrere Schraubgläser 10 Minuten bei 180 °C im vorgeheizten Backofen erwärmen. Das heiße Chutney mithilfe eines Trichters einfüllen, dann die Deckel aufschrauben (bei unbeschichteten Deckeln die Gläser mit Wachspapier und Frischhaltefolie abdecken, damit die Deckel nicht korrodieren). Die Gläser von außen abwischen und das Chutney abkühlen lassen, dann die Gläser mit Inhalt und Einmachdatum beschriften. Das fertige Chutney ist kühl, trocken und dunkel gelagert bis zu 2 Jahre haltbar. Einmal geöffnet, sollte es im Kühlschrank gelagert und innerhalb von 3 Monaten verzehrt werden.

KLASSISCHES TOMATEN-CHUTNEY

Dieses Chutney lässt sich hervorragend mit Tomaten aus der Dose zubereiten. Eine günstige Alternative für Zeiten, wenn frische Tomaten nicht oder nur sehr schwer erhältlich sind.

Ergibt 3,6 kg
Vorbereitung: 45 Minuten, plus Einfüllzeit
Garzeit: 2–3 Stunden

ZUTATEN

2,7 kg Tomaten
450 g Zwiebeln, geschält und fein gehackt
600 ml destillierter Gewürzessig
½ TL Paprikapulver
1 Prise Cayennepfeffer
3 EL Salz
700 g Haushaltszucker

Sie benötigen ein Kochmesser, ein Hackbrett, einen großen Topf, einen Messbecher, einen kleinen Topf, einen Holzlöffel, 8 Schraubgläser mit Deckel (für je 450 g Inhalt), einen hitzebeständigen Trichter, eine Kelle und Klebeetiketten.

ZUBEREITUNG

1 Die Tomaten häuten: Dazu die Haut an der Unterseite kreuzweise einschneiden, die Tomaten 1–2 Minuten in kochendes Wasser tauchen, dann in kaltem Wasser abschrecken und die Haut abziehen.

2 Die Tomaten vierteln, entkernen und grob hacken.

3 Die gehackten Tomaten mit den Zwiebeln in einen Topf geben und bei mittlerer Hitze unabgedeckt 1–2 Stunden kochen, bis ein zähflüssiger Brei entstanden ist. Die genaue Garzeit ist abhängig von der gewählten Tomatensorte und der Größe des verwendeten Topfs.

4 Die Hälfte des Essigs, Gewürze und Salz zufügen, die Mischung weitere 20 Minuten köcheln lassen, bis sie erneut eingedickt ist.

5 In einem separaten Topf den Zucker in dem verbliebenen Essig lösen. Die fertige Lösung zur Tomatenmischung geben und diese erneut 40–45 Minuten kochen, bis sie abermals eingedickt ist. Alle sichtbare Flüssigkeit sollte nun verdunstet, das Chutney selbst aber noch saftig sein. Das fertige Chutney abfüllen, solange es heiß ist.

6 Mehrere Schraubgläser 10 Minuten bei 180 °C im vorgeheizten Backofen erwärmen. Das heiße Chutney mithilfe eines hitzebeständigen Trichters in die Gläser füllen und die Deckel aufschrauben (bei unbeschichteten Deckeln die Gläser mit Wachspapier und Frischhaltefolie abdecken, damit die Deckel nicht korrodieren). Die Gläser von außen abwischen und das Chutney abkühlen lassen, dann die Gläser mit Inhalt und Einmachdatum beschriften.

7 Chutney schmeckt am besten, wenn es nicht sofort verzehrt, sondern einige Zeit gelagert wurde, damit sich sein Aroma entfalten kann. Richtig abgefüllt, kühl, trocken und dunkel gelagert, ist es bis zu 2 Jahre haltbar. Einmal geöffnet, sollte es im Kühlschrank gelagert und innerhalb von 3 Monaten verzehrt werden.

ORANGENMARMELADE

Dieses Rezept stammt aus einem alten Haushaltsbuch, es ist eins der besten, die es gibt. Zur Herstellung müssen unbedingt Pomeranzen verwendet werden.

Ergibt 4,5 kg
Vorbereitung: 3 Stunden, plus Einfüllzeit
Garzeit: 20–30 Minuten

ZUTATEN

1,3 kg ungeschälte Pomeranzen, gewaschen
2,5–3,5 l kochendes Wasser
2,7 kg Haushalts- oder Einmachzucker
Saft von 2 Zitronen

Sie benötigen einen großen Schmortopf, einen Messbecher, einen Schaumlöffel, ein Abtropfsieb, ein scharfes Messer, ein Sieb, einen Holzlöffel, einen großen Kochtopf, ein Zuckerthermometer oder eine Untertasse, 10 Schraubgläser mit Deckel (für je 450 g Inhalt), eine Kelle, einen hitzebeständigen Trichter und Klebeetiketten.

ZUBEREITUNG

1 Die Pomeranzen im Ganzen in einen Schmortopf geben und das kochende Wasser zugießen. Die Mischung erneut aufkochen, dann abdecken und 2 Stunden sanft köcheln lassen oder bei 150 °C in den vorgeheizten Backofen stellen.

2 Den Topf vom Herd oder aus dem Backofen nehmen. Die Früchte mit einem Schaumlöffel aus dem Wasser heben, in ein Abtropfsieb geben und abkühlen lassen.

3 Die abgekühlten Pomeranzen halbieren, aushöhlen und das Fruchtfleisch mit den Kernen von den Schalen trennen. Die Schale in beliebig dicke Streifen schneiden.

4 Pomeranzenkerne und Fruchtfleisch wieder zum Kochsud in den Schmortopf geben. Den Topf auf den Herd stellen und den Inhalt erneut aufkochen. Dann 5 Minuten unabgedeckt sprudelnd kochen, damit die Marmelade später gut geliert.

5 Den Sud durch ein Sieb seihen und den zähen Marmeladenbrei mit einem Holzlöffel durchpassieren.

6 Die zerkleinerte Pomeranzenschale mit dem passierten Fruchtfleisch und dem Zucker in einen großen Topf geben.

7 Den Topf bei geringer Hitze auf den Herd stellen und den Inhalt 4–5 Minuten unter Rühren erwärmen, bis der Zucker gelöst ist. Dann die Hitze erhöhen und die Fruchtmasse 20–30 Minuten kochen, bis sie geliert. Zur Gelierprobe möglichst ein Zuckerthermometer verwenden: Sobald es auf 105 °C steigt, ist der Gelierpunkt erreicht. Alternativ die Gelierprobe mit einer Untertasse durchführen: Einen kleinen Löffel Marmelade auf eine kalte Untertasse tropfen lassen und erkalten lassen. Dann mit einem Finger andrücken: Hat sich eine Außenhaut gebildet, die sich nun beim Andrücken in Falten legt, ist der Gelierpunkt erreicht. Falls nicht, die Masse weitere 5 Minuten kochen und den Test wiederholen.

8 Die Schraubgläser 10 Minuten bei 180 °C im vorgeheizten Backofen erwärmen. Die heiße Marmelade mithilfe eines Trichters einfüllen und die Deckel aufschrauben (bei unbeschichteten Deckeln die Gläser mit Wachspapier und Frischhaltefolie abdecken, damit die Deckel nicht korrodieren). Die Gläser von außen abwischen und die Marmelade abkühlen lassen, dann die Gläser mit Inhalt und Einmachdatum beschriften. Die fertige Marmelade ist kühl, trocken und dunkel gelagert bis zu 2 Jahre haltbar. Einmal geöffnet, sollte sie im Kühlschrank gelagert und innerhalb von 3 Monaten verzehrt werden.

REGISTER

REGISTER